JN173460

持続可能な世界へ

生活空間再生論序説

安村克己

学 文 社

目　　次

序　章

◢ 1　問題提起とその背景

◢ 目　的

　本書は，世界の「中核」国における一部の「周辺」地域にみられるような，地域住民が主体的に「生活空間」を再生する現時点（2016年）の実践が，「持続可能な世界」の実現を誘導しうるか，という可能性について議論する。そして，「生活空間」が今から将来にわたって変革され，その変革が，資本主義経済体制と主権国家体制から成り立つ，持続不可能な高度近代世界を揚棄して，「持続可能な世界」を形成するだろう，と予見される。この予見は，個人の「生活の場」を再生する活動から出発し，世界秩序を再編成するまでの，いわばボトム－アップ型アプローチの社会構想となる[1]。

　ただし，この社会構想について，本書は「生活空間再生の現実と理想」という課題にのみ焦点をあてる。そこで，資本主義経済体制の転換，主権国家体制の脱構築，近代世界システムの変革，といった課題は，生活空間の再生とかかわる部分についてだけ触れられる。

　こうして本書の研究対象となる「生活空間」とは，対面的社会関係から成立する日常生活の場という範域を示す。この用語は，社会科学ではレヴィン（Lewin 1951）の心理学や，水津（1969; 1980）の地理学などで「分析対象」の概念として用いられたが[2]，本書はそれらの概念を援用せずに，日常生活の範域を表すために「生活空間」の名辞を使用する。本書がもともと「生活空間」とい

う言葉を用いた理由は，「共同体」や「コミュニティ」の用語が含意する価値判断を払拭し，できるだけ無機質な語感を付与するためである（→第1章2）。

こうした生活空間について，本書は，住民が取り組んでいる生活空間の再生を手がかりとして探究し，そこから＜持続可能な世界の形成につながるような生活空間の統整的理念像＞を描き出したい。ここで「統整的理念像」（カント1781中：184-91）とは，柄谷（2010：349-51）の解釈に倣い，＜歴史の目的としての理性による仮象，超越論的仮象＞である。それは，仮像であるから，「けっして実現することはないが，我々がそれに近づこうと努めるような指標としてありつづける」（柄谷 2010: xiii）。むろん，「統整的理念」の目的は到達できないから，生活空間の「統整的理念像」が実現するか否かはまったく判定しえない。このことは，無責任な話に聞こえるが，社会科学と社会構想の本来の限界に起因する（安村 2012a）。

したがって，導出された＜統整的理念像が実現する＞としても，それがいつになるのか，あるいは，そこに至るプロセスで，資本主義経済体制や主権国家体制がいつ・いかに揚棄されるのか，も確定しえない。本書では，現実を踏まえながらも，一足飛びに「統整的理念像」が追究されるので，世界や日本の短中期的な将来の動向についてはわずかしか言及されない。資本主義経済体制や主権国家体制にかかわる問題の短中期的な政策的議論は，高度近代化の次元における，当面の対症療法の議題にとどまりがちであるから，脱−高度近代化という新たな次元をめざす原因療法の議論とはなりにくい。勿論，現実の問題にたいする短中期的な対処は，重要かつ不可欠であるが，それよりも，いまや急激に逼迫する高度近代化と，それから形成される高度近代文明との問題を「根本的に」解決しようとすれば，資本主義経済体制や主権国家体制を根底から見直す「脱−高度近代文明の青写真」として，現実から未来を見すえた「統整的理念像にもとづく構想」が求められよう。生活空間再生論は，理想の未来としての「持続可能な世界像」を追究する。

◢ 社会進化論の前提

　そのさい，統整的理念像を追い求める生活空間再生論において，＜人間社会全体の歴史をある方向に駆動する趨勢＞が前提となる。その趨勢は，人間個々人による実践の総合として人間社会の行方を生みだすと同時に，個人のそれらの実践をも呑み込むのだが，それでもなおかつ，個々人の実践によって推進されたり転換されたりもする。このような考え方は，マルクスの史的唯物論を下敷きにしたハーバーマス（1969: 564）の社会学認識論に通じているが，本書は，社会変動を規定する歴史的法則性よりも，今西（1986）自然学がいうように，＜変わるべくして変わる＞（p. 97），あるいは＜変わるべきときがきたらみな一斉に変わる＞（p. 81）という，漸次的・段階的な創発的過程として捉える。

　したがって，新たな社会に向かう方向性は，おそらく，現下では些細な動向にすぎないが，それでも明確に新たな時代につながるような徴候を通して察知される。そうした徴候は，実際に，現代社会を突き動かす時代の趨勢に抗うかのように，1980年代頃から世界中に拡散して一斉に発生している。それらの徴候は，高度近代社会のなかでも高度近代化の普及から取り残されたような地域において，とりわけ顕著に看取される。

　本書が措定する，世界中にみられる具体的な徴候を列挙すると，スローライフ運動（オノレイ 2005），ロハス（福岡 2006），非営利活動法人NPO（クラッチフィールド＆グラント 2012），企業―消費者―市民の社会的責任（ボーゲル 2006），隣人祭り（ペリファン＆南谷 2008），エネルギー自立運動（Hopkins 2013），市民ファンド（永富 2014），等々といった，地域住民の社会生活に深くかかわるような実践があげられる。これらの実践の傍流が，社会のあらゆる分野で少しずつ効力を発揮し始めた。また，農業分野でも，生産や農産物市場が資本主義経済の市場拡大にあわせて工業化・大規模化するなかで，その動向に逆らうように，地産地消（池本 2008），市民農園（今川他 2010），有機農業（日本村落研究学会 1998），パーマカルチャー（Hopkins 2013），等々の活動が注目されている。

◢ 生活空間再生論の事例と時代背景

そして，これらの徴候のうちからいくつかを統合して地域を変革する，「生活空間再生」の事例とみなされる動向も，1980年代初め頃から主に先進国で世界各地に散見され，その後に広く伝播して，注目を集めた。たとえば，欧州や米国の「トランジション・タウン」(Hopkins, R. 2008; Transition Totnes et al. 2010) や「エコヴィレッジ」(Birnbaum and Fox 2014; Dawson 2006)，さらに日本の「観光まちづくり」(安村 2006) などが，その典型的な事例といえる[3]。生活空間再生の予兆は，とくに，大戦後に経済復興の先駆けとなって近代文明の諸問題が噴出する先進国や，1980年代後半以降に目覚ましい経済成長を遂げた新興中進国の現代社会において看取される。

本書は，とりわけ日本における「生活空間再生の現実」に着目し，その実態を解明しながら，その現実が「持続不可能な高度近代文明」という，世界を席巻する時代の趨勢といかに対抗するかを解明する。したがって，この社会構想は，＜持続不可能な現実を生みだす高度近代文明に抗う社会運動の提案＞につながる。同時に，本書はその社会構想や社会運動を探究する＜新たな学問となる生活空間再生論の構築＞にも挑戦する。つまり，「生活空間再生論」は，現代世界の現実と問題に対処するなかで，新たな世界が現れる地平に創出される，＜持続可能な世界を構想する思索＞である。

このような「生活空間再生論」が提起される時代背景には，「高度近代化」という現代世界全体を支配する趨勢がある。「高度近代化」とは，冷戦下の1950年代初めに始まる「開発の時代」の幕開けを契機として[4]，冷戦の終結から現在まで，世界中のあらゆる国々が経済的に「豊かな社会」(Galbraith 1958) をめざす時代の趨勢である。高度近代化は，近代化を産みだした社会機構において連続しているが，第二次大戦の戦禍を挟んで，その勢力が飛躍的に増大した時代の趨勢とみなされる。そして高度近代化から生まれた高度近代文明は，いまや人間社会において，個人の生活様式から世界全体の様態にまで，支配的な影響力を徹底的に及ぼすようになった。

こうした高度近代文明が第二次大戦後に初めて出現したのは，その大戦にお

いて世界中が惨劇にまみれたなかで，戦争当事国であった米国，西欧諸国，そして日本であった。これらの国々は，国土が戦場とならなかった米国を除いて，戦時中に経済基盤をほとんど失ったが，冷戦下の錯綜した歴史的経緯も後押しして，戦後に高度な経済成長を遂げた。すなわち，無惨な廃墟のなかから世界中でいち早く経済復興を果たし，高度近代化を推し進めたのは，19世紀末までに近代化を遂げて大戦前に列強とよばれ，植民地化を推進したあげく，大戦中には連合国と枢軸国に分かれて激しく対立した当の諸大国であった。

◢ 高度近代化と経済格差問題

　こうして，高度近代化を最初に実現した社会は，資本主義市場経済（以下，資本主義経済）の発展を原動力として[5]，19世紀末までに近代諸制度を整えて近代国民国家を築いた，いわゆる先進国である。資本主義経済が15世紀いらい世界経済となって，近代化が世界中に伝播した史的経緯は，ウォーラーステイン（1979）の「近代世界システム」論によって跡づけられた。

　ウォーラーステイン（1979）によれば，近代化の原動力となる資本主義経済には，従属理論（アミン 1973；フランク 1978）が指摘したように，世界各地域と，各地域内においても，近代化の度合いに不等な差異を発生させる機構が存在する。その主たる機構とは，資本主義経済における「不等価交換」である（エマニュエル，他 1971）。不等価交換を通して，資本主義経済は，それが発展して近代化を遂げた「中核」core，中核から遅れて「経済成長の離陸」を果たした後に近代化を進めた「半周辺」semi-periphery，そしていまだ「経済成長の離陸」を遂げられない近代化未達成の「周辺」periphery，といった具合に世界を構造化し「近代世界システム」を形成した（ウォーラーステイン 1979）。

　このような近代世界システムは，暗黙裡に，「中核」による「半周辺」と「周辺」の社会的経済的な支配─従属関係によって成り立つ。そうした支配─従属の構造から生じる不平等関係を，ガルトゥング（Galtung 1969）は「構造的暴力」とよんだ。近代世界システムにおける構造的暴力は，1960年代に「南北問題」として顕現した。それは，「環境問題」とともに，「高度近代化」によってもた

らされた，人類が直面する地球規模の難題である。

◢ 高度近代化と自然破壊問題

　地球規模の「環境問題」が発生した原因も——ウォーラーステイン (1979) は
その問題に言及していないが——「近代世界システムの不均等構造」に関連す
る。近代世界システムの「中核」にある日米欧諸国において，1960年代に高度
近代文明から「高度大衆消費社会」が出現した。これは，高度な工業化による
大量生産・大量消費にもとづいて，豊富な商品が集積し，大衆がそれらを購入
できるような，当時としては＜未曾有の経済的豊かさを実現した社会＞であ
る。この社会の原型は，1920年代に米国に形成され，その社会状況をアレン
(1931) が活写した，「大衆消費社会」であった。この高度な工業化から生まれ
た社会には，大量生産の工業化に起因する廃物や廃熱が激増した結果として，
環境汚染などの「公害」が発生した。さらに1970年代になると，都市社会の消
費生活から発生した廃物や廃熱による「環境問題」が，深刻化し始めた（→第3
章2）。

　このような先進国の「高度大衆消費社会」の形態は，1980年代後半になると
経済成長を遂げた「新興中進国」にも同様に出現した。大衆消費社会は，高度
近代文明の初期社会形態とみなされる。そして，1970年代に入ると先進国では，
石油危機を契機とした産業構造の転換とともに，個人所得の増大に伴い，多様
化する消費者の欲求から新たな消費市場の様態が生成し，商品の形態も変容を
遂げた（安村 2008）。こうして大衆消費社会から移行した，より豊かな社会の
形態を表す言葉は，「大衆」の冠がとれて「消費社会」とよばれる。

　同時期に，先進国の企業は，低賃金の労働力や生産費用の削減をもとめて発
展途上国に工場などを移転するオフショアリングに本格的に乗り出した。この
ような工場の海外移転は，やがて先進国内で産業の空洞化，とりわけ国内製造
業の空洞化を惹起し，同時に，工場が移転した先の発展途上国に「公害」を発
生させた。さらに工場の海外移転による発展途上国の工業化は，当初に経済的
利益の海外遺漏などの問題も告発されたが，その発展途上国内には資本主義経

済が浸潤して「高度近代文明」が蔓延した。

　こうして，経済成長に成功した一部の新興中進国においても，大衆消費社会が形成された。そして，これらの新興国でも先進国と同様に，やがて「消費社会」が生まれる結果として，＜個人の生活が自然環境を破壊する環境問題＞が発生する。このように，1970年代には，高度近代化が世界中でいびつに浸潤した近代世界システムにおいて，「地球規模の環境問題」が生みだされた。

◢ 新興中進国の高度近代化

　また，石油危機（1973年）以降，天然資源の高騰によって，石油産油国をはじめ資源保有国の経済が活況となり，従来の発展途上国の経済間に，資源の保有における「持てる国」と「持たざる国」との経済格差が拡大して，発展途上国間の経済状況は複雑な様相を呈し始めた。こうした発展途上国間における経済格差の問題は，「南南問題」とよばれる。さらに，1980年代後半までに出現した新興中進国が高度な経済成長を達成し，近代世界システムの半周辺から中核に──1997年の金融危機における挫折はあったが──接近した[6]。21世紀になると，グローバルな消費市場のフロンティアは，国内の消費市場が低迷する先進国に代わって，人口が爆発的に増大する発展途上国となった。

　経済成長の離陸に出遅れた発展途上国がようやく経済成長を遂げて消費市場を構築するようになった主要因のひとつは，「金融経済の拡大」であった。金融経済は，戦後の経済復興から制度的にも実体的にも徐々に拡大してきたが（倉都 2005, 2014），実体経済にたいして金融経済が飛躍的に高度化し世界経済の動向を完全に支配し始めたのは，米国発のIT革命，とりわけインターネットの発展をへた1990年代初め以降であった。この後の資本主義経済は，しばしば「金融資本主義」とよばれ，その投機的経済活動に着目して，「カジノ資本主義」ともよばれている（Strange 1986）。ここに，＜資本の自己増殖という資本主義の本質＞は変わっていない。むしろ「資本主義の本質」は，金融商品の売買によって露骨に追求されるようになった[7]。

　以上のように，大雑把すぎる概略化ではあるが，資本主義経済と高度近代化

が第二次大戦後から現在までに進展した経緯をみると，それらが＜人間と自然の世界にもたらした問題＞が浮かび上がる。資本主義経済と高度近代化の経過には，それらの形態を変容させながらも，＜人間の欲望の増大による経済成長＞という本質が通貫する。そして，それらは＜未曾有の経済的豊かさを一部の人間や人間社会にもたらした＞が，同時に，＜人間と自然の世界全体に深刻な諸問題を惹き起こした＞。しかも，それらの問題は，人間と自然の世界における「持続可能性」を脅かすほどに深刻だ。

■ 高度近代化による二重の持続不可能性問題

「生活空間再生論」が提起する，＜人間社会と自然世界の両方における存続を脅かす危機＞という問題の源泉は，如上でみたように，「高度近代文明」と，その原動力である「資本主義経済」の趨勢ということになる。人間社会が形成した資本主義経済と高度近代化の趨勢は，その趨勢自体にも，その趨勢からもたらされる世界の将来的な行方にも，「持続不可能性問題」を惹き起こす。すなわち，資本主義経済と，それから生みだされた高度近代文明には，一方で，それらの＜機構に内在する根本的問題から高度近代文明自体が持続不可能である問題＞と，他方で，＜高度近代化から生まれる現実が人間社会と自然世界を持続不可能にする問題＞とが生じるのだ。このように，資本主義経済と高度近代文明は，「二重の持続不可能性問題」を抱えている。

「持続可能な開発」という言葉が1980年代末頃から人口に膾炙したのち[8]，いまや「持続可能性」は，世界の動向を議論するさいに重要なキーワードのひとつとなったが，「持続不可能性問題」という言葉は，ほとんど用いられない。けれども，そもそも「持続可能性」が議論される背後には，世界の「持続不可能な現実」が，人々に広く実感されているのであろう。

■ 社会的事実としての高度近代文明とその持続不可能性問題

こうした「持続不可能性問題」の解決に取り組むにあたって，生活空間再生論における現実認識の特徴は，＜社会現象を社会的事実として捉える＞，とい

う視点である。つまり，持続不可能性問題を惹起する「資本主義経済」や「高
度近代文明」は「社会的事実」である，と論定される。いや，高度近代文明や
資本主義経済にかぎらず，人間が構成するあらゆる社会事象や社会制度は，
デュルケーム（1895）に倣い，「社会的事実」と捉えられる。

　「社会的事実」とは，社会事象が人間の社会的行為から生成するが，いったん出現した後に制度化すると，それは人間の意図から独立し，それ自体の固有な法則で運動する，という事態をいう。このような「社会的事実」は，人間にたいしてモノのように外在的となり，ひるがえって人間の行為や意識を拘束する。さらに，人間による社会的事実の管理や統制がしばしば不能に陥るため，社会的事実は人間を疎外する事態を惹き起こす。あらゆる社会事象，たとえば国家，資本，市場……といった個人にとって重大な次元の社会制度だけでなく，経済，政治，法，宗教，科学，技術，情報，文化，芸術，言語……といったおおよそ社会科学の研究対象となりうる，あらゆる次元の社会事象は，すべて「社会的事実」とみなしうる。

　そこで生活空間再生論は，＜高度近代文明を社会的事実として定立＞し，とりわけ高度近代化の原動力となる＜資本主義経済が人間から独立して運動する固有の法則＞に着目する。

　そのさい，資本主義経済の刮目すべき固有の運動法則とは，柄谷（2010: 270-306）がマルクスの『資本論』*Das Kapital: Kritik der politischen Oekonomie*（1867）にもとづいて資本主義の自己崩壊を解説した，＜産業資本の自己増殖（G-W-G'）という剰余価値の恒常的膨張＞と集約される。そして，「社会的事実としての資本主義経済」は，生産と消費の永久的増大，つまりは＜永久的な経済成長として運動＞する。実際的に，経済成長を永続するには，生産者は消費者の欲望を無限大に肥大化しながらその需要を喚起しつづけ，商品の供給を拡大しつづけねばならない（Galbraith 1958）。そうしなければ，資本主義経済も高度近代文明も自滅する。

　こうした資本主義経済の本質においてこそ，高度近代化が人間社会に「持続不可能性問題」を産みだす究極的源泉がある。その理屈は単純である。社会的

事実としての高度近代世界システムは，＜無限の欲望を有限な資源で充足しようとする＞ので「持続不可能」となるのだ[9]。

◢ 高度近代化によるオーバーシュート問題

しかも，世界の「持続不可能性問題」は，如上のように，社会的事実としての資本主義経済の＜内在的要因による自己崩壊＞に起因するだけではない。＜高度近代文明が主に資本主義経済を通して惹き起こす破壊＞が，人間社会を含む自然世界を持続不可能にする。これは，「オーバーシュート」の問題である[10]。すなわち，高度近代化における欲望の肥大と生産の拡大は，地球から自然資源を採取し，地球に過剰な廃物と廃熱を排出して，地球の生命系を破壊する（→第3章）。こうして，高度近代社会の「持続不可能性問題」は，＜資本主義経済の自己崩壊と高度近代化の自然破壊＞によって必然となる。

しかし，持続不可能性の問題提起を論駁し，資本主義経済と高度近代文明の趨勢を支持する主張は，いまだ少なくない。オーバーシュート問題は，科学的に検証されていないとして，＜持続不可能性問題そのものを否定する論者＞もいる。

さらに，持続不可能性問題をめぐる世界の現実は，複雑で錯綜していて，ときに矛盾する状況にある。たとえば，世界中でメディアは持続不可能性問題の重大さを喧伝し，多くの人々がその問題を認識しているが，それにもかかわらず，各国政府の政策は依然として経済成長を最優先にかかげる高度近代化政策を実践し，またその政策を多くの国民が支持している。そして，持続不可能性問題を悲観的に報道するマス・メディアさえも，政府の経済成長政策の失敗を批判的に論評し，ときに経済成長政策の重要性を表明する。

◢ 楽観主義派と悲観主義派と本書の立場

こうした現状で，「持続不可能性問題」をめぐる主張については，一方で問題の解決を安易にとらえ，高度近代化を肯定する「楽観主義派」と，他方でその問題による破滅を深刻に受け止め，高度近代化を否定する「悲観主義派」と

が対峙する。こうした主張の対立は，2012年のほぼ同時期に公刊された，およそ半世紀後の世界を予見した2冊の書籍にはっきりと映し出されている。一方で，問題を楽観主義的に認識し，将来的に高度近代化の伸張を展望する著書は，英エコノミスト誌（Daniel Franklin with John Andrews eds. 2012）の *Megachange: The World in 2050*（2012）である[11]。また，もう一方で，問題を悲観主義的に考察したランダース（Randers, Jorgen）は，その著書 *2052: A Global Forecast for the Next Forty Years*（2012）において，資本主義社会の破滅を警告する[12]。

　両書の対極的な将来予測の成否について，科学的根拠からきっぱりと決着をつけることは難しい。物理世界にせよ人間社会にせよ，それらの全体像を科学的に解明するには，人間の知はその高みにいまだ遠く及ばない。そこで，「持続不可能性問題の解明と予測」には決定的な手がかりもないまま，この問題への最終的な対応の選択は，現時点（2016年）で人間と人間社会の価値判断に委ねられている。

　とはいうものの，「持続不可能性問題」の現実は，いまや世界の人々に周知されている。生活空間再生論は，ランダース（2012: xiv）があらためて指摘し，そして多くの人々がその事実を実感し始めた「オーバーシュート」の事態を重く受けとめたうえで，地球に「持続不可能性問題」を惹き起こすのは，資本主義経済と，それが原動力なって人間社会を成り立たせる高度近代化（以下，断わりのない限りこの用語に「資本主義経済」を含む）の趨勢であり，その趨勢から生みだされた高度近代文明の存在であるとみなす。

◢ 文明崩壊の必然性と高度近代文明の特異性

　ただし，高度近代文明以前から，文明崩壊の事実はあった。たとえば，ダイアモンド（2005: 11）は，古代以来の文明崩壊における潜在的要因として，環境被害 environmental damage，気候変動 climate change，近隣の敵対集団 hostile neighbors，友好的な取引相手 friendly trade partners，環境問題への社会の対応 society's responses to its environmental problems，という5つの枠組を仮設する。この枠組にもとづき，世界中の様々な文明崩壊の事例研究に

おいて，説得力に富む検証がなされ，研究結果から，文明の存続と滅亡の命運を分ける理由が解明された。近代以前の文明は，ダイアモンド（2005）によれば，5つの諸要因のいくつかが絡みあいながら，最終的に「自然破壊」という根本的原因によって崩壊した[13]。

　また，宇宙から地球システムを俯瞰する「チキュウ学」を提唱した松井孝典（2007a, 2007b, 2012）は，別な角度から文明崩壊の歴史について論じた。松井（2012）によれば，人間社会の生活形態が狩猟採集型から農耕牧畜型に変わるさい，地球システムの生物圏の一部であった人間社会が，生物圏から自立して人間圏を形成し，この人間圏が地球システムの崩壊を脅かすようになった[14]。つまり人間圏とは，元は自然世界の中で受動的に生かされていた人間社会が，農耕牧畜いらい自然世界を能動的に加工し文明を築き始めた，進化上の新段階における人間社会である。そして，このような人間圏が地域の自然・生態系の収容能力を超えた文明を築くと，地域の文明は崩壊する。つまり，文明崩壊とは，人間と人間社会がその欲望を充たすために自然を搾取して惹き起こす自然破壊の結末にほかならない。

　そうしてみると，人間と人間社会の存在自体が近代以前から自然世界を破壊するので，文明崩壊は必至であり，近代文明に限らず，進歩した文明社会には「持続不可能性問題」が常態化する。ただし，古代以来の高度な文明はある地域に限定的であったが，高度近代文明は唯一，世界を席巻する文明となった。そして，高度近代文明を生みだした高度近代化は，前述のように，その原動力となる資本主義経済の自己崩壊で人間社会を破壊し，さらに資本主義経済の自然破壊で地球規模の文明崩壊を惹起する。

　このように，「持続不可能性問題」が近代以前からあるにせよ，高度近代化によるその問題の危機は，深刻さの規模と程度において破格である。資本主義経済のグローバル化によって，高度近代化は全世界に広がった。それが，高度近代文明である。グローバル化を伴う高度近代文明が脅かす自然破壊は，地球規模に及び，人間社会全体ばかりでなく自然世界全体さえも破壊しかねない。

　21世紀の地球システムにおける崩壊問題の根本的要因として松井（2012:

148）が警告する「人間圏が異常なまでに拡大した」事態とは，資本主義経済のグローバル化と高度近代文明の世界規模における拡張の帰結，つまり「高度近代世界システム」に符合する[15]。そこで，生活空間再生論は，人間社会史における連続的・漸次的の視点を意識しながらも，「高度近代文明」の不連続的・革命的な進展と崩壊という視点から，とくに高度近代化に焦点をあてて，それに対抗する文明と世界の「持続可能性」の行方を探究する。

2　本書の構成

　生活空間再生論は，以上でみたような問題を解明するために，① 持続不可能性問題を探究する研究と，② 持続可能な生活空間を構想する研究，という2つの研究課題に取り組む。そこで生活空間再生論の「序説」となる本書は，この「序章」と最後の「終章」のほかに，2つの課題に対応させてⅠ部とⅡ部から構成される。Ⅰ部とⅡ部には3章ずつがあてられ，全体は序章と終章を含めて8章から成る。高度近代世界の現実とその問題点は，主に日本社会を事例として論じられる

　第Ⅰ部「探究の輪郭」は，生活空間再生論が＜持続不可能性問題を認識する研究＞を課題として，生活空間再生論がその問題に取り組む接近法とその射程を概観したうえで，その接近法にもとづき，資本主義経済が持続不可能性問題を惹き起こす実態と，持続不可能性問題の核心となる自然・生態系の破壊が生起する力学とを考察する。第Ⅰ部の各章は，第1章「構想の見取図」，第2章「資本主義経済研究」，そして第3章「自然・生態系研究」である。

　第1章「構想の見取図」は，社会構想としての生活空間再生論について，その問題提起，対象領域，方法論，などの概要を提示する。生活空間再生論は，「観光まちづくり」研究の結果から着想され，その後，玉野井芳郎の「地域主義」の理論的・実践的基礎を手がかりとして構成された。地域主義は，玉野井が1970年代から80年代にかけて提唱し，多くの研究者や民間人が参加して構築された，地域再生の学際的な理論的・実践的研究である。そこで，第1章では，

その地域主義の問題提起や探究法に倣いながら，それを脱構築して，現代の持続不可能性問題に取り組む生活空間再生論の骨格が議論される。

第2章「資本主義経済研究」は，持続不可能性問題の根源である資本主義経済が，生活空間再生論において，いかに研究されるかを議論する。ここでも，玉野井が資本主義経済の本質を解明するために提唱した，「広義の経済学」の考え方が援用される。広義の経済学は，経済事象の精密理論構築に専念する現代主流派経済学を「狭義の経済学」として論駁し，経済学本来の研究対象である人間の実生活について，生命系の基礎を視野において解明しようとする。第2章では，このような広義の経済学の要諦を吟味したうえで，それに批判的考察をくわえながら，生活空間再生論が資本主義経済と高度近代文明の現実を的確にとらえる学際的接近法を探究する。

第3章「自然・生態系研究」では，本来は人間社会の成立基盤であるにもかかわらず，高度近代化によって破壊される自然・生態系について，それらが持続可能となる機構を，槌田敦の「エントロピー」論を手がかりとして議論する。槌田の説に従えば，エントロピーは生命や事物が不可避的に崩壊する指標とみなされるが，自然・生態系の存続はエントロピー除去機構にもとづき，新陳代謝によって持続可能となる。そのエントロピー除去機構を基礎として，玉野井の地域主義は，槌田もそれに関与して，地域社会と自然・生態系との関係を考察した。その考察を踏まえて，第3章では，生活空間再生論における自然・生態系研究のあり方が検討される。

そして，第Ⅱ部「理想への助走」は，＜持続可能な世界を構想する研究＞として，現実に現れている徴候に着目しながら，持続可能な生活空間の「統整的理念像」を描きだそうとする。生活空間再生論は，理論研究の結果から，持続可能な生活空間の統整的理念像が，＜限界集落を再生する山村の村落社会＞にみいだせないか，と仮設する。「限界」集落が「持続可能」な世界のモデルになるという発想は，逆説的であり，奇異であるが，高度近代化の持続不可能性問題を解決する鍵は，高度近代化によって持続不可能＝限界となった山村集落社会において，高度近代化に抗して営む再生の実践にある，と生活空間再生論

は考える．そこで，第Ⅱ部では，＜持続可能な生活空間の統整的理念像を構築する手がかり＞が，再生されている限界集落の山村社会にもとめられ，その実態と持続可能な社会の要件に繋がりそうな特徴が吟味される．第Ⅱ部の各章は，第4章「山村研究の視座」，第5章「ある山村の実態」，そして第6章「ある山村の再生」である．

　第4章「山村研究の視座」は，生活空間再生論が「持続可能な社会」の成立要件とみなす「自然・生態系」と「対面的社会関係」の基盤が充たされている山村集落社会について，山村の先行研究を手がかりとして，「持続可能な社会の統整的理念像」を構築する目標を見すえながら，生活空間再生論による山村研究の新たな視座を構築する．その新たな視座の射程には，山村集落社会が成立する力学——1）自然の基盤化，2）孤立化，3）自立化，そして4）周辺化——や，限界集落化の問題と再生活動などの研究課題が収められる．

　第5章「ある山村の実態」は，前章（第4章）で検討した「山村研究の視座」にもとづいて，「自然・生態系」と「対面的社会関係」の基盤において成り立つ，典型的な山村ｚムラの実態を素描し，そこに「持続可能な生活空間の統整的理念像」を構築する手がかりを剔出しようとする．山村集落社会が成立する力学にもとづいてみると，ｚムラは，山中に孤立して，周辺化のために限界集落化した山村であるが，それゆえに，自然の基盤のうえに自立し，住民の生活満足度が全般的に高い村落社会が住民自治のガヴァナンスによって運営されている．さらに，住民は限界集落化した村落社会の再生にも取り組み，その成果は高い社会的評価をえた．このようなｚムラの実態から「持続可能な生活空間の統整的理念像」を誘導する手がかりが探られる．

　第6章「ある山村の再生」では，前章（第5章）に引き続きｚムラにおいて，地域再生活動の実態と，その実践の力学が考察される．ｚムラの地域再生は，自治会女性部有志による集団的実践からはじまった．その成果が高い社会的評価をうけた後に，地域再生活動は次第に自治会による住民自治において，ｚムラ住民全体が関与する日常的実践となった．ｚムラの地域再生活動は，住民自治を通して生活のなかで日常的に実践されている．このようなｚムラ地域再生

活動の考察から，＜持続可能な生活空間が形成される力学＞と，そこから導出される「持続可能な生活空間の統整的理念像」が呈示される。

　最後に「終章」は，生活空間再生論によって，持続可能な生活空間再生の手がかりとされた「地域再生の実践」が現代日本社会で直面する「地方分権」と「地方経済」の問題を踏まえて，「地域再生の実践」の動向をみさだめる。そのうえで，持続可能な世界をめざす「生活空間再生論の意図」を呈示して締め括りたい。

　かくして，本書は，「生活空間再生論の序説」として，「持続可能な世界」を構想する理論・実践研究を拓く端緒になろうとする。高度近代化の持続不可能性問題を乗り越え，高度近代化に抗うように形成される持続可能な社会，しかも＜生活満足度が高い持続可能な社会＞は，おそらく，いつの日かなるべくしてなる。その「持続可能な社会の統整的理念像」を現在の徴候から描き出したい。

───────────────●　序章　注　●───────────────

1）本書が意味する「社会構想」の課題は，舩橋晴俊（1996: 2）が提唱する「社会構想」の研究課題と合致する。その提唱によれば，「社会構想」の課題とは次のようである。

　　「社会構想」とは，望ましい社会についてのイメージをその構成原理の水準で提示するものであり，その要素としては，社会形成のための基本的理念群，社会制度の骨格的ヴィジョン，及びそれらの前提としての，規範的ならびに事実判断的な人間観が含まれる。望ましい社会のイメージは，望ましい生活のあり方は何かという主題の探究を内包している。

　　このような研究課題を立てて，本書は，高度近代世界システムを脱構築するために，その起点となる生活空間再生に焦点をあてた社会構想を目論む。

2）レヴィン（1951）は，自らが創始した社会心理学で，人間の行動behaviorを個人のパーソナリティpersonalityと，その個人を取り巻く環境environmentの関数として規定し，[B = f(P, E)]，パーソナリティと環境を統合して生活空間 life space と定義した [B = f(LSp)]。また，水津（1980: 31）は，その地理学において，「社会的生活がいとなまれる社会的基盤」として生活空間Lebensraumを適用している。本書の「生活空間」の類似用語は，対面的社会関係にもとづく生活の場という範域

にもとづけば，共同体やコミュニティよりもさらに狭い居住域の「近隣住区」 neighborhood unit（ペリー 1975）であるとみなされよう。

3）トランジション・タウンやエコヴィレッジが，発足の当初から実践主体が持続可能性の理念を主唱していたのにたいして，観光まちづくりは，実践主体の住民が持続可能性の追求を目標に掲げることはなかった。しかし，観光まちづくりの成功事例は，どれも当該地域における持続可能性の実践を体現し，1990年代後半の活動において，その実践主体もまた持続可能性を標榜し始めている。

4）「開発の時代」の起源は，米国大統領ハリー S. トルーマンによる1949年 1 月20日の大統領就任演説にあるとされる（Sachs 2010: 1-2）。その就任演説で，トルーマンは「低開発国」underdeveloped countries という言葉を用い，発展途上国をはじめ世界全体が経済発展としての開発をめざす目標を掲げた。米国が提唱する「開発の時代」は，冷戦下で社会主義に対峙し，高度資本主義化をめざす目論見であったが，その演説いらい社会主義国も米国と競って高度近代化の開発に邁進した。

5）ブローデル（Braudel 1977: 39-40＝2005: 55）は，「資本主義」と「市場経済」を，峻別したが，経済の現実は単体ではないので，それらを実際に区別するのはむずかしいという。ブローデル（Braudel 1977: 47＝2005: 65）によれば，資本主義とは「一般的に，ほとんど利他的ではない目的のために行なわれる，資本投入という絶えざる活動の様態」である。そして，市場を具体的には，一方で「市での日常的な交換」や「比較的狭い地域内での取引」と，他方で「遠隔地交易」のような広範な流通領域の取引という 2 つのカテゴリーに分けたうえで，資本主義が後者の広汎な流通領域と結びついたと捉えた（Braudel 1977: 49-63＝2005: 68-85）。やがて，市場は，資本主義生産様式のもとで，商品の交換様式において「みえざる手」の自己調整能力をもつ装置として，経済の要となる（Braudel 1977: 44＝2005: 60）。これが，市場経済とみなせよう。こうしたブローデルの資本主義と市場経済の考え方を踏まえて，本書は資本主義市場経済の現実を捉えたい。

6）ウォーラーステイン（1979）は，世界システムの半周辺は中核に接近しながらも中核とはなれず，近代化達成国とはなりえない，と指摘したが，1990年代以降に世界システムのその構造的様相は変わった。高度近代化のいわば原動力である資本主義経済は，廉価な労働力の調達と消費市場の拡大をもとめて，世界システムの周辺や半周辺にある発展途上国に生産と消費の場を構築し，それによっていわゆる BRICs のような一部の発展途上大国が近代化達成国となりえた。それ以前にも，1980年代後半には NIEs のような――金融危機における挫折はあったが――高度近代化を達成した状況もあった。ところが，BRICs の場合，それらの国は近代世界システム形成前の帝国であり，巨大国家ゆえに政治的勢力を有するロシア，インド，中国が世界システムの中核になりうる事態は，世界の政治的勢勢に有意味であり，またその高度近代化過程に惹起する環境問題も甚大である。また，2010年以降には，VISTA（Vietnam, Indonesia, South Africa, Turkey, Argentina）や NEXT11（Iran,

Indonesia, Egypt, South Korea, Turkey, Nigeria, Pakistan, Bangladesh, Philippines, Vietnam, Mexico) のような発展途上諸国の高度近代化が予想されている。ただし，中所得国の罠とよばれる，中所得国が高所得国になるさいに経済成長が停滞し，そのために高所得国に移行しにくい事態に陥る傾向がみられる。それでも，中所得国となった中進国は高度近代社会を形成する。このように，ウォーラーステインの予想を覆して，近代世界システムの半周辺が中核に追いついて成り立つ世界の構造を，本書では「高度近代世界システム」とよぶ。

7）金融資本主義の隆盛によって，ヴェーバー（1904c）が資本主義経済の発展を起動した主要因のひとつであると提唱した資本主義の精神を映す「勤労勤勉の態度」は，すっかり消失したようだ。勤労勤勉の態度は，少なくとも日本資本主義を支える一要因となり，高度経済成長期にも日本人の労働観に支配的であった（山本1979a, 1979b）。その後，高度経済成長期の後に低成長期からバブル景気をへて高度近代化が進展するにつれて，日本人の労働観が変容してきた。それが根本的な変化なのかは判然としないが，NHK放送文化研究所「日本人の意識調査」（2013年）によれば，全般的に，「仕事にも余暇にも，同じくらい力を入れる」という意見が比較的多い（35.9%）。そして，「仕事はさっさとかたづけて，できるだけ余暇を楽しむ」（26.0%）と「余暇も時には楽しむが，仕事のほうに力を注ぐ」（20.5%）の意見が続いて多い。また，「仕事よりも，余暇の中に生きがいを求める」（10.7%）と「仕事に生きがいを求めて，全力を傾ける」（4.5%）という意見は，ともに少ないが，前者の「余暇絶対」割合が1973年（4.0%）から2013年（10.7%）まで年々増加してきたのに対して，後者の「仕事絶対」の割合は1973年（8.2%）から2013年（4.5%）まで減少してきた。この調査結果だけでは，日本人の勤労勤勉の態度にかんする変容は判然としないが，現時点の日本人は，仕事を「生きがい」とは意識していないようだ。また同調査では，仕事よりも余暇を志向する傾向においては，若い世代ほど高い結果がみられる。

　また，金融資本主義の強勢によって，「企業の経営理念」も変化した（Reich 2016: 120-21 = 2016: 157-58）。1950年代の米国において，企業経営はスチュワードシップ（受託責任）とみなされ，企業がすべての人々に利益をもたらすと捉えられた。そうした企業活動を当時の産業界指導者industrial statesmenが実践したので，私企業制度は国民におおむね支持された。しかし，1970年代後半から80年代にかけて，企業利権やウォール街が音頭をとり，「企業と金融市場をめぐる法や制度が変化した」（Reich 2016: 120 = 2016: 158）。その変化に応じて，敵対的買収をしかける企業の乗っ取り屋が，「株主こそが正当な企業所有者であり，企業の果たすべき唯一の目的は株主利益を最大化することだ」（Reich 2016: 120 = 2016: 157-58）と主張し，産業界指導者が株主の富を奪っていると非難した。こうした金融資本主義にかかわる企業の経営理念の変化は，日本企業にも少なからず波及し，日本的経営の見直しにともない，とくにバブル景気の崩壊以降に支配的となった。

8）「持続可能な開発」という言葉と理念は，その実践を提唱した1992年のリオ地球サミットいこう世界中に周知されたが，「持続可能」sustainable と「開発」developmentの概念は結合しえない，としばしば批判されている。人間社会の持続可能性を実現するために「脱成長」を提唱するラトゥーシュ（Latuche 2010: 142＝2009: 10）は，「持続可能な開発」という言葉を次のように批判する。「持続可能な［開発］developmentという概念は言葉の定義上では冗語法であり，また同時に意味内容の水準では撞着語法によって構成されている。この概念が冗語法であるのは，ロストウが述べるように，発展developmentという概念は元来自己維持的な成長（それ自身による持続的な成長）を意味するからだ。次に自家撞着である所以は，［開発］developmentは維持可能でもなければ持続可能でもないからである」。（本書は"development"に「開発」の訳語をあてたが，翻訳書では，"development"が「発展」と訳出されている。"development"の「自己維持的な成長」については，「発展」の訳語が適切であろう。）

9）資本主義経済を研究する主流派経済学は，資本主義経済という社会的事実を所与としたうえで，原理を考察し操作を提言するが，たいていは資本主義経済の持続不可能性や新たな制度形態には言及しない。例外として，シュムペーター（Schumpeter 1950＝1962）は，「資本主義は生き延びうるか」Can Capitalism Survive? という問いに，「否」の回答を提示した。それによれば，「資本主義の非常な成功こそがそれを擁護している社会制度をくつがえし，かつ，〈不可避的に〉その存続を不可能ならしめ，その後継者として社会主義を強く志向するような事態をつくり出す」（Schumpeter 1950: 61＝1962: 114）。すなわち，資本主義が革新による創造的破壊creative destructionから発展した結果として，独占資本主義が現れると，①「企業者職能の無能化obsolescence of the entrepreneurial function（企業はその業績によって進歩を自動化し，自身を無用化する），②擁護階層の壊滅destruction of the protecting strata（ブルジョア階層は，対立しながらも実は自身を支えていた非ブルジョア階層を結果的に排除する），③資本主義社会の制度的骨組みの破壊destruction of the institutional framework of capitalist society（独占資本主義では，資本主義の発展を本来ささえた私有財産制度と契約の自由の制度などが衰退する），④増大する敵対growing hostility（資本主義はその文明の力によって，資本主義を批判する知識階級を生みだす），といった状況が現れ，それによって資本主義は崩壊する（Schumpeter 1950, Part Ⅱ）。また，水野（2014）は，利子率の低下に着目して，資本主義経済は，剰余価値の自己増殖をつづけるための市場に行き詰まったことを指摘し，その終焉を主張した。

10）オーバーシュート（行き過ぎ）とは，メドウズ，他（1972: 2-3）によれば，「意図せずうっかり限界を超えてしまうこと」であり，持続不可能性問題では，「人間やその経済活動が地球から資源を採取し，汚染や廃棄物を環境に排出するといった，地球規模における行き過ぎ」を意味する。

11) 英エコノミスト誌（The Economist 2012）は，半世紀先の人間社会における主要
分野の見通しについて，「全体的に楽観的」で，「少なくとも，正しい政策をとれば，
ほとんどの分野で進歩progressは可能だ」（xiv）と予測する。その予測によれば，
マス・メディアで報じられる世界の多くの危機的状況は，地域によって盛衰の差異
はあるものの，科学技術や政策によっておおむね好転する。この楽観的な帰結は，
進歩を基調とする，過去から現在の動向を外挿して予言されている。

　こうした楽観主義的予測の思想的根拠については，The Economist（2012: 264-
75＝2012: 406-23）の最終章（第20章）において，リドリーが明確に表明する。それ
によれば，よいニュースが目立たず，危機を煽る悪いニュースばかりが目立つ理由
は，２つある。ひとつは「悪い話題がいつでもよい話題よりもずっとニュースにな
りやすい」からだ（The Economist 2012: 268＝2012: 412）。そしてもうひとつのよ
り根本的な理由は，危機や恐怖の話題が「対処されないこと」static responseを前
提とするため，従来に報道された恐怖が悉く対処されたのに，対処されたよい
ニュースは報道されず，悪いニュースだけが報道される事実にある（The
Economist 2012: 268＝2012: 413）。

　リドリー（Ridley 2010＝2010）は，自著で合理的楽観主義者rational optimistを
自称し，人間社会の歴史を恒常的な進歩として特徴づける。それによれば，人間社
会における過去の悲観主義的な危機や不安の予測は，長期的にみればすべて的外れ
であり，過去の恐怖や悲惨な出来事は歴史的にほとんど乗り越えられてきた。そし
て，現時点の深刻な問題や危機もまた，進歩の基調においてやがて解決される，と
リドリーは考える。したがって，リドリー（2010＝2010）は，高度近代化から生じ
る問題は，高度近代化のたゆまぬ進歩によってやがて解決されるはずだ，と主張す
る。そして，持続可能性については，次のように否定する（Ridley 2010: 311＝
2010下: 177）。

　　現代の過激な環境保護論者の多くは，世界が「転換期」に達したと主張するだけ
　ではない。彼らは先人が多くの異なる問題に関して自分たちと同様の主張を200
　年にもわたってしてきたという事実に気づいていない。そこで持続可能性のある
　唯一の解決法only sustainable solutionは，後退すること，成長を止め，漸進的
　な景気後退に入ることだと主張している。

こうしてリドリー（2010＝2010）は，悲観主義や危機の予測を徹底的に批判し，持
続可能性にも反論して，ひたすら高度近代化の進歩を信奉する。しかし，リドリー
（2010＝2010）は，時代ごとに先端科学の発明が次々と生みだす新しい問題，それ
は発明の当座には進歩と勘違いされて後に取り返しのつかなくなる可能性がある，
たとえば，原子力，遺伝子工学，また考えようでは高度な情報機器などのような問
題もあるのだが，それらの問題を看過していないだろうか。

12) 英エコノミスト誌の楽観主義的予測に反して，40年後の人間社会について悲観主
義的予測をするのは，ランダース（Randers 2012＝2013）である。ランダースは，

高度近代化問題を告発する先駆的業績のひとつであった著書，Meadows, D. H., D. L. Meadows, and J. Randers, 1972 *The Limits to Growth* における研究チームの一員であった。この著書の公刊いらい常に，ランダースは「『成長の限界』の忠告を聞き入れて世界的な方針と行動を変える賢明さを持ち合わせているだろうか，その方向転換は果たして間に合うだろうか，と案じながら過ごした」（Randers 2012: 1 = 2013: 19）。こうして，一貫した悲観主義がランダースの長期予測の基調となる。

　ランダース（2012: 14 = 2013: 37）は，これから40年間に人間社会が対処せねばならぬ問題を5つ掲げる。それらは，① 資本主義capitalism，② 経済成長economic growth，③ 民主主義democracy，④ 世代間の平等intergenerational equity，そして ⑤ 人間と地球の気候との関係our relationship with the earth's climateである。これらの問題の40年後の行方について，ランダース（2012 = 2013）は，『成長の限界』における方法論を拡張するかたちで，シミュレーション・モデルとダイナミクス・スプレッドシートの手法を決定論的土台として，対処の条件を加味しながら予測している。さらにランダース（2012 = 2013）の著書には，持続可能性の理念にもとづいた，39人の識者による短文のテーマ別未来予測が寄稿されている。

　ランダース（Randers 2012 = 2013）は，悲観主義的な予言から，その実現を不安視しながらも，人間社会が持続可能性をめざす実践を提唱する。そして，持続可能性の実践的目標は，合理的楽観主義者リドリーが非難するとおり，「進歩の停止」である。

13）ダイアモンド（1997: 410-11 = 2012: 下376-78）は，自然破壊による文明崩壊の事例として，人類最古の高度文明のひとつであり，世界有数の食糧生産地であった「肥沃三日月地帯」が，「農業に不向きな砂漠か，それに近い乾燥地や草原地帯になっており，土壌の風化や煙害が進んだ土地になってしまっている」状況を指摘する。

14）松井（2012: 148-49）は，現代人間社会の本質を捉えるために，地球を俯瞰する視点の重要性を強調する。そして，その視点から地球の主要な構成要素が相互作用するシステムであるとみなしたうえで，人間の文明社会を地球システム中の人間圏と命名した。松井によれば，文明とは「人間圏をつくって生きる生き方」である。文明以前に狩猟採集で生活する人類は，地球システムにおける生物圏の一要素であったが（図序-1），人類が農耕牧畜で生活するようになると，生物圏から独立して人間圏を形成し始めた（図序-2）。前者の人類が生物圏の一部であった状況は，「生命の惑星」段階の地球システム，また後者の人間圏が生物圏から独立した状況は，「文明の惑星」段階の地球システム I とよばれる。

　「文明の惑星」段階の地球システム I は，人間社会が近代化以前の農業文明にあった史的段階といえる。また先にみたダイアモンド（1997 = 2012）も，文明史を俯瞰して，古代文明から近代以前の文明が，銃・病原菌・鉄の普及を契機に崩壊した事例を跡づけ，これを題目とする著書を著したが，その著書の前半では農業の発生が

22

自然破壊をまねき，文明が崩壊する過程を明らかにした。

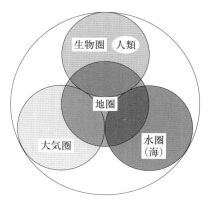

図序-1　生物圏の一要素としての人間
（出所：松井 2012: 150）

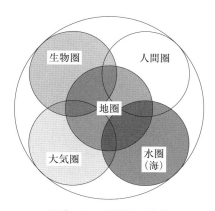

図序-2　人間圏の形成
（出所：松井 2012: 150）

15）松井（2012: 152-54）は，地球システムにおける人間圏の誕生から，近代化で人間圏が拡大する状況を「文明の惑星」段階の地球システムⅡとよぶ（図序-3）。この段階の人間圏は，「内部に駆動力を持つことで」拡大された（松井 2012: 152）。「内部の駆動力」とは，資本主義経済であり，それを原動力とする高度近代化である，

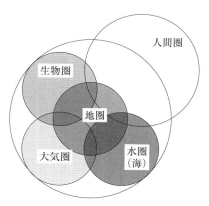

図序-3　人間圏の肥大化
（出所：松井 2012: 151）

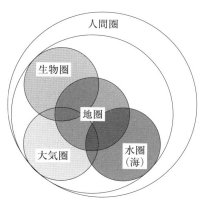

図序-4　人間圏に包含された
地球システム
（出所：松井 2012: 151）

とみなされる。松井 (2012: 152) は，この段階を「産業革命以降のストック依存型の文明の時代」と特徴づけた。そして，高度近代化でさらに地球システム全体を覆うまでに拡大した人間圏を，松井 (2012: 152) は「21世紀の地球システム」とみなす (**図序-4**)。「21世紀の地球システム」は，地球システム崩壊の問題をもたらした。それは，「人間圏内部に駆動力をもったこと，すなわち地球システムにおける物質・エネルギー循環を早送りし，時間を先食いすることによって豊かさを手にしたことが招いた問題」である (松井 2012: 153)。これは，高度近代化による持続不可能性問題とも言い換えられる。

第Ⅰ部

探究の輪郭

　第Ⅰ部は，生活空間再生論が持続不可能性問題を認識する研究の主要な課題に焦点をあて，生活空間再生論がそれらの問題に取り組む接近法とその射程を概観する。生活空間再生論における現実認識の主要な課題とは，資本主義経済が持続不可能性問題を惹き起こす実態と，持続不可能性問題の核心である自然・生態系の破壊が生起する力学とである。

第1章
構想の見取図

はじめに

　本章は，「生活空間再生論」の見取図を素描する。生活空間再生論とは，まず高度近代社会の持続不可能な現実が問題視され，次にその問題を解決するために，個人が生活する場としての「生活空間」の再生から出発して，国民国家の変革や世界秩序の再編までが企図される社会構想である。

　この構想は，高度近代化が，自然世界と人間社会の崩壊を招き，「持続不可能性の問題」を抱える，という前提から提起される。現実に，先進国や経済成長のいちじるしい新興中進国などでは，高度近代化に起因する国内の社会問題として，生活の場における「自然・生態系の破壊」「経済格差の拡大」「対面的社会関係の切断」などが広く認識されている。さらに，「持続不可能性問題」は，資本主義経済がグローバル化し，高度近代文明が人間社会全体を席巻する趨勢のなかで，地球規模に拡大した。高度近代化の問題は，世界各国がいまも経済成長の達成に悪戦苦闘するなかで，自然世界と人間社会の「持続不可能性」を複雑に増大させている（→序章1）。

　そうした高度近代化の趨勢に対抗し，自然世界と人間社会の「持続可能性」を実現する方途が，いま模索されるべき時ではないか。こうした疑念にたいして，本書の筆者は，その＜持続可能性を実現する模範となりそうな現実＞が，いま，日本の山村で実践されている「観光まちづくり」の事例に看取される，と思い至った（安村 2006）。観光まちづくりは，1980年代初め頃の日本におい

て全国各地で着手され，バブル景気が崩壊した直後の1990年代後半頃から次第に話題となりはじめた。バブル景気の崩壊から深刻な不況が予感された当時，観光まちづくりに成功し活気に溢れる「生活空間」の様態が，評判になったのである。それらのまちづくりの事例はどれも，住民が主体となり，外部に頼らず「内発的」に取り組まれた。住民は生活空間の自然・生態系や固有の文化を重視して保全し，それらの魅力を観光資源としてまちづくりに活用する。観光まちづくりの最終的な目標は，経済的効果を追求する観光地開発ではなく，観光を利用した，住民の＜生活満足度が高い持続可能な生活空間＞の構築であるとみなされる。

　そこで本書は，観光まちづくりのような，持続可能な生活空間の形成をめざす内発的地域振興を「生活空間再生」の実践的な萌芽とみなし，生活空間の再生を中核にすえ，国際社会の再編までも視野にいれた，高度近代化の趨勢に対抗する「持続可能な世界」形成の理論と実践を構想したい。この構想を「生活空間再生論」とよび，暫定的ではあるが，次のように定義する。

生活空間再生論とは

個人の生活の場である生活空間を起点として，それを取り巻くより広域の社会諸空間——地域社会，国家，国際社会——をすべて視野にいれ，最終的に持続可能な世界の構築をめざす構想である。

このような「生活空間再生論」構想を，まず玉野井芳郎の「地域主義」を手がかりとして組み立てたい。というのも，地域主義の成果には現代社会の根本的諸問題がほとんど予期され，さらにそれらの問題解決の道筋も的確に提示されたからである。

1　「地域主義」再考の意義

　地域主義は，玉野井芳郎によって1970年代後半に提唱された。その研究活動

は，玉野井が逝去した1980年代半ばまで精力的に継続された[1]。本節では，この地域主義を「生活空間再生論」の手がかりとする経緯が，まず簡単に紹介される。次に地域主義再考のための関連文献を提示したうえで，それらの文献にもとづき，地域主義による問題提起の背景にあった，日本社会の現実について概観する。

◢ なぜ，いま「地域主義」なのか

　玉野井芳郎（1979b）による「地域主義」の再考を筆者が思い立ったのは，2007年頃である。それは，「観光まちづくり」の研究結果を拙著『観光まちづくりの力学』（2006年　学文社）にまとめた直後であった。拙著は，社会学の見地から「観光まちづくり」の現実がいかに生起するかを考察したが，その考察に地域研究の成果を十分に取り入れられなかった。その反省から地域研究の業績を渉猟したさいに出会ったのが，玉野井芳郎の「地域主義」であった。

　『観光まちづくりの力学』の問題意識と結論は，4半世紀以前に提唱された「地域主義」のなかにほとんど先取されていた。拙著は，資本主義経済という原動力から生み出された高度近代化が，不況や格差などの経済問題だけでなく，「自然・生態系の破壊」や「対面的社会関係の切断」などの深刻な諸問題を惹起すると捉え，そうした資本主義経済や高度近代化に対抗するような実践が，「観光まちづくり」にみられる，と主張した。しかし，そこに「地域主義」の知見は摂取されなかった。地域主義は，資本主義経済にかかわる諸問題を拙著と同一な視点から問題にしたうえで，現時点（2016年12月）にも適合し，拙著で看過された理論的考察をくわえていた。

　そこで本章は，地域主義の遺産をあらためて吟味し，それを「生活空間再生論」構想の手がかりとしたい。もとより，地域主義の構想には，その後の現実の経過にともなう限界も指摘できる。生活空間再生論にとって，地域主義はその構想を完成させる道程の通過点にすぎない。しかしそれは，構想の到着点へと歩みだす方角を確かに指し示す道標となる。このような地域主義を手がかりとして，「生活空間再生論」構想の組み立てに着手するにあたり，はじめに，

玉野井が遺した地域主義の基礎文献を整理しておこう。

◤ 地域主義を再考する基礎文献

　「地域主義」は，玉野井にとって社会再編制の構想であると同時に，それを裏づける学問の基盤の転換でもあった。「学問の基盤そのものの転換とともにあらわれる世界，これこそ地域主義の世界にほかならない」（玉野井 1979b: 311）。そこで，玉野井は現実をみすえ，「内発的まちづくり」による住民自治や地域主権から社会再編制を構想しながら，それらを基礎づける「広義の経済学」を構築しようとした（→第2章）。「広義の経済学」では，市場経済の考察を主題とする従来の「狭義の経済学」から転換して，非市場経済までを見渡すアプローチの構築が試みられる。さらに，そうしたアプローチの成果にもとづき，地域主義の理論構成に取り組んだ。広義の経済学からは実際に，たとえば地域共同体の生態論や生活者のジェンダー論のような，地域主義を実践するための基礎理論が誘導されている（玉野井 1990d）。

　こうして，玉野井の「地域主義」関連文献は，主に「広義の経済学」を展開する「理論関連」文献と，その理論にもとづいて地域主義の実践を解明する「実践関連」文献とに整理できる（ただし，「理論関連」と「実践関連」は，必ずしも明確に区分されない）。それらの主要な「地域主義」関連文献は，次のとおりである[2]。

玉野井芳郎　地域主義関連の文献

理論関連：

　1975『転換する経済学』東京大学出版会

　1978『エコノミーとエコロジー』みすず書房

　1979『市場志向からの脱出　広義の経済学を求めて』ミネルヴァ書房

　1980『経済学の主要遺産』講談社学術文庫

　1982『生命系のエコノミー　経済学・物理学・哲学への問いかけ』新評論

実践関連：

　1977『地域分権の思想』東洋経済新報社

　1979『地域主義の思想』農山漁村文化協会

　1982『地域からの思索』沖縄タイムス

　1985『科学文明の負荷　等身大の生活世界の発見』論創社

著作集：

　1990『玉野井芳郎著作集』学陽書房　第1巻〜第4巻

　　　　第1巻　吉富勝・竹内靖雄編　経済学の遺産

　　　　第2巻　槌田敦・岸本重陳編　生命系の経済に向けて

　　　　第3巻　鶴見和子・新崎盛暉編　地域主義からの出発

　　　　第4巻　中村尚司・樺山紘一編　等身大の生活世界

　以上の文献にもとづき，地域主義の理論や思想を脱構築して，それらを生活空間再生論に，適宜，取り込んでゆく。まずは上記の文献から地域主義の問題提起がどのような現実の背景から導き出されたかを探り，生活空間再生論の問題意識と重ね合わせてみたい。

◢ 地域主義が提唱された背景にある現実問題

　地域主義を提唱した背景にある日本の現実問題として，玉野井は主に2つの問題を指摘する（玉野井 1978; 1979b）。ひとつは1960年代の高度経済成長期に発生した――当時の先進国に共通する――「環境」問題であり，もうひとつは日本の近代化を先導してきた「中央集権体制」問題である。

　一方の「環境」問題は，公害問題などが人の生命や生活を脅かした事態から始まる。この問題は，1960年代に世界の先進国内で一様に発生した。この1960年代は，日本において，「環境と資源をめぐる現代社会の症候群――水俣病，サリドマイド事件，食品や農業の公害，さては農業生産の基礎をなす地力の減衰――がいっせいに噴き出した時代」（玉野井 1978: 4）であった。環境の破壊や汚染にかかわる社会症候群について，玉野井（1979b: 128）は，「エネルギー問

題」［化石燃料の枯渇問題］と「環境問題」［自然・生態系の汚染・破壊問題］の
2つに集約した。

　もう一方の「中央集権体制」問題は，日本が近代化をめざす過程で政・官・
産が癒着した国の権力構造から生じている。この中央集権体制は，明治維新後
に成立し，以後，日本の近代化を推進して，20世紀初頭には列強の一画を占め
る近代国民国家の構築を主導した。それは，第二次大戦の敗戦でいったん瓦解
したかにみえたが，その後に再興し，国家戦略として高度経済成長を牽引して，
日本を世界有数の経済大国に導いた。そして，高度経済成長は，東京を頂点と
する「中央」から「地方」に向けて上意下達に工業化や高度近代化を効率的かつ
効果的に指令する体制で達成された[3]。

　しかし，こうした中央集権体制による経済成長と高度近代化は，東京をはじ
めとする大都市の経済活動を肥大化させ，結果的に周辺地域を衰退させた。そ
れらの周辺地域には，高度近代化の余波が都市化のかたちで浸透したものの，
それによって地域の社会的文化的な個性は消失し，環境破壊などのような近代
化の弊害だけが地域にまで浸潤した[4]。逆に「中央」は，「地方」を切り捨てて
戦前にまさる経済成長の拡大をみた（玉野井 1979b: 16）。

　その後，今日に至るまで，日本国の「中央集権体制」は依然として健在であ
る。中央集権体制をあらため，中央政府の統治権を地方自治体にできるだけ移
管しようとする議論は，第二次大戦以前から，道州制，あるいは地方分権や地
域主権などのような主題で何度か繰り返されたが，根本的な変革はいまだなさ
れていない（→終章1）。

　このような「中央集権体制」問題と「環境」問題の両方に通底する根本問題と
して，玉野井 (1978; 1979b) は「工業文明の危機」を指摘する。日本の高度経済
成長に顕著に看取される工業生産の激増は，商品の大量生産・大量消費という
現実を生みだし，それによって先進国には高度大衆消費社会が出現した。それ
がもたらした経済的豊かさは工業生産のポジの側面であるが，同時に環境問題
はそのネガの側面とみなせる。

　そのネガの側面が人類の危機につながるという事態は，1960年代から夙に，

世界中に広く警鐘が鳴らされた（カーソン 1962; コモナー 1971）。それにもかかわらず，いずれの先進国の政府や国民も，工業生産のネガの側面を十分に直視しなかった。本来，工業文明のネガの側面を告発すべき社会科学，とりわけ工業生産による経済成長を直接の研究対象とする経済学でさえ，正面からその問題にアプローチしていない。工業生産のネガの側面を告発した経済学の研究結果は，正統派の業績として受け容れられなかった（→第2章1）。

　こうした地域主義の背景にある現実の「工業文明の危機」とは，「資本主義経済」の本質にかかわる問題にほかならない。玉野井（1978）は，この資本主義経済の根本問題の考察に専心した。その問題の徹底的な解明のために，「広義の経済学」の創設を提案した（→第2章）。

　ところが，地域主義が提起した現実の危機は，その後に複雑化・深刻化すると同時に，地球規模に拡大した。先進国の資本主義経済には，石油危機を契機に1970年代初めから脱工業化——情報化・サーヴィス化——の動向が顕著となった結果として，工業文明の問題それ自体の様相も変容した。そして，先進諸国に発生した工業文明の問題は，その後，オフショアリングなどを通して発展途上国に転移し，急速に地球規模へと拡大して，国際社会の構造的問題となった。地域主義が直面した重大な危機は，現在（2016年）ではそれらの様相が，さらに深刻化して一変したかのようだ。地域主義が直視した危機は，今日においていまだ根本的に解決されておらず，いっそう困難な事態をもたらしてさえいる。

　そこで，玉野井（1978; 1979b）が「地域主義」を構築しながら，同時に「広義の経済学」で資本主義経済を解明するアプローチは，「生活空間再生論」にも踏襲される。「生活空間再生論」の資本主義経済研究は，「広義の経済学」の延長線上に展開されるだろう（→第2章）。次節には地域主義を手がかりにして「生活空間再生論」研究の基本概念と枠組を整理する。

◢ 2 「地域主義」を脱構築する「生活空間再生論」

「生活空間再生論」は，地域主義の脱構築をはかり，現時点（2016年）の現実を踏まえた，より妥当性がある社会構想を提示しようとするので，地域主義が提唱された後の現実の問題を的確にとらえ，さらにその後の学術的成果も取り入れて，新たな構想の枠組を組み立てる。もちろん，構想の展開は研究を積み重ねながら漸次的に展開されるのだが，本章は今後の研究の進展をみすえ，出発点として次の2点をとくに明らかにしたい。ひとつは，「生活空間」の概念，つまり「生活空間とは何か」を規定することであり，そしてもうひとつは，本書の最終的な目標である「持続可能な生活空間の統整的理念像」に接近する方針を確認することである。

◤ 生活空間の概念

「生活空間再生論」は，ある個人が居住する「生活空間」について，その場を共有する他者との協同を通して生活の最適化をめざし，そこを拠点として，さらにより広域の社会空間を漸次的に再編してゆく構想である。「生活空間」は，個人が生活において身体的・精神的にもっとも深くかかわる（はずの）場であり，個人の社会生活において，全体社会のなかの拠点となるべき社会的領域である。生活空間再生論では，そうした「生活空間」について，暫定的だが次のように定義する。

> **生活空間再生論における「生活空間」とは**
> ある地域に居住する諸個人が対面的社会関係を形成しうる範域で，個人の社会生活において中心的位置を占める生活の場である。

このような「生活空間」概念は，地域主義の地域「共同体」の特徴と重複する。玉野井（1990c: 11）によれば，「地域主義は何よりもまず地域共同体の構築をめ

ざすことを提唱する」。そして，地域主義の共同体は，個人が居住する土地――
――とりわけ自然・生態系に密着する土地――の意味を重視し，外部社会にたい
して社会的経済的に「開かれた」特徴を有している。生活空間再生論も，地域
主義に倣い，「生活空間」が自然・生態系の基盤に深くかかわるべきだという
理念を重視するが，くわえて，生活空間再生論は，地域主義が強調しなかった
「生活空間」における高い「社会的凝集性」ないしは「社会関係資本」を重視す
る（→第5章3-4・第6章3）。こうして，「生活空間」は，地域主義の「共同
体」とほぼ同義となる。

　そうであるならば，生活空間再生論において，「生活空間」の言葉よりも「共
同体」という言葉を用いればよさそうだが，「共同体」の用語には，歴史的に付
与された，いまなお複雑に絡みつく情緒的含意がある。たとえば，1960年代に
戦前・戦後生まれ世代がいだく村落「共同体」における負のイメージについて，
辻井喬と上野千鶴子（2008: 254）はポスト消費社会をめぐる対談のなかで次の
ように語っている。

　　辻井：日本の戦後社会には，共同体に対してものすごいアレルギーがあり
　　まして，何とかして拒否したい，避けていきたいという，思想のメインス
　　トリームがずーっと存在していた。共同体なんて，もう口にしたくもない
　　し，聞きたくもないと。共同体は「壁に耳あり，障子に目あり」という国
　　家の監視機構でしかない，勘弁してほしいという一種のアレルギーですね。
　　上野：辻井さんにとって，という話じゃなくて一般論としてですね。

　ところが，共同体にたいして，辻井・上野（2008: 254）は次のような感情も
吐露し，［20世紀末までの］中間組織が「共同体」的性格をもっていたと指摘す
る。

　　辻井：……ところが，人間ですから，じゃ，本当にまったく共同体が必要
　　ないのか？というとそうではなくて，拒否しているだけに，どこかに自分

を受け止めてくれる共同体はないものだろうかという満たされない欲求が，非常に広がったのが現在であると思うんです。いままでそれを代替していたのが職場共同体であり，労働組合であり，それから政党でしたね。あらゆる中間組織は全部，共同体の代替物として存在していた。

上野：旧世代型の中間組織ですね。

　日本における——いや，日本に限らないが——共同体のイメージには好悪感情が入り混じり，錯綜してみえる。そうした「共同体」のイメージをまとめながら，丸山真人（1990d: 311-12）は地域主義の解説において，玉野井の「共同体」概念を次のように紹介している。

　　共同体と言えば，近代社会の基準に照らし合わせて，その閉鎖性ないし排他性，個人の集団への埋没など，マイナスのイメージで語られることが多い。そうでなければ，逆に，その同じ「特性」が日本企業の「優位性」を支える根拠として称揚されたりする。いずれにしても，共同体における支配の構造のみに光が当てられて，その延長上で共同体の人間関係が説明されるにすぎない。

　　これに対し，玉野井先生が着目したのは，［西ヨーロッパの中世にみられ，ゲノッセンシャフトと呼ばれる，ギルドや兄弟団，農村の講や結社などのような］支配への抵抗力を持った自治団体をその内部に含むような共同体である。玉野井先生がここで強調するのは，……成員の連帯意識によって横に結ばれる「面を原理とする組織」の世界である，ということである。ここでは，明らかに面としてのまとまりを持った具体的空間として把握されている。（［　］内は本書筆者による）

　このように「共同体」には，日常的認識において両義的で多様なイメージがまつわりついている。そこで日本の地域研究では，中立的な「共同体」概念を指示するために，しばしば「コミュニティ」という用語が使われる。たしかに

「コミュニティ」という言葉においては，日本に固有な歴史的含意が多少とも切除されるかもしれない。しかし「コミュニティ」の用語も，社会学の伝統的基礎概念ではあるが，多義的な概念である（デランティ 2003）。さらに，欧米においてさえも，現実の「コミュニティ」は，その閉鎖性や支配性から，ときに否定的に捉えられている（バウマン 2001）[5]。

　そうした「共同体」や「コミュニティ」に付着する含意について，生活空間再生論はそれらをすべて払拭しようとする。そのために，「新しい酒は新しい革袋に盛れ」の故事に倣い，生活空間再生論では「生活空間」の言葉を用いたい。

◢ 再生される生活空間の統整的理念像

　次に，定義された「生活空間」がどのように再生されるべきなのか，つまり再生がめざされる「生活空間の統整的理念像」にいたる接近法の方針を確認する。ここで「統整的理念像」とは，一方でM. ヴェーバー（1904b）の「理念型」のように，現実の考察を踏まえながら理論的に導出された論理整合的な思惟構成体ではあるが，他方で，カントの「統整的理念」から誘導される，未来における理想的な生活空間「像」を提供するものでもある。その理想像には，「生活空間再生の実践における指針」となることが目論まれる。

　再生されるべき「生活空間の統整的理念像」についても，地域主義の考え方に倣い，とくに＜自然・生態系を基盤とする生活空間＞と＜重層社会空間の変革において拠点となる生活空間＞の2つの視点から接近する。以下では，まず地域主義が志向する地域共同体の特徴を吟味したうえで，次にその結果にもとづき，「生活空間の統整的理念像」に接近する2つの視点を検討する。

◢ 手がかりとしての「地域主義」の定義

　地域主義の「地域共同体の統整的理念像」には，玉野井（1979b; 1982a）による現実の諸問題の理論的考察が踏まえられ，それらの問題に対抗する根本的な実戦的変革の目標が盛り込まれる。生活空間再生論では，そうした地域主義の「地域共同体」概念を援用しつつ，現時点（2016年）の経験的かつ理論的考察で

補完して，「生活空間の統整的理念像」を導く接近法を考えたい。地域主義の「地域共同体の統整的理念像」は，地域主義の「定義」で次のように集約されている（玉野井 1979b: 119）。

　　一定地域の住民＝生活者がその風土的個性を背景に，その地域の共同体にたいして一体感をもち，経済的自立をふまえて，みずからの政治的，行政的自律性と文化的独自性を追求することをいう……。

　これは，国が「上から」主導する官製地域主義と区別した，「内発的地域主義」の定義である。この定義には，次のような説明が付け加えられている（玉野井 1979b: 119）。

　　……まず経済的自立というのは，閉鎖的な経済的自立をいっているのではないことです。アウトプットの自給性よりもインプットの自給性が強調されるべきです。とりわけ市場化されがたい，いや簡単に市場化を容認すべきでない土地と水と労働について地域単位での自立性を確保し，そのかぎりで市場経済の制御を考えようということです。次に政治と行政については，"自立"というよりも"自律"という表現を用いているように，地域住民の自治が強調されています。そこでは，政治と行政が結びつけられてあるように，国レベルの政党政治ではなくて広義の統治概念が考えられるべきだと思います。

　さらに，定義中の「共同体にたいして一体感をもち」という箇所には，次のような補足がなされている（玉野井 1979b: 19-20）。

　　……地域に生きる人びとがその地域――自然，風土，歴史をふまえたトータルな人間活動の場――と「一体感」をもつという重要な思想が語られていることに注意してほしい。アイデンティティの発見，またはアイデン

ティフィケーションの確立というのは，いうまでもなく社会認識の根源的
契機にかかわる問題意識である。

　こうして地域主義の「地域共同体」とは，「自然・生態系」を基礎にして成り
立ち，そこに居住する生活者が「一体感」をもつが，けっして閉鎖的でも因襲
的でもない，「開かれた」共同体である。
　このような地域主義の「地域共同体の統整的理念像」から，2つの理論的視
点にもとづいて「再生される生活空間の統整的理念像」が誘導される。ひとつ
は「自然・生態系を基盤とする生活空間」であり，これについては生命空間の
「生命系」という存立基盤が考察される。生命系は，生活空間の「風土的個性」，
つまり自然，風土，歴史などの特徴を形成する基盤とみなされる。（「風土的個
性」という用語は，本書では後に（→第6章4-2），一般化して「人間生態系」とい
う言葉に置き換えられる。）そして，もうひとつは「重層社会空間の変革におけ
る拠点としての生活空間」である。この視点では，生活空間から国際社会まで
4層に重なる社会空間において，生活空間が——あらゆる意味でもっとも尊重
され——中核に位置づけられるという特性が浮き彫りにされる。これらの2つ
の視点から，次に「再生される生活空間の統整的理念像」を導く接近法の方針
についてそれぞれに概観しよう。

◢ 自然・生態系を基盤とする生活空間

　生活空間再生論は，玉野井の地域主義に倣い，生活空間が「自然・生態系」
という基盤のうえに存立するとみなす。「生態系」とは，「植物（＝生産者），動
物（＝消費者），微生物（＝分解者）が，土壌，水，大気などよりなる自然的環境
とのあいだにくり広げる相互作用から構成されるひとつの自律系のことであ
る」（玉野井 1978: 44）。この生態系の作用によって，人間を含むあらゆる生命
が維持され，それらが生きる場である地球自体の存続も可能となる。地球上の
複雑な生態系のしくみと作用にかんして，玉野井（1978: 49）は次のように説明
する。

　生態系という概念は，生態圏内の生物有機体同士，および有機体とその物理的環境との機能的関係を強調したものにほかならない。その関係は，太陽エネルギーが生態系にはいってきて最終的に熱になって放散してゆくそのエネルギーの流れと，生命に必要な物質＝化学的分子がそのシステムの内部でくり返す循環ないし再利用という2つの側面から成り立っている。……食物連鎖がこのような機能的関係を媒介する径路を形づくっているのであって，この連鎖がいくつも複雑にからみあっているほど，その生態系は安定と平衡を保持する証拠となるわけである。

　このように地球上には，生物個体，土壌生態系，水系，大気系などの多様な生態系が入れ子構造で連鎖しあい，それらが地球というひとつの生態系になっている（→第3章1）。

　こうした安定と平衡を保持するしくみをもつ生態系について，玉野井（1978）は，資源物理学者の槌田敦（1992）の理論にもとづき「定常開放形」と特徴づける[6]。それは，外部からエネルギーを吸収・導入しつつ外部にエントロピーを発散・放出して，一定の平衡状態を保持する系をいう（→第3章1）。ここで「エントロピー」とは，熱力学第二法則から誘導された概念であり，物質やエネルギーから時間とともに不可逆的に生起する属性である。それは，いわば「何らかの汚れ」と考えられる[7]。そうしたエントロピーの過程では，「はじめまとまっていたものがやがて拡散し，はじめ秩序立っていたものがやがて形をくずし，そして一方向きの時間の経過の中に多かれ少なかれ崩壊していく」（玉野井 1979b: 70）。すべての系に生起する，このような不可逆的なエントロピーの過程を抑制しながら，それぞれの系の存立を保持するのが「定常開放形」である。

　さらに玉野井（1982b）は，地域主義の生態系の中で「生きている系」living system としての「生命系」に着目する。それは，「環境との主体的やりとり，つまり主体的な質料代謝をとおしてエントロピーを低める系」（玉野井 1982a: 95-96）である。すなわち生命系は，「さもなければ限りなく高まってゆくであ

ろうエントロピーを主体的に低減させている自律的・自己維持的世界なのである」(玉野井 1990c [1978]: 22)。こうして，生活空間の根底にあるべき生態系は，ありのままの原始的自然ではなく，「生きている自然」となる。それは，人間と自然が共生して構成された生命系の自然であり，「人間が土地と植物との関係を通してつくりあげている生活環境の根底をなす部分」(玉野井1979b: 98) とみなせる (→本章 3)。この「生命系」は，「人間生態系」とも言い換えられる (→第 6 章 4 - 2)

　こうした自然・生態系や生命系が工業化や都市化を含む高度近代化で破壊されてきた現実は，いまや自明である。そしてこの現実こそが，前述の「地域主義が提唱された背景としての現実問題」の一方，すなわち地球規模に広がる「環境問題」となる。このような地球規模の環境問題は，とくに工業化の現実に起因している。工業，つまり「物をつくる」ことは，エントロピーの原理にしたがえば，同時に秩序が「こわれ汚れる」ことである (→第 3 章 1)。1960年代の先進国に，大量生産・大量消費に特徴づけられる「高度大衆消費社会」が出現したさい，高度工業化によって先進国内の自然・生態系や生命系が破壊された。その破壊の状況は，やがて地球規模に拡大した。

　「生活空間再生論」は，そのような環境問題を解消するために，一方で次のような方針から「再生される生活空間の統整的理念像」に接近する。

再生される生活空間の統整的理念像に接近する一方の方針とは
　生活空間は，「自然・生態系」という基盤のうえに成り立ち，生活者と自然・生態系の結節点となる生活の場である。

　こうして，生活空間再生論は生活空間における「自然・生態系」の再生から出発し，より広域の社会空間へと次第に変革をすすめて，環境問題の解決をはかろうとする。環境問題にかぎらず，その他の課題にたいしても，生活空間再生論は社会変革に漸次的な接近法を適用してゆく。そうした接近法の土台として，生活空間から国際社会へと広がる社会空間の構図が設定される。その土台

にかかわる＜重層社会空間の変革における起点としての生活空間＞の統整的
理念像について，次に議論しよう。

◢ 重層社会空間の変革における起点としての生活空間

　生活空間再生論では，地域主義の「開かれた共同体」の所見を踏まえて「開
かれた生活空間」の特性が適用され，この生活空間を起点として，そこから重
層社会空間に展開する構図が措定される（図1-1）。ここで重層社会空間とは，
個人の身体を中心に重層的に広がる社会関係の空間であり，個人を中心として
上方向に，生活空間，地域社会，国民国家，国際社会という，一般的に特徴づ
けられる社会空間の範域として区分される。これらの社会空間の重層性は，そ
れぞれの社会空間に発生する社会現象の次元が異なる事実を表している。社会
現象の次元とは，生活空間—地域社会—国家—国際社会という，それぞれの社
会空間で起こる社会現象が，たとえば，順次に社会的行為—社会的相互作用—
社会システム—近代世界システムといった次元の異なる分析概念で理論的・経
験的に誘導されるような階層的区分である。そして，個人から各次元の社会空
間までの垂直方向の距離は，個人から各空間までの心理的・社会的距離を表す。

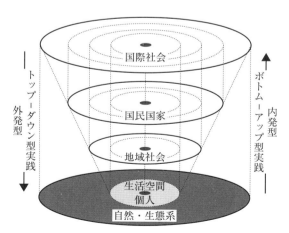

図1-1　生活空間を起点とする重層社会空間の構想

こうした構図において，生活空間再生論は，まず生活空間を内発的に再生し，それを起点にして「下から上へ」とボトム－アップ型で社会空間を漸次的に変革しようと構想する。

◢ 開かれた生活空間と地域文化

　出発点となる「生活空間」の特性には多様な含意があるが，まず「生活空間」は＜閉鎖的・因襲的でない＞と特徴づけられる。生活空間には外部との適切な交流システムが意図的に構築される。玉野井（1990c: 153）は，地域主義の「開かれた」地域共同体の意味について，次のように主張する。

　　地域の外からもたらされる他の地域の経験や情報というものは，大いにこれから地域の自立をつくりあげてゆく上に必要な要素として評価されるべきだと思います。そういう点では，閉鎖的であってはいけないと思うのです。外から入ってくるいろいろな文明情報を得ながら，同時にそれに埋没しないような地域の文化を中心とした，文明にたいして抑制的効果をもつような地域の民衆の働きが台頭してきたら，たいへんすばらしいことだと思うのです。（傍点は筆者による）

　このような「開かれた生活空間」の意義は，実際，観光を地域の交流システムのひとつとする「観光まちづくり」の成功事例に看取できる（安村 2006）。たとえば由布院や長浜は，それぞれに訪問者と交流する場を重視し，訪問者の意見や感想を収集する交流装置を設置している（たとえば，由布院の「由布院観光総合事務所」や長浜の「まちづくり役場」がそれにあたる）。さらに，由布院と長浜の間では，まちづくりの人材育成の相互交流も実施された。由布院にも長浜にも，それぞれに固有の「まちづくり」にこだわりながら，積極的に外部の経験や情報を取り入れる姿勢がみられる。

　これらの事例にみられるように，生活空間には，それぞれの個性や自律・自立を保持しながら「開かれる」ことが重要となる。そのさい，生活空間の個性

を構成するのは，当地の自然・生態系と対面的社会関係から形成される，地域固有の「文化」であるので，生活空間はその「文化」を保持し独自に再構成しながら，外部にたいして「開かれる」状況を創出するようになる。すなわち，生活空間は，無節操に外部に開かれればよいのではなく，地域固有の文化を形成して自立したうえで，外部に開かれることになる。

　この点に関連して，玉野井 (1979b: 121-22) は，「文明」と「文化」を区別して，次のように主張する。

　　　内発的地域主義を地域にとって適正に開かれたものとするために不可欠なコミュニケーションには，これによって伝達される情報の質と量をめぐって，情報における「文明」と「文化」の差異を認識する必要がありましょう。技術の進展とともに非地域化し非個性化するといわれる情報は，地球上を横に広がってゆく「文明」の情報であって，各地域に縦に打ちたてられる「文化」の情報ではない。もちろん，「文明」の情報は，各地域の生活にとって，そのときそのときにひとつの前提ともなる必要な情報として外から導入されるべきものでありましょう。しかしそれに対して，その限界性を明示してくれるような「文化」の情報が，同時に地域の内部からつくりだされ，また地域間の経験交流のかたちで地域の外からも導入されることが大切と思われます。

　ここで玉野井が指摘する「文明」は，高度近代文明の浸透による「都市化」の一面に置き換えられよう。日本の多くの地域では，高度近代化，とりわけその一側面の都市化によって生活空間の＜自然・生態系が破壊され，固有の文化が喪失した＞（→本章3）。

◪ 中央集権体制と重層社会空間論

　そうした都市化と文明化を実現した日本の近代化は，明治国家の成立いらい中央集権体制のもとに戦略的になされてきた。「明治国家は，富国・強兵・殖

産・興業を目標に，政・官・産癒着の中央集権体制として出発した。この体制
は，今次大戦によってひとまず終末をみたけれども，戦後まもなく再生した。
再生の柱となったのは，集権制とよばれる経済の決定方式と，産業主義とよば
れる工業化方式との 2 つである」（玉野井 1979b: 15）。

　このような中央集権体制がめざした開発政策の構想は，明治国家の成立から
一貫して，固有な個性をもつ全国の地域を千篇一律に近代化・都市化すること
であった。これは単純化した表現だが，けっして的はずれではない。大戦前に
は，国家をひとつの共同体に見立てる発想で，集権的近代化が推進された。ま
た大戦後の開発政策には，1962年から98年までの 4 次にわたる「全国総合開発
計画」に反映されているように，一律な近代化を全国に拡張する発想が看取で
きる。ここに，前述の＜地域主義が提唱された背景としての現実問題＞のも
う一方，すなわち「中央集権体制」の問題が浮上してくる。

　日本の中央集権体制は，東京を国家の「中央」に位置づけ，その他の地域を
劣位にある「地方」と包括して，「中央―地方」構造を形成してきた[8]。そして，
「中央」は「地方」にたいして，「上から下へ」というトップ－ダウン型の命令系
統で統制・支配する。そのさい，「地方」諸地域の個性は一切無視される。そ
の結果，「日本の〈まち〉や〈むら〉は，明治以降の歴史において大都市中心の
発展から置き去りにされてきた。とくに第二次大戦以後は，〈まち〉や〈むら〉
がこわれてゆく話ばかりが積み重なった。それがあたかも当然であるかのごと
く，そうでなければ第三者的な"哀感"でうけとられたにすぎない」（玉野井
1979b: 125）。たしかに，日本の中央集権体制は近代化や大戦後の経済成長の目
標を急速に達成したが，その代償として，地域と生活空間の個性は喪失した。

　このような中央集権体制と地域の現状を踏まえて，重層社会空間の構図に戻
れば，生活空間再生論には，「開かれた生活空間」を起点にすえた「下から上
へ」の社会構成の構想があらためて浮かびあがる。すなわち，生活空間再生論
は，トップ－ダウン型の中央集権的な国家体制を切り替えて，生活空間を起点
に，「下から上へ」向かう社会空間レベルの漸次的な変革を，ボトム－アップ
型で構想する。そこで，個人の生活の場としての生活空間が「下から上へ」の

権力と情報の流れを取り戻すために，政策としての「地域分権」や「地域主権」の実現が重視されてくる[9]（→終章1）。この点について，地域主義は次のように指摘する（玉野井 1979b: 193）。

　地域の住民の自発性と実行力によって，個性的な地域の産業と文化を内発的につくりあげて「下から上へ」の方向をうちだしてゆく。そしてそのために，場合によって国の統治・行政のあり方に軌道の修正をもちこむ。これが「地域主義」「地域分権」の考え方というものであろう。

　したがって，「開かれた生活空間」の意味は，「上からの決定をうけいれるというより，下から上への情報の流れをつくりだしてゆく。そればかりか地域と地域とのヨコの流れを広くつくりだしてゆくことをも意味する」（玉野井 1990c [1978]: 12）。このような地域主義の示唆を踏まえて，「生活空間再生論」は次のような社会構想の枠組を提起する。個人が共同してみずからの生活空間を「よりよく」構成し，そこから生活空間同士が地域間でヨコにネットワーク化しながら，それらの生活空間を拠点として，タテには「下から上へ」と新たな国家の体制から新たな世界秩序の枠組までを再編制してゆく。かくして，生活空間再生論では，重層社会空間の構図を通して次のような「生活空間の統整的理念像」にかんするもう一方の方針が誘導される。

再生される生活空間の統整的理念像に接近するもう一方の方針とは

生活空間は，重層社会空間のなかで，外部に開かれた，個人の基礎的社会空間である。生活空間再生論は，生活空間の再生を通して「下から上へ」と，より広域の地域社会，国家，国際社会の体制や枠組を再編制する。

　これまでの検討から明らかなように，生活空間再生論の基礎は，「地域主義」の所見に大きく依拠する。しかし，地域主義の思想と理論的基礎は，当然，時代の背景に合わせて修正され補填されねばならない。地域主義が提唱されてか

ら1980年代まで立ち向かった資本主義経済と高度近代化の難題については，その後，玉野井の危惧を超えて深刻さと複雑さが増大した。そこで，生活空間再生論は，地域主義を土台として，現代社会の難題を的確に把握しながらそれらに挑戦する。そのために生活空間再生論は，玉野井 (1978) の「広義の経済学」をより学際的アプローチから脱構築して現代社会の難題をとらえ，同時に，地域主義が果たしえなかった「持続可能な世界」変革の実践にいどむ。

　以上のような「生活空間再生論」研究の議論を踏まえて，次に生活空間再生論が「現実の解明」に立脚点をおく一例として，そもそも生活空間再生論を発想する端緒のひとつとなった「観光まちづくり」の現実と研究について簡単にみておきたい。

3　生活空間再生論研究の手がかりとしての観光まちづくり

　本書において，観光まちづくり研究は，生活空間再生論の事例研究と同時に，「持続可能な生活空間の統整的理念像」や，その理念像が成立する「力学を導出するための現実の解明」ともなる（→第5章・第6章）。

◢ 持続可能な生活空間形成の徴候としての観光まちづくり

　現実に目を凝らせば，持続不可能な高度近代文明の現実に抗うような多くの出来事が，本書の冒頭（→序章1）にあげた事例のとおり，浮かび上がってみえてくる。そこで，生活空間再生論は，＜新時代の持続可能な世界形成の徴候となる社会事象＞が，実は＜すでに出現している＞とみなす。そうしたなかで，生活空間再生論は，「持続可能な世界」形成につながりそうな社会事象として，1980年代初め頃から日本の全国各地で取り組まれた「観光まちづくり」に着目する（安村 2006）。それは，ある地域，とくに経済成長が停滞した地域において，住民が主体的に，地域の伝統文化や自然・生態系を観光資源として，「持続可能な観光」振興によって，地域再生に取り組む実践である（Yasumura 2015）。観光まちづくりは，観光振興による経済的収益の増大を目標とするよ

りも，観光による訪問者との交流をとおして，地域の＜経済，社会関係，文化，人間生態系，などの制度要因をバランスよく活性化＞しながら，＜住民の生活満足度が高まる生活の場の構築＞を目標とした（→第6章4-2）。それは，経済的効果の追求を主目的とする，従来の「観光地」開発ではない。

◢ 持続可能な観光の意義と実践

こうした，「観光まちづくりの実践」で中心的な役割を果たすのが「持続可能な観光」である（Yasumura 2015）。それは，観光客の誘引力として選択された，当地固有の文化や人間生態系が，観光運営を通して保護され再構成される観光形態をいう。元来，「持続可能な観光」は，1980年代後半から国際観光政策の主要機関である国連世界観光機関UNWTOが主導して，エコツーリズムや，後のプロ–プア・ツーリズムPPTの形態で実践された観光形態である[10]。「持続可能な観光」の実践が推進された理由には，国際的な「大衆観光」の拡大が観光地に惹き起こした深刻な諸問題，とくに発展途上諸国の観光地における無計画・無秩序・無管理な観光開発が，当地の文化や住民の生活を変容させ，自然・生態系を破壊した，という経緯にあった（安村 2001）。

「大衆観光」は，1950年代以降の先進国における＜高度近代化から出現し，やがて世界中に拡張した＞が，1960年代から70年代にかけて世界中の観光地に多くの深刻な負の効果をもたらした。大衆観光がとくに発展途上諸国の観光地に及ぼした主な負の効果には，＜経済的に豊かな観光客と貧しい観光地住民との間の経済格差から生じた南北問題＞と，＜観光が豊かな自然・生態系を破壊する環境問題＞とがある。高度近代化の産物である大衆観光が弊害をもたらす観光地は，高度近代化の問題が投影された「高度近代世界システムの縮図」とみなされる。

このような大衆観光がもたらす，観光地における高度近代化の問題——つまり，南北問題と環境問題——を解決しようとしたのが，「持続可能な観光」である。そして持続可能な観光は，エコツーリズムやPPTの実践によって一定の成果をあげた。すなわち，エコツーリズムやPPTは，観光によって，観光

地の地域経済再生に寄与しながら，当地の文化や自然・生態系を保護したり再構成したりして，ときに新たな地域文化を創造したのである。

　こうした「持続可能な観光」は，1992年のリオデジャネイロ地球サミット（以下，リオ地球サミット）において，世界各国が「持続可能な開発」の目標を国際的に公約した後に，その＜目標を実践した唯一の成功事例＞である。これに関しては，リオ地球サミットの公約が10年後にどれほど履行されたかを検証した2002年のヨハネスブルグ地球サミットにおいて，「観光の持続可能な開発」が唯一の成功事例だと評価された。

　持続可能な観光は，主にUNWTOが各国政府を先導するトップ－ダウン型の指揮系統で1980年代初めから実践されたが，他方で同時期に，住民が主体的に取り組んだ，＜ボトム－アップ型の実質的な持続可能な観光＞も，主に先進国で実践され始めていた。それは，「コミュニティ－ベースの観光開発」とよばれる。この観光開発は，＜持続可能な観光によるボトム－アップ型地域振興の形態＞という見地から，＜日本の観光まちづくりと同型＞とみなされる。

◢ 構想の手がかりとしての観光まちづくり

　そして，「観光まちづくり」の成功事例のなかには，その実践的成果の影響によって，地方自治体の地域政策が行政主導型から住民主導型に方向転換したり，さらには中央政府の地域振興行政がその発想や施策を採用したりした事例も珍しくない。つまり，このような「観光まちづくり」の実績は，＜住民自治が上位の権力機構に影響を及ぼすような，ボトム－アップ型の住民自治が具現する可能性＞を裏づける。

　こうして，「観光まちづくり」は，中央集権体制に対抗して，「持続可能な生活空間」形成の先触れとなるような，多様な徴候のうちのひとつと考えられる。高度近代社会に現れているこれらの徴候は，多様な次元の社会事象として，たいていは個別に出現しているが，やがて高度近代化の趨勢に取って代わる，新時代の潮流に収斂するであろう。これも，生活空間再生論の仮設のひとつである。

　けれども現時点（2016年）では，それらの徴候は，経済的利益が見込まれるとなれば，＜資本主義経済の潮流に簡単に呑み込まれてしまう＞。実際に，新時代の徴候とみられる事例が，資本主義経済の大勢に取り込まれて，本来の目的が達成されなかったり歪曲したりする事例は少なくない。「観光まちづくり」の成功事例でも，成功による訪問者の増大ゆえに，当初のまちづくりの目標が観光振興による経済的利益の追求という目標に転換されたり，あるいはまちづくり当地の意図に反するような観光地開発事業が外部から進出したりして，結局，その成功事例が＜ただの観光地になってしまった＞と一般的に評価される状況も少なくない。また，資本主義経済に抗うかにみえる——たとえばNPOの拡充といった——事象が，＜資本主義経済の補完的機能をもつ経済活動にすぎない＞という見方も根強くある。

　それでもなお，生活空間再生論は，観光まちづくりをはじめとする，新時代の徴候を手がかりとして，「持続可能な世界」を形成する動向を模索する。すなわち，生活空間再生論は，現実の認識を立脚点としながら，高度近代化や資本主義経済に抗うような現実の徴候に着目し，それらの徴候が示す趨勢の延長線上に「新たな時代の統整的理念像」を構成しようとする。

◢ おわりに

　生活空間再生論は，如上のとおり，まず「生活空間」を再生し，それに連動する，より広域の社会空間を「下から上へ」とボトム−アップ型の変革を目論む社会構想である。そのために研究の射程は，構想に従って「生活空間」の事例研究から，より広域の社会諸空間の理論研究まで広範囲にわたり，それぞれの研究は同時並行で学際的に進められる。だがそのさいに，研究の方向性を指し示す全体の見取図がもとめられる。本章は，玉野井芳郎の「地域主義」を手がかりとして，その見取図を素描した。

　こうした生活空間再生論の最終的な目標は，「持続可能な世界」の形成にある。そして，この目標が設定される背景には，高度近代化がもたらした「持続不可

能性問題」が，つまり地球規模の自然・生態系の破壊や国家間の経済格差，さらには高度近代社会における対面的社会関係の切断といった現実の難題が，存在する。これらの難題は，人間社会の存亡どころか自然世界の存続さえも脅かす諸問題を惹き起こし，現時点に至るまでその諸問題をいっそう深刻化させている。

　そこで，持続不可能性問題にたいして生活空間再生論が取り組む主たる実戦的課題は，高度近代化から生じる根本問題，つまり「自然・生態系の破壊」や「対面的社会関係の切断」などの問題の解決となる。そのために，生活空間再生論において資本主義経済や高度近代文明の研究が強調され，また生活空間再生の実践研究では，高度近代化の洗礼を受けた程度が低く，持続不可能性問題の症状が比較的軽い農山村の現実と変革の実態が注目される。

　ただし，農山村における生活空間再生の現実に着眼するとはいえ，生活空間再生論は，単なる懐古趣味にもとづく回帰主義に与するのではない。それは，村落社会を再考して，「自然・生態系」と「対面的社会関係」の社会基盤を高次元に回復する，＜生活満足度が高い持続可能な生活空間＞をまず構築しようとする構想である。そしてさらに，生活空間再生論は，生活空間再生から漸次的に「国際社会の脱構築」を見通して，平和な「世界秩序の再編制」を構想する（Bull 1977＝2000）。そのために生活空間再生論には，多くの研究者や実践者が共同する学際的な研究が積み重ねられねばならない。

●───────────────── 第1章　注 ●─────

1）研究者や実践者が地域主義を議論できる場として，玉野井（1990c）は1976年に「地域主義研究集談会」を設立している。集談会を運営するさいの申合事項は，次のとおりである（玉野井 1990c：5）。

　　1　日本における「地域主義」推進の可能性を，経済，歴史，農業，社会，政治，法制，地理，技術，思想などの各分野をふくむ学際的規模で，多角的に研究討議する。

　　2　年間若干回の大会，毎月一回程度の定例研究会，およびそのほかの必要なことがらを行う。

　　3　会員には資格を問わず，入会，退会は自由である。

　　4　恒常的な会費は徴収せず，会合等のごとに，必要な実費を申しうける。その
　　　ほか必要な雑経費については，寄金，補助金等による。
　　5　運営およびその他の事項については，世話人幹事に一任し，幹事のもとに事
　　　務局をおく。
また，集談会が設立された経緯，参加者の顔ぶれ，運営の仕方などについて，清成
忠男（玉野井 1990c：284）が次のように紹介している。

　　1975年の秋も深まったころ，玉野井教授から地域主義学会の設立について意見
　を求められた。教授は学際的な学会を設立したいご意向であったが，筆者は即座
　に学会という形式は望ましくない旨申し上げた。地域主義は理論にとどまらず，
　実践運動という側面をもつからである。むしろ，研究者だけでなく，誰でも自由
　に参加できる集会を設立すべきであるというのが筆者の意見であった。玉野井教
　授が筆者の意見に賛成されたことはいうまでもない。
　　こうして，玉野井教授が発起人代表となり，地域研究集談会が設立された。発
　起人は，増田四郎，河野健二，古島敏雄，鶴見和子の諸先生にお願いした。集談
　会の活動は，毎月の例会と不定期の大会に分けられる。会則はなく，誰でも自由
　に参加でき，会費は連絡費と会場費として参加者からそのつど300円いただくと
　いう形式であった。例会は20回を越え、80年11月までつづいた。
　　地域主義研究集談会は玉野井教授のリーダーシップのもとで活動をつづけたが，
　川本彰（明治学院大学），三輪公忠（上智大学），樺山紘一（東京大学）の諸氏に
　よって支えられた。参加者は，研究者のみならず，多様な生活者が含まれていた。
　集談会の活動の成果が玉野井教授の地域主義論に吸収されていったことは疑いな
　い。玉野井教授の地域主義論は，一段と具体的な説得力を増すようになったので
　ある。

このように当研究会には，多くの研究者を巻き込みながら，玉野井が「地域主義」
研究を精力的に展開した状況がうかがえる。
2）「地域主義」関連の書籍のいずれにも，既発表の諸論文が編集され所収されている。
　重複して収録された論文もある。また，「著作集」には地域主義にかんする主要な
　論文が収録されている。それらの第1巻と第2巻は「理論関連」，第3巻と第4巻
　は「実践関連」と区分される。著作集のそれぞれの巻にある編者の解説も，玉野井
　「地域主義」研究を理解するうえで有意義である。
3）第二次大戦後の日本における経済復興は，浜（2013：167-68）によれば，「中央集
　権型的構図をつくり上げ，そこを軸にして生産手段を集約し，管理し，分配してい
　くというやり方」で達成された。そして，浜（2013：168）は，日本の高度経済成長
　の過程を次のように要約する。

　　出発点においてその核となったのが，かの経済安全本部でした。そこで編み上げ
　られた「傾斜生産方式」によって，重化学工業への資材の優先配備を徹底する。
　彼らの生産増強を支える産業資金については，これを郵便貯金制度によって全国

津々浦々から無駄なく徹底的に吸い上げる。

　終戦直後の復興期から，あの「くたばれGNP」時代に至るまで，この集権的管理のメカニズムは実に巧みに効率的に日本経済の拡大と発展に寄与し続けました。その展開過程の中で，「国土総合開発計画」が進められ，「日本列島改造計画」が日本全土に交通網を巡らせ，高度経済成長と経済大国化が飛躍的に進展したわけです。

4）戦後の国土開発計画の戦略は，田中角栄『日本列島改造論』（1972年）に象徴的に看取される。それは，日本全国をいわば〈東京化しようとする構想〉であった。しかし，そのような計画は貫徹しえず，むしろ工業化や都市化が中途半端に諸地域に浸透した結果，地域はそれぞれの個性を失い，そこに残されたのは高度近代化の負の遺産だけであった。

5）デランティ（2003: 3）によれば，「コミュニティは今日の社会・政治状況の中で復活を遂げつつあり，世界的規模でルーツ探しやアイデンティティの探求，帰属に対する欲求を生みだしている」。地域社会学のコミュニティ論では，一部に地域主義の「共同体」と重なる「コミュニティ」概念も議論されている。

　そこで，「共同体」を理論と実践の視座にすえる地域主義は，英語で「コミュニズム」と称するのが適当に思われる。しかしコミュニズムには，周知のとおり，「共産主義」の含意が刻みこまれている。また，地域主義の理念がもっとも似通っているのは，おそらく「コミュニタリアニズム」である（Etzioni 1996; Sandel 1998＝2009）。ただし，コミュニタリアニズムのアプローチは主に思想的であるが，地域主義は経験的研究にもとづいてアプローチされる。結局，「地域主義」の英語訳は，"regionalism" と表示される（玉野井 1979b: 113）。

　なお，「共同体」については，大塚（1955）による，周知の基礎理論研究がある。その研究では，経済史の視点から，生産様式の編成原理としての「共同体」Gemeinde概念が考察されている。大塚（1955）は，「共同体」が，世界史における生産様式の，アジア的，古典古代的，封建的（ゲルマン的），資本主義的といった継起的諸段階のなかで，資本主義的段階が発生する以前に共通する，生産様式の根本的な編成原理であるとみなす。換言すれば，「共同体」は，資本主義的生産様式の発生という変革点を境界として，とりわけ資本の本源的蓄積という歴史的出来事を契機として崩壊した，とみなされる。

　そうした「共同体」概念について，生活空間再生論の議論にとりわけ示唆的な特徴は，次の3点である。第一に「共同体」は，「土地」Grundeigentumがその富の包括的基盤かつ成立の物質的基盤であるような構成体として特徴づけられる。ここで土地とは，人間に居住地，食糧，様々な生活手段をもたらす「大地」Erdeにおける，人間が占取する一片である。こうして，「共同体」は，まず，生活の再生産が決定的に「自然」に基礎づけられた構成体とみなされる。第二に，「共同体」の社会関係は，自然と不可分に生きる「自然的諸個人」natürliche Individuenが，原生的集団

性によって結びつく「共同態」Gemeinschaftである。この共同態は，たとえば血縁組織のような，原始共産態の「共同組織」Gemeinwesenとして形成される。（ただし，共同体に，宅地や庭畑地のようなヘレディウム（囲い込み地）の出現や，労働要具の私的占有化などによって，共同態の原生的集団性と私的個人化との二元化が進展する。）そして第三に，「共同体」は，他の諸共同体との間で特殊的・個別的性格を有しながら，孤立化・自立化する。このことは，M. ヴェーバー（1924）が共同体の内部経済と外部経済からその構造的二重性を指摘したように，共同体が内部で土地を独占的・排他的に占有し，共同態的規制で共同体意識を形成して統合するのに対して，外部には，他の共同体の侵害や攪乱を防御しながら，それらを潜在的な敵とみなす状況を意味する。そしてこの状況から，共同体と共同体の間には，「共同体」の規制が及ばない，諸世界間の間隙としての社会的真空地帯が存在する——共同体の成員がそこから追放されたなら（村八分），その追放者は，孤立無援のまま社会的真空地帯に追い出される事態となる。

　このように，資本主義経済以前の「共同体」を編成原理とする全体社会は，局所的小宇宙 le microcosmelocalisév（マルクス1881「ヴェ・イ・ザスリッチの手紙への回答の下書き」）が環節的に連結して構成される。こうした全体社会の構成は，市場の拡張によって全体社会が広域ないしは全域にわたって単一化・均質化する資本主義社会の構成とは，根本的に異なる。そこで，大塚（1955）が指摘する「共同体」的性格は，生活空間再生論で議論される開かれた「共同体」にも想定される（→第6章4-2）。

6）地球上に生命系の存立を可能にする，定常開放形としての地球のメカニズムについて，玉野井（1979a: 163-64）は槌田敦の見解を次のように要約している。
　　地表の活動で高まってゆくエントロピーを水が受けとる。その水はやがて水蒸気になって，上昇気流にのって大気の上空に運ばれてゆく。そのとき気圧が下がるので，断熱膨張によって温度が下がる。絶対温度250度になったところで，水蒸気の分子運動として赤外線が宇宙へ放射されることになる。これは，実は地球がエントロピーを捨てる機構だというのである。エントロピーを捨てた水蒸気は，雪や雨となってふたたび地上に落下する。そしてきれいな水と土とが一緒になって，生命活動という独特の働きが行われることになる。水はエントロピーをになって同じサイクルをくり返すという次第である。
こうして，地球上で放出されるエントロピーは，最終的に，気化→固化→液化をくり返す水のサイクルを媒介にして大気圏外に放出される。これは，「地球が生きている」というガイア仮説の見解に相当する（→第3章1）。なお，玉野井（1979b）は，一般的な呼称の「定常開放系」を「開放定常系」とよぶが，本書では「定常開放系」の用語を使用する。

7）玉野井（1979a: 162）は「エントロピー」について，槌田敦（1986）に倣い，次のように説明する。

　　この［エントロピーという］概念は，時間の捉え方とかかわっている。時間の矢
　印は一方向きにしかついていない。未来は現在となり，現在は過去となるが，し
　かし過去はけっして未来とはならない。エントロピーの高まりは，時間がこのよ
　うに一方通行で流れてゆくなかで起きる法則的現象なのである。それは熱力学の
　第二法則といわれていて，たとえば摩擦によって熱が生じ，高い熱はやがて汚れ
　た低い熱となって拡散してゆく。エントロピーというのは，こうした拡散や無秩
　序の目安を表現する概念である。

「エントロピー」は，広義の経済学の基礎概念のひとつとされている。

8）玉野井（1979b: 127）によれば，「地方」という言葉には次のような意味がある。
　　もともと地方ということばは「じかた」とも呼ばれていた。それは，「地形」，つ
　まり土地の形状からはじまって各地域の農業や民衆の生活のありかたをさすこと
　ばだったと解される。それがだんだんと地域空間から遊離し，「地方」として「中
　央」への対立概念となってあらわれてきた。

9）玉野井（1979b: 145）は，「地方分権」と「地域分権」の意味合いを吟味し，「地域
　分権」の言葉を用いることを提案し，次のようにその理由を述べている。
　　これまでは，地方分権あるいは地方主義というときに，中央にたいして反対する，
　つまり中央と同一次元，同一平面で反対するという，中央か地方かという二者択
　一の解決，二者択一のアプローチで問題が立てられていますが，地域主義という
　のは単純に中央に反対するというだけじゃなくて，中央を本来のあるべき位置に
　直すというところに意味がある。中央が異常に肥大しているのを本来の姿に押し
　戻すというところに意味があるわけです。というのは，同じことですが，各地域
　がもっと活性化してくるということを意味するわけです。ですから，単純に中央
　に反対して地方エゴを主張する立場とは違うわけです。

　そして，国が「上から」地域分権の諸施策を実践することを，玉野井（1979b: 14）
　は次のように批判する。
　　「中央」そのものが地方分権，いや正しくは地域分権の確立を中央集権的に達成
　するというのは，もともと論理的矛盾ではないだろうか。すなわち，国が権力と
　カネをもって地域分権を達成するという道筋には，ほんらい大きい限界が横た
　わっているものとみなければならない。しかもその道筋には，国からのカネとモ
　ノの画一的な大量投入にともなう地域の混乱と荒廃が，いつものことながら待ち
　受けているはずである。

　地域分権の実現には，「下から」の補完性原理の確立したうえで，並行して「上か
　ら」の制度改革が履行されねばならない。ここに，住民による「内発的まちづくり」
　の成功事例が地方自治体や中央政府の地域振興行政に影響を与える意義があらため
　て再認識される。

10）持続可能な観光は，多くの様々な負の効果を発生させる大衆観光に代わる新たな
　観光形態である。その形態が模索され実践され始めた1980年代初めには，その呼称

について，オールタナティヴ・ツーリズム alternative tourism，アプロープリエイト・ツーリズム appropriate tourism，ソフト・ツーリズム soft tourism，レスポンシブル・ツーリズム responsible tourism など，いくつかの用語が使われたが，「持続可能な開発」が人口に膾炙したのに倣い，「持続可能な観光」という言葉が1990年代初め頃から用いられている。ただし，「持続可能な観光」が研究者の間でも広く使用されるようになったのは，1990年代末である。

第2章
資本主義経済研究

はじめに

　本章は，生活空間再生論における＜資本主義経済研究の位置づけと方向性＞について，玉野井芳郎の「広義の経済学」を手がかりとして検討する。

　生活空間再生論の構想は，現実の認識と実践の解釈という2つの研究作業からアプローチされる（→第1章2）。そのさい，現実分析の主たる対象は，「資本主義経済」の現実である。資本主義経済は，現在の自然世界と人間社会に根本問題をもたらす主要因とみなされる。また，実践解釈については，生活空間再生という実践事例が「資本主義経済」に対抗する社会運動である，と後続の章において結論づけられる（→第6章4-2）。そのようなわけで，「資本主義経済」研究は，生活空間再生論の中心的課題のひとつとなる。

　生活空間再生論がその構想の重要な手かがりとした玉野井芳郎（1977；1979a）の「地域主義」でも（→第1章1），現代社会が直面するもっとも深刻な問題として，資本主義経済，特にそれから生じる工業文明に関連する問題が議論された。そして玉野井（1978；1979b）は，資本主義経済を考察し，同時に資本主義経済に対抗する地域主義の学問的基礎に，自らが専攻した経済学を据えたうえで，従来の「狭義の経済学」に代わる「広義の経済学」を提唱した。

　「狭義の経済学」が厳密な理論を追究するあまりに経済の形式を重視しすぎたとして，「広義の経済学」はそれを批判し，研究の焦点を生活における実体経済に合わせた。しかし，玉野井（1978）が危機感を抱いた資本主義経済の根

本問題も，その問題を解明しえない「狭義の経済学」の限界も，いまだに克服されず，それどころか，資本主義経済の根本問題はさらに激化し，経済学はその問題を適正に分析できないばかりか，経済学の研究自体が現実の問題を増長したかにさえみえる。

　そこで本章は，玉野井による「広義の経済学」の意義を踏まえ，生活空間再生論が資本主義経済研究をいかに探究するかについて検討したい[1]。

1　狭義の経済学から広義の経済学へ

　玉野井（1979b: 311）は，地域主義を構想するにあたり，「学問の基盤そのものの転換とともにあらわれる世界，これこそ地域主義の世界にほかならない」と指摘し，新たに変革される世界が，それを探究する学問の転換と不可分だとする，実践と学問の相即不離な関係を主張した。そして，玉野井（1975）は，地域主義の世界を実現するための新たな学問として，従来の「狭義の経済学」に代わる「広義の経済学」を提唱する。この「広義の経済学」は，玉野井（1978; 1979b）の地域主義を構築する学問的基盤となる。こうした「広義の経済学」の考え方を生活空間再生論の資本主義経済研究に導入するために，本節では，まず「狭義の経済学」の問題点と，それから描出される資本主義経済像とを整理したうえで，次に「狭義の経済学」から転換される「広義の経済学」の特徴を考察する。

◢ 狭義の経済学の問題点

　玉野井（1975: ii, 231）は，「狭義の経済学」と「広義の経済学」という用語を，フリードリヒ・エンゲルス（Friedrich Engels）の用語から借用している。エンゲルス『反デューリング論』（『マルクス＝エンゲルス全集』第20巻（1968年大内兵衛・細川嘉六監訳）大月書店 p. 155）によれば，「狭義の経済学」（politische Ökonomie im engern Sinn）は，「資本主義的生産様式の発生と発展」だけを研究対象とする狭い意味の経済学であり，「広義の経済学」（politische Ökonomie in

dieser Ausdehnung) は，「さまざまな人間社会が生産し交換し，またそれにお
うじてそのときどきに生産物を分配してきた，諸条件と諸形態」を研究対象と
する広い意味の経済学である。

　しかし，玉野井 (1975) は，エンゲルスの「狭義の経済学」と「広義の経済学」
の概念をそのまま適用せず，「狭義の経済学」という言葉で，マルクス経済学
を含め，従来のすべての正統派経済学をさす。それは，近代経済学に連なる現
在の主流の経済学をも包含する。玉野井 (1975) は，「狭義の経済学」の限界を
批判的に検討し，地域主義の構想にもとづいてその根本的転換を企てた。

　玉野井 (1975) は，「狭義の経済学」に限界をもたらす，そのディシプリンと
しての特徴を，主に 2 つ指摘する。それらの相互に絡み合う 2 点の特徴から，
「狭義の経済学」は，経済の現実を的確に捉えられず，さらには経済の現実を
歪めさえする。

　玉野井 (1978) が指摘する「狭義の経済学」の一方の特徴は，その「厳密な理
論化への固執」である[2]。近代経済学は，19世紀末，経済理論の数学的定式化
によって社会科学のなかでもっとも「科学的」に確立された地位を占めるディ
シプリンと一般に認識されて現在に至る。そして，マルクス経済学も『資本
論』いらい市場経済・商品経済の緻密な理論を展開した。ところが，精密理論
という「強固な甲冑で身を固めた経済学」は，「形式的経済分析によってもたら
された学問上の地位」ゆえに，社会科学の他のディシプリンからもたらされる
経験データの受容を拒んだ (ポランニー 1977: 319)。「狭義の経済学」，とりわけ
近代経済学では，「精緻だが時間の流れのない平板なモデルが次々と開発され，
その数は今や膨大なものになっている」(室田 1987: 107)。

　これに関連する「狭義の経済学」におけるもう一方の特徴は，その「無時間
的な運動学」としての思惟形式である。玉野井 (1978: ii) によれば，「狭義の経
済学」は，近代経済学とマルクス経済学のいずれも，「市場や商品形態をとお
しての〈生産−消費〉の循環的な流れを自立的な経済プロセスとして描きだし
てきたにすぎない」。それは，「無時間的な運動学」とみなされる。すなわち，
商品経済または市場経済を研究対象とする「狭義の経済学」の理論は，物理学

理論に倣い，市場の作用が自律する自動調整システムの力学モデルとして構成された。

　こうした特徴から「狭義の経済学」は，理論の厳密さを過剰に追求するあまり，容易に精密化できる自動調整システムとしての市場に焦点を絞り，主にその形式的側面に焦点をあてて経済の現実を考察する。その完結した理論体系において，世界の現実を認識するために不可欠なはずの「非可逆的な時間」という本質は捨象されてしまい，その理論から誘導される経済の現実は限定的となる。さらには，「狭義の経済学」から映し出される経済の現実だけが，経済の事実と一般に認識された。そのために「狭義の経済学」では，人間の実生活という，経済学が本来なら解明せねばならない実体的側面が欠落している。これが「狭義の経済学」の限界であるため，「狭義の経済学」は，経済の現実を的確に捉えられないばかりか，実体的＝実在的経済の認識に偏向さえもたらすようになった[3]。

　このように，「狭義の経済学」の限界が露呈したのは，玉野井 (1979b) が「社会的症候群」とよぶ1960年代後半の深刻な問題においてであった。それは，「日本経済が高度経済成長を享受した1960年代の後半以降，先進的な工業諸国にいっせいに生起した〈社会的症候群〉——環境・公害問題に象徴される工業文明の危機——にかかわる問題である」(玉野井 1979b: 6)。この社会的症候群にたいして，「狭義の経済学」は問題から目を背けた。その現実に対処するために，「狭義の経済学」が理論や方法の根本的な変革に取り組むことはなかった。

　その後，「狭義の経済学」は環境問題などを「外部性」の問題として取り扱うようになったが，そこにみられる理論上の対応は，「外部不経済の内部化」といったような，相変わらず市場原理にもとづいた処理であった。こうして，「狭義の経済学」は，1960年代の社会的症候群という経済の新たな危機的現実に直面しながらも，従来通りに市場経済や商品交換に射程を据え，その限定された視点から投影される制約された現実のみを取り扱い，危機の現実には着目しなかった。

◤ 狭義の経済学にたいする批判

　当時,「狭義の経済学」の限界を批判的に検討し, 危機の現実を直視して,「自然・生態系」を基礎におく経済学を構想する動向が, たしかにあった。「広義の経済学」もまた, それらの動向を踏まえながら構築されたのである。そして, それらの新しい経済学は, 経済の市場メカニズムのような形式的側面の理論的考察を放棄し, 人間の実生活にかかわる経済の実体的側面の理論的・経験的研究に着手した。そうした新しい経済学の提唱者の 1 人であるシューマッハー (Schumacher 1973: 57-58 = 1986: 97) は, 経済学が人間の生活の実体にかかわる小規模な単位を扱わなければならないことを指摘しながら, 次のように主張する。

　　　経済学が国民所得, 成長率, 資本産出費, 投入・産出分析, 労働の移動性,
　　資本蓄積といったような大きな抽象概念を乗り越えて, 貧困, 挫折, 疎外,
　　絶望, 社会秩序の分解, 犯罪, 現実逃避, ストレス, 混雑, 醜さ, そして
　　精神の死というような現実の姿に触れないのであれば, そんな経済学は捨
　　てて, 新しく出直そうではないか。

　それらの研究成果は,「広義の経済学」の成果も含めて, 一時的に注目を集めたが, 主流派経済学に取って代わることはなかった。それでも, 1970年代に提唱された自然・生態系に基礎をおく経済学は, その流れを汲みながら, 1990年代になって復活した。その復活した経済学は, エコロジカル・エコノミクスとよばれる。この経済学については, 玉野井の「広義の経済学」を概観した後に検討したい。

◤ 広義の経済学への転換

　「広義の経済学」にかかわる玉野井の最初の著作は,『転換する経済学　科学の統合化を求めて』(1975年 東京大学出版会) である。この著作は,「18世紀以降の近代文明の空前の危機」に対処するために, 社会の全体像を見渡すトータル

な極点からサブ・システムの経済を捉える，諸科学を統合した「広義の経済学」の構築を意図した。ただし，この著作の刊行時には，「地域主義」はいまだ構想されてない。それでも，「広義の経済学」で編制されるトータルなシステムが「根柢に自然・生態系をふまえなければならない」という前提は，すでに措定されている（玉野井 1975: 5）。

　この『転換する経済学』では，「広義の経済学」の主に方法論や認識論が議論される。玉野井（1975: ii）は，『転換する経済学』の冒頭に「転換期における西欧経済学の系統図」（図2-1）を掲げ，次のように説明している。

　　これまでの経済学は，主として図の左半分に位置しているアングロ・アメ

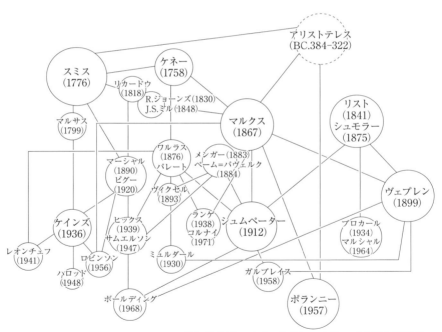

注）数字は，アリストテレスを除いて主著の刊行年。

図2-1　転換期における西欧経済学の系統図
（出所：玉野井 1975: ii）

リカンの経済学とその教科書を中心に語られてきた。それがいまや左から右へと，図の中央ないし右に位置する大陸の経済学にもっと光をあてて，歴史学・地理学・生物学をもふくむ隣接諸分野との連繋を深めながら「狭義の経済学」からの転換と推移の方向を見究める必要が生じてきたのである。もちろん大陸の経済学はこれまでいく度か研究の対象とされてはきた。だが今日の問題は，これにあらためて転換の諸相から新たな光を注ぎ，既往の経済学研究との関連を見究めていくことであろう。一種の比較経済学の試みとでもいうべきだろうか。図 2-1 に示された大きい円は，今日においても多くの人の関心の対象となっているもの，またはこれからさきますます研究を深めてゆかなければならないもの，との 2 つの意味をふくんでいる。

　さらに玉野井 (1975) は，「広義の経済学」の構想に大きな影響を及ぼした経済学者として，シュムペーター (Joseph A. Schumpeter)，ボールディング (Kenneth E. Boulding)，カール・ポランニー (Karl Polanyi) の 3 人をあげたうえで，図 2-1 の大きな円で示されたアダム・スミス (Adam Smith)，マルクス (Karl Marx)，メンガー (Carl Menger)，シュモラー (Gustav von Schmoller) なども援用しながら，「広義の経済学」の方法論や認識論を検討する。そして「広義の経済学」では，「狭義の経済学」の限界を乗り越えるために，学際的研究法の導入という方法論と，対象の階層レベルに応じた科学の統合化という認識論とを提起している。

◢ 広義の経済学の方法論

　その方法論について，玉野井 (1975) はまず，メンガーとシュモラーの方法論争にかんするシュムペーターの見解から議論を展開した。方法論争における一方のメンガーは，限界効用→限界革命→均衡理論という新古典派経済学が構築された出発点に立ち，その創始者の 1 人とみなされる経済学者である[4]。また他方のシュモラーは，ドイツの典型的な学問的伝統を当時に受け継ぐ歴史学

派経済学の代表的な経済学者といえる。そして，一方のメンガーは「歴史と政策と理論を一緒にしたような歴史学派の体系なき体系にたいして，歴史および政策からはっきり区別した経済理論，しかも方法的には演繹を特徴とする理論体系をひっさげて，ドイツの学界に登場し」（玉野井 1975: 88），またもう一方のシュモラーは，帰納法に徹して「歴史的細目研究の大海を突き進むプログラムを組織し実践して数多くのモノグラフを公にした」（玉野井 1975: 80）。

　この両者の方法論争は，メンガーの勝利に終わった。「その［方法論争］後の経済学の発展をみると明らかなように，このメンガー，それにジェヴォンズ，ワルラスの３人を想源とする新古典派理論体系は，もはや国内の学派的次元ではなしに国際規模でひとつの新古典派理論体系をつくり上げていった。それに引きかえ，当時かくも隆盛を誇ったドイツ歴史学派の学問的伝統はその後急速に衰微の道をたどって今日にいたっている」（玉野井 1975: 76）。

　しかし，この両者の論争にたいするシュムペーターの評定に倣い，玉野井（1975: 82）は，経済学が演繹法と帰納法を適用するバランスについて，次のように指摘する。

　　この方法論争の舞台では，孤立化的分析の意義や可能性が取り上げられ，帰納法と演繹法との優劣が論ぜられた。しかし，シュムペーターによると，そこには論理学的にとくに重要な問題点が展開されたわけではなくて，むしろ重要な問題点は経済学における厳格な理論分析と前提なき歴史的細目研究にもとづく事実の踏査および収集との対立が横たわっていたにすぎなかった，というのである。そして，そのような原理的対立とその止揚という高度の問題意識こそが，1970年代の今日においてふたたびメンガー対シュモラーの争点に新たな光を投げかける機会を提供しているといえないであろうか。

　このように，玉野井（1975）は，シュムペーターの見解にもとづき，演繹的方法に偏りすぎた「狭義の経済学」にたいして，「広義の経済学」の方法論では

帰納的方法も効果的に導入すべきだ，と主張している。

　さらに玉野井（1975：ii）は，「広義の経済学」には歴史学，地理学，生物学などをもふくむ隣接諸分野の帰納的研究の成果が活用できると考える。かくして，「広義の経済学」では，帰納的な学際的研究法と，その研究結果にもとづいた，演繹法による経済理論の構成が目論まれた。

◪ 広義の経済学の認識論

　玉野井（1975，Ⅶ）は次に，ネーゲル（Ernest Nagel）の科学の階層構造にもとづき，科学の統合化という視点から「広義の経済学」の認識論を検討する（図2-2）。その議論によれば，「狭義の経済学」の経済理論は，自然システムを対象とする第Ⅱの動態システム・力学と同型のモデルにとどまるが[5]，広義の経済学は，統合点から自然，生物，そして社会のそれぞれのシステム全体をみわたせる理論の構築をめざす。そこで「広義の経済学」は，玉野井（1975：230）によって次のように方向づけられる。

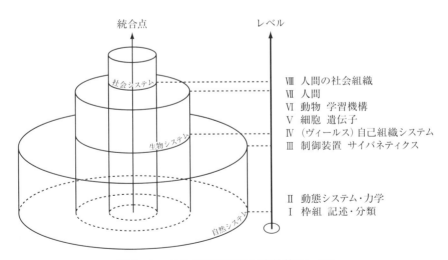

図2-2　対象の階層構造と諸科学のレベル

(出所：玉野井 1975；ixにレベル名を付加)

システムの階層構造にしたがって社会を自然とともに統一的に考えるという視点は，社会を自然と区別する科学的二分法をかならずしも拒否するものではないということを知らなければならない。それどころか，自然とちがって人間社会は，それが自然界ではみることのできぬ一定の歴史的時代区分を容認せざるをえないという点で，本質的特徴をもっている。しかもきわめて重要なことは，この歴史的時代区分が実は西ヨーロッパ中心史観の上に成り立ったものにすぎないということが分かってくるにつれて，歴史認識の意味も，今日大いなる転換点に立って問いなおさなければならなくなっているということである。これまでのように人間社会は，西ヨーロッパ中心のタテの通時的構造において意味づけられるだけでなく，地球的規模でヨコに広がる共時的構造においても意味づけられなければならないということが分かってきた。文化人類学，経済人類学からの刺激に富む貢献がこれをはっきりと示唆している。

　こうして，玉野井の「広義の経済学」は，社会と自然を統合的に把握しつつ，社会，生物，自然におけるそれぞれのシステム論的異同を階層的に峻別する認識論を提示している。さらに，当面の「広義の経済学」の認識論レベルについて，玉野井（1975: 223-24）は生命系を視野に入れた経済理論の構成を提唱し，次のように主張する。

　経済理論は，第II，第IIIレベルの物理学や数学をモデルとして展開を重ねてゆく方向とならんで，このあたりで思いきって第IVレベル以降の，食物の摂取，排泄，代謝の生物学をモデルとする接近法をとりいれてみる必要があるのではなかろうか。物質やエネルギー，さらに情報の通過物のただなかで自己を維持し，再生産する開いたシステムの特性を経済社会という組織体における再生産の機構に適用し，そして社会的再生産の物質代謝をめぐって生態学的均衡の問題を考えるべきところに到達しているように思われるのである。

　こうした認識論の視座から，玉野井は社会的症候群の現実に対応する「地域主義」を提唱し，並行して生命系の基盤に立つ経済理論を展開するようになった。

◢ 生命系を視座とする広義の経済学

　玉野井（1975）の生命系を基礎とする「広義の経済学」の構想は，著書『エコノミーとエコロジー　広義の経済学への道』（1978年 みすず書房）に集大成された。そして，その考え方は『市場志向からの脱出　広義の経済学を求めて』（1979年 ミネルヴァ書房），『生命系のエコノミー　経済学・物理学・哲学への問いかけ』（1982年 新評論）などでさらに展開された。

　玉野井（1975；1978）が生態系研究を経済学に導入する試行は，前述のように，先進国で1960年代に発生した環境問題を契機としてなされた。同様な研究は，欧米の経済学者によっても，70年代に多く着手されている。それらのなかでも，玉野井（1978）がとくに多用する著作は，ボールディング（Boulding 1968 = 1975），シューマッハー（1973），ジョージェスク＝レーゲン（1971）などである[6]。とりわけジョージェスク＝レーゲン（1971）の研究は，エントロピー論を基礎に精緻な経済理論を構築しようとして，後のエコロジカル・エコノミクスに影響を及ぼした。それらの経済理論は，当時の生態学への関心もあり，衆目を集めたが，主流派経済学の動向にはほとんど影響を及ぼさなかった。

　それでも，玉野井（1979b）は，それらの生態学を包摂した経済理論を参照しながら，「地域主義」を提唱し，生命系を基礎にすえた，独自の「広義の経済学」の構成に専心した。ここで，玉野井（1978）の「広義の経済学」は，エントロピーや定常開放系などを構成概念とする生態系研究を適用しながら，従来の市場経済にかんする見方を「人間の生活の非可逆的な世界像」という視座から脱構築する。その視座の要因について，玉野井（1978: 306）は次のように語っている。

　　この「広義の経済学」の主要な視座――生命系――から，「狭義の経済学」

における生産力という主要概念にもあらためて再検討の光があてられることになる……慧眼の読者は，労働＝生産過程の根底にあってこれを媒介する人間と自然との物質代謝の領域へと我々の関心が向かっていることに，おそらく気づかれることであろう。

　このように「広義の経済学」の視座は，「狭義の経済学」によって看過された，資本主義経済の基盤として実在する人間と自然や生命系との関係を，再考しようとする。（なお，地域主義の生命系研究と，生活空間再生論の自然・生態系研究とについては，第3章で詳細に検討する。）
　かくして，「地域主義」にもとづき，生命系に視座をおく「広義の経済学」から，「狭義の経済学」では捉えきれなかった，人間社会と自然世界に脅威となる資本主義経済の本質がみえてくる。

◢ エコロジカル・エコノミクスの提唱

　如上のように，玉野井（1978; 1979a; 1982b）が自らの「広義の経済学」で援用した，1970年代に生態系を研究に取り入れた経済学の系譜は，1990年代には「エコロジカル・エコノミクス」として受け継がれた。ただし，1970年代に生態系を考慮した経済学の議論は，1980年代になると新自由主義の主流派経済学が勢力をえることによって下火となったので，「エコロジカル・エコノミクス」は，1990年代になって初めて登場したような印象がもたれる。
　1990年代から注目されはじめた「エコロジカル・エコノミクス」の研究業績については，現時点（2014年）で多くの文献が公刊されているが，筆者の手元にあるなかで主要な文献とみなされるのは，コスタンザ（Robert Costanza）が編著者となって1991年に公刊された論文集，*Ecological Economics: The Science and Management of Sustainability*と，デイリー（Herman E. Daly）とファーレイ（Joshua Farley）が2003年に著わした本格的な教科書，*Ecological Economics: Principles and Applications*（『エコロジー経済学　原理と応用』）である。
　デイリー（1977）とコスタンザ（1991）は，エコロジカル・エコノミクスの展

開を牽引する代表的な研究者である。この2人は，コスタンザ（1991）が編集
した論文集の第1章（"Goals, Agenda and Policy Recommendation for Ecological
Economics"）において，バーソロミュー（Joy A. Bartholomew）を加えた連名で，
「エコロジカル・エコノミクスの基礎的世界観」の概要を執筆している。この
ように，エコロジカル・エコノミクスに取り組む研究者は，「エコロジカル・
エコノミクス」という新学派の組織的な構築を積極的に試みている。エコロジ
カル・エコノミクスの学会，"The International Society for Ecological Econom-
ics"（初代会長はコスタンザ）は，1989年に創設された。

　それにたいして，1970年代に生態系と経済学を結びつけた，玉野井（1978）
を含む研究者たちは，エコロジカル・エコノミクスと同様な研究課題に取り組
んだが，各自の接近法でその研究課題に取り組み，影響を相互に多少とも及ぼ
しあったにせよ，連携して新学派をつくらなかった。玉野井（1978）が単独で
試みた「広義の経済学」の構築もまた，そうした研究のなかのひとつである。
このように新しい研究課題に研究者が個別にアプローチするのは，新しい学問
が形成される端緒期において，必然的な経緯だったといえよう。

　それでも，1970年代の研究成果は，エコロジカル・エコノミクスの濫觴と
なった。デイリー（1977）は，ジョージェスク＝レーゲン（1971）の経済理論に
影響を受けて，1970年代から経済成長を否定する「定常経済」を唱えてきた。
また，1970年代に生態系を経済学研究に取り入れたボールディング（Boulding
1968＝1975）も，コスタンザ（1991）の論文集に名を連ねている[7]。エコロジカ
ル・エコノミクスの研究成果は，生態系を経済学に取り込んだ1970年代の研究
における基礎的な知識を踏襲している。

　そのうえで，エコロジカル・エコノミクスは，1970年代の研究業績を精緻化
し，新たに体系化をはかった。なかでもエコロジカル・エコノミクスが新しく
標榜する主要な考え方は，「持続可能性」（Costanza 1991）と「脱成長」（Daly
1996; Victor 2008）である。自然世界と人間社会の「持続可能性」は，後に詳し
く述べるが（→第3章3），国連WCED（環境と開発に関する世界委員会）によっ
て1987年に公表された報告書 *Our Common Future* で「持続可能な開発」の理

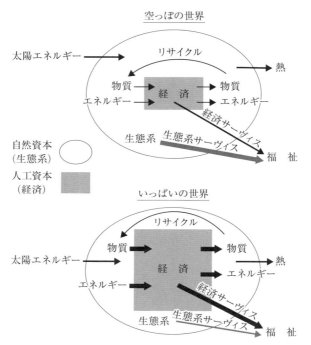

図2-3　エコロジカル・エコノミクスの世界観
(出所：Daly & Farley 2004: 18＝2014: 20)

念と実践が提唱されて以来，賛否の議論が重ねられるなかで，多くの学問の実践的な到達目標となった。この「持続可能性」をエコロジカル・エコノミクスは，経済の実践的目標として掲げ，その目標を達成するために，経済の「脱成長」を唱える[8]。

　このように持続可能性と脱成長を探究するエコロジカル・エコノミクスの基礎には，研究者間で共通の世界観が措定され共有されている（Daly and Farley 2004: 18, 105-15＝2014: 20, 111-22）。それは，資本主義経済によって「いっぱいの世界」という現実が出現した，という世界観である（図2-3）。この「いっぱいの世界」は，生活空間再生論がいう，近代化以降の世界像であり，とりわけ資本主義経済の勢力が異常に肥大化し，そのために地球規模の自然・生態系の

破壊という問題が発生した「高度近代社会」に相当する。そして，産業資本主義経済が発現していない近代化以前の世界は，エコロジカル・エコノミクスにおいて，「空っぽの世界」と捉えられる。「空っぽの世界」では，資本主義経済がもたらす経済サーヴィスの効果は比較的小さいが，自然・生態系に及ぼす負の効果も比較的小さい。こうしたエコロジカル・エコノミクスの世界観は，1970年の生態系と経済学を結びつけた研究においても，それらの文献の裏に透かしみられるのだが，明瞭に描出されることはなかった。そもそも，1970年代には高度近代化が顕現していたとはいえ，資本主義経済のグローバル化や情報技術（IT）革命に拍車がかかってはいなかった。それらの動向が本格化したのは，1980年代から1990年代にかけてである。

　それでも，玉野井（1978）の「広義の経済学」には，エコロジカル・エコノミクスが探究する研究課題がほとんど検討されていた。そしてそこには，日本における資本主義経済の現実とその問題点が的確に捉えられ，さらに地域主義という変革の方途も提示された。次節では，「広義の経済学」の論点に立ち戻り，それが暴く資本主義経済の実体と根本問題について考えたい。

2　広義の経済学からみる資本主義経済の実体と根本問題

　「広義の経済学」では，資本主義経済の根本問題として，「生命系の破壊」（＝自然・生態系の破壊）と「共同体の崩壊」（＝対面的社会関係の切断）が想定される。玉野井（1979b）は，1960年代の先進国における資本主義経済の発展，つまり高度工業化がもたらした「生命系の破壊＝自然・生態系の破壊」問題を根本的に解決する方途を検討した。そして，その解決策の基礎研究として「広義の経済学」が構築され，また実践の基本構想として「開かれた共同体」を形成する「地域主義」が提唱された（→第1章）。地域主義の目的が開かれた「共同体」の構築であるのは，裏を返せば，開かれた「共同体」の構築が資本主義経済の浸透による「共同体の崩壊＝対面的社会関係の切断」という問題を解決する方策となるからだ。こうして，「広義の経済学」の目標は，自然・生態系と対面的社

会関係の基盤を破壊する資本主義経済の正体を究明することとなる。

　このような「広義の経済学」の問題提起は，生活空間再生論が取り組む実践的課題，すなわち「自然・生態系」と「対面的社会関係」の基盤において成り立つ持続可能な世界の形成，という課題と一致する。そこで本節では，生活空間再生論の資本主義経済研究の糸口を探るために，「広義の経済学」によって剔出された資本主義経済の実体と根本問題の概略とを整理しよう。

◤ 共同体と市場経済社会の社会関係

　資本主義経済が内部に侵入していない時期の共同体では，住民は主に「自給自足」と「相互扶助」を基盤に生活していた。そこに商品経済はあったとしても，一部で機能したにすぎない。生活の基本［必需］物資stapleなどの生活資料は，共同体内部で基礎的生業を通して生産され消費された。そうした共同体では，物の生産と消費の過程としての経済が，「社会の内部に埋めこまれていた」（ポランニー1977: 104-19）。つまり，共同体の経済は，人間の生活と不分離で，生活とともに共同体の社会に一体化する活動過程となる。このように経済が社会に埋めこまれた共同体の制度において，個人が他者と対称的関係を取り結ぶ「互酬」の社会関係が成立していた。

　資本主義経済が共同体に侵入すると，共同体の経済は，社会から離脱し，人間の実生活と自然・生態系から自律して作動する。そして，共同体は崩壊する。「経済過程が社会から突出し，ひとつの自律的な過程としてあらわれたのが，資本主義と呼ばれる19世紀以降の市場経済社会にほかならない」（玉野井 1975: 161）。

　経済が社会から分離した資本主義社会（近代社会）になると，共同体で自給自足されていた基本物資は，「商品」として，市場を媒介して生産—消費されるようになる。「すべての物が商品として生産され，商品として消費される。すなわち，物はすべて市場を通して結びつけられ，市場における売買過程に媒介されて物の需給が調整される」（玉野井 1975: 61）。ここで商品とは，資本の投入によって消費のために生産される物資［あるいはサーヴィス］である。共

同体の基本物資が，食food・住shelter・衣clothingと順序づけられるような，ある種の審級性をもつ「富」であったのにたいして，商品は，市場の価格で等級化され，質的差異をもたない「価値」となる。

このように，市場は生活の「審級性」をあらわす質的差異を完全に覆いかくす役割を果たす（玉野井 1978: 11）。「市場においては，人間生活における死活的重要性よりも，市場に参加する経済主体の私的利益が〈価値〉すなわち価格の観点から優先するようになる。〈富〉に代わって〈価値〉の世界が正面にあらわれるようになる」（玉野井 1978: 10）。そうした市場経済の作用をポランニー（1977: 104）は，次のように描き出している。

> ……［市場経済社会は，市場という自己調整的システムによって，］いわゆる需要と供給という，それ自身の法則により支配され，飢えの恐怖と利得の希望とのただふたつの誘因を究極的手段として動機づけられる。この制度的装置は，こうして親族組織や政治や宗教のシステムなど社会の非経済的制度から切り離されたものである。血縁の絆も，また法的強制も，宗教的義務も，忠誠の誓いも，魔術も，システム内部における諸個人の参与を保証するような，社会学的に定義された状況をつくりだしはしなかった。そうした状況はむしろ，純粋に経済的誘因に作用する生産手段の私的所有と賃金システムのような，制度の創造物だった。

このように，市場経済は，「社会的事実」として，需要と供給における独自の法則によって，運動する（→序章1）。その運動にたいして，社会的規制や社会的制御がときに効かなくなる。

市場経済の侵入によって，共同体の政治制度や文化制度が変容し，終には共同体そのものが崩壊する。資本主義社会（近代社会）では，市場の経済制度が他のどの制度よりも優位となる（→第6章4-2）。そうした市場の機能によって，共同体の社会関係を保持してきた政治制度や文化制度は，変容したり消滅したりして，共同体そのものが資本主義社会（近代社会）にとって代わられる。こ

うして，市場は共同体の外部に発生し，外部から共同体に侵入して，共同体内部の社会関係を切断するのだ[9]。

◢ 市場の成立と市場経済の歴史的特殊性

　市場は，これまでみたように，共同体の外部から内部へと浸潤した。マルクス（1867），ヴェーバー（1924），そしてポランニー（ポランニー 1944: 1977）などは，いずれも市場は共同体の外部から侵入した，と主張する。商品交換としての市場が共同体の外部に発生し，その内部に侵入する経緯について，たとえばマルクス（1867: 520）は，『資本論』（第1篇第2章）で次のように指摘する。

　　商品交換は，共同体が終わるところで，すなわち共同体が外部の共同体のメンバーと接触する点で始まる。ところがひとたび物が共同体の外部で商品になると，物は反転して内部の共同生活のなかでも商品になる。

　このように，マルクス（1867）やヴェーバー（1924）は，市場の共同体「外発説」を唱えた（玉野井 1978: 69）。

　しかし，玉野井（1979a: 69）によれば，「アダム・スミスに始まる近代の正統的経済学は，現に市場で行われている商品交換というものの起源に，人間の性向といった心理学的な動因を仮定する。そして，それがしだいに展開して，今日の市場交換となってあらわれている，というふうに問題を捉える。つまり［市場の］共同体内発説だ」。共同体「内発説」として，たとえば『国富論』（第1編第6章）におけるアダム・スミスの考え方を，玉野井（1979a: 66-67）は次のように解説する。

　　いわゆる資本の蓄積と土地の占有に先立つこの社会では，たとえば一頭のビーバーと二頭の鹿との交換が行われる，と説明される。そこから交換が拡大してくる，というわけである。こうした交換がだんだん発展してゆく。なぜ，発展するかというと，ほんらい人間には，そういう一種のディスポ

ジション disposition がある，とスミスは考える。人間には，それがあるから，分業というものも広がってくる。そうした交換や取引をさかんにするために貨幣というものが発案され，交換の便宜から生じたこの貨幣が，やがて広く用いられて売買取引がひろがってくる。それにつれて分業が拡がり，技術進歩が促され，今日のような現代社会ができたのだ，というようなとらえ方をしている。

このような市場の共同体「内発説」は，市場経済の発展が人間社会の発展の必然的な一方向的趨勢であり，さらには，市場経済は経済成長をもたらす普遍的な制度である，という思考を誘導しやすい。そして，「狭義の経済学」は，市場の形成を共同体「内発説」からみて，市場を所与として普遍的なものと捉えがちだ（→本章 3 ）。

しかし，歴史的事実から検証される市場の共同体「外発説」によれば（ポランニー 1944），市場経済が歴史的に特殊な条件のもとで形成され，さらにその形成過程において，人間の生活や社会の存在を疎外するような，矛盾を孕む制度として世界中に拡張した。

◢ 市場経済の歴史的特異性

そうした，市場経済という経済制度が形成された歴史的特殊性と，それが有する制度的矛盾とについて，マルクス（1867）は「資本の本源的蓄積」（『資本論』第 1 巻第 7 篇第24章）として指摘する。「マルクスは，19世紀のイギリス資本主義を対象に，資本主義の〈特殊歴史性〉を理論的に浮き彫りにした。その作業の焦点のひとつとなったのは，生産手段と労働力との分離を歴史的に用意した〈本源的蓄積過程〉の解明であった」（玉野井 1975：162-63）。資本の本源的蓄積は，玉野井（1979a：94）に倣えば，次のような歴史的事実である。

この〈本源的蓄積〉の具体的内容は，……15, 6 世紀から18世紀の末にかけてのイギリスにおいて，土地の囲い込み運動と呼ばれる耕地の牧場化の過

程をとおして脱農現象が生じ，土地が私有化されると同時に，人間労働力
が商品化される基礎が形成されてくる，というあのプロセスである。

　こうしたイギリスの歴史的事実である資本の本源的蓄積から，マルクス
（1867）によれば，「土地の私有化」と「労働力の商品化」という事態が出現した。
これらの事態は，18世紀末から19世紀前半にかけて，イギリスに発現したエン
クロージャ（囲い込み）という歴史的事実を契機に現れた。「〈全般的エンクロー
ジャ法〉General Enclosure Act が成立をみたのは1801年である。これの最大
の成果は共有地のエンクロージャであった。これによって小農民の自給自足経
済の基礎は大きく破壊されて，小生産様式の解消へと大きく前進をみた。上層
の自営農民＝ヨーマンリもこの第二次エンクロージャの過程でほとんど姿を消
した。そしてこの同じ過程をとおして大土地私有と資本家的借地農制との成立
をみるにいたるのである」（玉野井 1978: 90）。そのさい，土地という生産手段
を失った小農民やヨーマンリは，賃金労働者という「労働力」となり，資本主
義的生産，すなわち市場経済における商品生産のなかに，その主要素のひとつ
として，土地や資本とともに組み込まれた。
　ところが，「土地の私有化」と「労働力の商品化」は，論理的観点と，見方に
よっては道義的観点からも，本質的矛盾をかかえた歴史的事態だといえる。そ
れらは，本来，商品とはなりえない商品だとみなされる。「商品」とは，前述
のように，本来，＜消費のために資本から生産される物資やサーヴィス＞で
ある。ところが，自然である「土地」も，人間である「労働力」も，いずれも資
本から生産されうる物資やサーヴィスではない。それでも，土地と労働力は，
ポランニー（1977）がいう「自己調整的市場に不可欠の商品のフィクション」と
なるのだ。
　かくして，資本主義は，土地，労働力，そして——ポランニーが付け加えた
——貨幣の３つが擬制商品となって市場経済として成立した（ポランニー 1977）。
このような市場経済が共同体に浸透して，共同体は崩壊する。こうした経緯か
ら，共同体の崩壊の契機は，「資本の本源的蓄積」の進行という歴史的事態と

みなされる。共同体の土地が私有化され人間が労働力となるとき，従来の共同体における互酬は，商品交換に置き換わる。これは資本主義経済が共同体に侵入したことを意味し，資本主義経済によって，共同体の対面的社会関係は切断され，その自然・生態系も破壊され，そして終には共同体が崩壊する。次に，資本主義経済の高度化から生み出された工業文明ないしは石油文明が，自然・生態系を破壊する経緯を跡づけよう。

◢ 市場経済による自然・生態系の破壊

　玉野井（1979b）が「地域主義」を提唱した直接の契機は，繰り返すように，1960年代の高度経済成長期の日本において，各地に発生した公害という現実であった。当時の先進国が1960年代後半いこう石油を主燃料として高度工業化を推進して生まれた石油文明は，すべての当該諸国に公害を惹き起こし，そのために多くの地域住民が甚大な被害をこうむった。さらに，先進国における自然・生態系の崩壊は環境問題とよばれて，深刻な社会問題となった。やがて高度資本主義経済のグローバル化とともに，環境問題は地球規模に拡大した（→序章1）。その被害はますます重症化しながら現在にいたる。

　地球規模で環境問題が悪化するにもかかわらず，世界各国はいまだに経済成長を追求する。日本は公害や環境問題に技術的対策を夙に講じて成果をあげたが，その対処法は表面的で弥縫策にとどまり，資本主義経済と高度近代文明が続くかぎり，環境問題の根本的解決には至らない。環境問題が様々な形態で深刻化するなかで，それらを生みだす資本主義経済や高度近代文明の様態を再考する根本的対応策は，日本社会において，いまだ一顧だにされない。

　日本社会では，物質的繁栄に酔いしれた1960年代の高度経済成長期が70年代初めに終焉すると，国家の懸念は，環境問題の解決よりも「経済の低成長」問題であった。このような日本国の発想傾向は，1980年代後半以降のバブル景気，そして1990年代初めのバブル景気崩壊後から，日本経済が長期的に低迷をつづける現在（2014年）までを通して，地球規模の環境問題が世界中で話題になる状況下においてもほとんど変わらない。この間に，日本社会の自然・生態系を

伝統的に支えてきた，農業をはじめとする第一次産業は，消滅間近なほどに衰退してきた。

その状況をみると，1960年代に膨大な石油消費をともなう重化学工業部門の産業が高度経済成長を支え，同時に都市化が全国的にすすんだ結果として，製造業やサーヴィス業が急激に成長するとともに，農林水産業は急速に衰退した。日本の産業別人口の推移（総務省「国勢調査」）をみると，第一次産業は20世紀初めに全体の7割を占めたが，その後に急減して第二次大戦直後には4割強となって——第二次大戦直後の窮乏期に5割強と一時的に上昇したものの——低下をつづけ，高度経済成長期の1960年代に4割弱，そして70年代には2割へと急減した。近年（2010年）の第一次産業人口の割合は，1割を切っている。このように，人間が自然・生態系とのつながりにおいて重要な役割を果たしてきた日本の第一次産業は，急速に衰退した。それと同時に，日本の共同体＝村落社会も衰退している。

◢ 農業の工業化

資本主義経済の高度化による市場経済の拡張は，前項でみたように，共同体に波及し，経済活動は共同体における生活の実体から離脱すると同時に，生活の基盤であった自然・生態系からも分離した。すなわち，共同体が農業を通して営んできた生活様式が，市場経済によって根本的に変容し，また農業を通して形成された，たとえば里山のような人間生態系も，市場経済によって消滅した。共同体の農業は，市場経済において，市場に相応する農業の工業化を受容するか，あるいは農業そのものを放棄するか，という進路の選択を迫られる[10]。いずれの進路が選択されるにせよ，共同体の自然・生態系は崩壊し，共同体それ自体も崩壊の運命をたどる。

こうして資本主義経済が農業を工業化し，農業を市場経済に組み込み，それによって，共同体を自然・生態系から分離する状況は，図2-4のようにイメージされる[11]。図2-4が描出するのは，生態系が植物，動物（人間），微生物，非生物物質の4要素から成り立ち，それぞれの要素が相互に連関しあう循

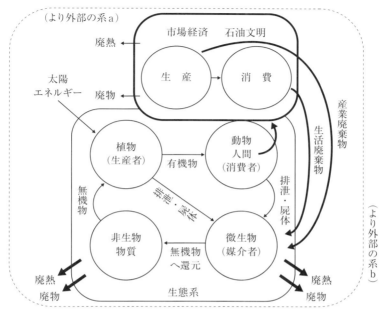

図2-4　生態系から分離した市場経済のイメージ図
(出所：玉野井 1978: 53に基づいて作成)

環的作用よって，それぞれの要素の活動から生じる，生態系内のエントロピーを処理し，その結果として，生態系全体が長期間にわたり持続可能となる状態である。すなわち，生態系全体の活動から排出されるエントロピーは，生態系を取り囲む自然の循環的作用によって処理される（→第3章1）。日本の伝統的な農業は，この循環的作用から逸脱することは，ほとんどなかった。

　ところが，図2-4中の上部に「市場経済が生態系から分離する状態」が図示されているように，農業を呑み込んだ市場経済は，生態系にたいして，生産や都市生活の廃物・廃熱を大量に放出しはじめた。図2-4では，それらの廃物・廃熱が市場経済の生産から生じる「産業廃棄物」と，都市生活とその消費とから生じる「生活廃棄物」で表されている。かつて自給自足と互酬で成り立っていた共同体の実生活は，生態系の中に埋め込まれていたが，市場経済は

生態系の外部に形成された。そして市場経済は，1960年代いこう飛躍的な工業の高度化と都市化とによって，当時としては未曾有の経済的豊かさをもたらしたが，他方で工業化や都市化によってエントロピーは増大して，自然・生態系のエントロピー処理能力の限界を上回り，そのために自然・生態系は破壊された（→第3章2）。さらに地球規模の環境問題は，地球規模で自然世界におけるエントロピーの処理体系にも損傷をあたえている。

◢ 生産論＝崩壊論

　このように，石油文明の高度化した市場経済が自然・生態系に弊害をもたらすメカニズムについて，玉野井（1979a: 117）の広義の経済学は，「生産論は同時にまた崩壊論である」と説明する。すなわち，「生産プロセスの基本型」では，図2-5のように，「低エントロピーの投入が高エントロピーの廃物・廃熱へと変換するネガの表現が条件となって，いわゆる〈生産〉，つまりポジの主要生産系統が成り立つことになる」（玉野井 1982b: 138-39）[12]。このメカニズムによれば，工業化が高度化し最終製品が大量に生産されればされるほど，生産に伴い高エントロピーの廃物・廃熱が大量に排出され，その廃物・廃熱が自然・生態系の崩壊を惹起する（→第3章2）。

　こうして，マルクス（1867: 55）が『資本論』の冒頭で主張したとおり，「資本主義生産様式が君臨する社会」，すなわち近代社会では，「社会の富は〈巨大な商品の集合体〉の姿をとって現われる」が，同時に，これまで一般的に看過されてきたのは，その社会的富の生産には大量の廃物と廃熱が排泄され，エントロピーが増大する，という事実である。そして，20世紀後半に高度近代化が出現すると，資本主義経済における生産の急激な高度化によってエントロピーが激増し，自然・生態系における崩壊の規模は拡大しはじめた。自然・生態系の崩壊については，1960年代から様々な形態で警鐘が鳴らされたが，経済成長が世界各国の合い言葉となったため，資本主義経済における社会的富の増産は，世界中で消費者の欲望を肥大化させて進展した。そのために，環境問題は地球規模に拡大し深刻化した。

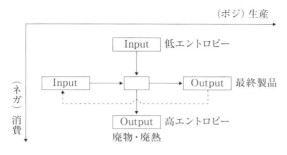

図 2 - 5 生産プロセスの基本型
(出所：玉野井 1982b: 139)

　さらに高度近代社会では，社会的富の「消費」においても，エントロピーが増大する。すなわち，消費者はその生活において，たとえば家電製品や自家用車などの利用によるエネルギー消費のように，多様な消費を通して廃物・廃熱を排出している。高度近代社会においては，生産者だけでなく消費者も，エントロピー増大の源泉となった[13]。こうして，高度近代化のあらゆる現実が，地球規模の環境問題を惹き起こすことになる。

　本節でみたように，資本主義経済は，地域の「自然・生態系」を破壊し，共同体の「社会関係」を切断して，終には「共同体」を消滅させた元兇である。この事実は，「広義の経済学」が解明した資本主義経済の本質にかかわる限界と矛盾——商品の市場化とエントロピーの放出——によって適正に説明された。しかし，資本主義経済は，現在もグローバル化して新たな現実を産出しつづけている[14]。そこで，生活空間再生論は，「広義の経済学」の遺産を継承しつつ，さらに資本主義経済の正体を究明して，その新たな現実に対抗する構想を描き出す。この点については，次節で議論する。

3　資本主義経済体制の揺らぎと生活空間再生論の資本主義経済研究

本章の最後に，玉野井 (1978) が広義の経済学と地域主義を提唱し実践した

後に，資本主義経済の現実がいかに推移したかを概観したい。資本主義経済に
対抗するいくつかの徴候——たとえば，まちづくり，NPO，地産地消，地域
貨幣，市民ファンド，半農半Xの生き方，といった多様な徴候——は，1990年
代頃から日本各地に現れはじめたものの，それらが決定的な影響力をもつには
至っていない。玉野井（1979b）の意に反して，資本主義経済の勢力は依然とし
て健在である。「広義の経済学」の予測を超えて増幅した資本主義経済の本質
と市場経済のメカニズムは，1990年代以降の金融資本主義経済で極限化した。
そうした今日（2014年）の資本主義経済の現実が，いま適正に捉えられねばな
らない。そのうえで，生活空間再生論が，資本主義経済研究に取り組む基本的
な方針も提示したい。

◢ 経済成長の限界から生じる揺らぎ

　世界を覆う「資本主義経済体制」の揺らぎは，資本主義経済がそれ自体の「持
続不可能性問題」を内包していて（→序章1），その事実が世界中の多くの人々
に実感されはじめた状況から看取される。その「持続不可能性問題」は，資本
主義経済の存続要件である「経済成長」が限界を迎えたために，＜資本主義経
済が終焉する＞という予測から指摘された。

　その予測は，水野（2014）や榊原・水野（2015）が主張する。水野（2014: 12）は，
高度近代世界システムの「中核」において，1990年代から長期的につづく「利
子率の低下」に着目した。水野（2014: 12）によれば，利子率は資本利潤率とほ
ぼ等価であり，「資本を投下し，利潤を得て資本を自己増殖させることが資本
主義［経済］の基本的な性質」なので，「利潤が極端に低いということは，すで
に資本主義［経済］が資本主義［経済］として機能していないという徴候」であ
る。「利子率＝利潤率が2％を下回れば，資本側が得るものはほぼゼロ」とな
るので，利子率が長期的に低迷する先進国において投資のリターンが得られな
い状況となる。つまり，経済成長が停止する。

　しかし，経済成長が停滞した高度近代世界システムの「中核」から「周辺」へ
と目を向けると，「周辺」では，急速な経済成長を遂げる中進国が，1990年代

頃から出現しはじめた（猪木 2009）。中進国が出現した経緯は，1970年代初め
の石油危機を契機とした「中核」の脱工業化によって，従来の「周辺」における
一次産品供給と「中核」における高度工業化という国際分業体制が変化した結
果として，「周辺」と「半周辺」の一部が急速に工業化して経済成長を遂げた経
済状況の変化に看て取れる。とりわけアジア諸国の経済成長は，1997年にアジ
ア通貨危機が発生したが，それを乗り越え，全般的にみて好調に推移している
（末廣 2014）。そして，それらのなかには，「半周辺」から「中核」に移行して，
すでに高度近代社会を形成した，シンガポールのような中進国もある。

　ところが，経済成長の離陸に成功したかにみえた中進国のなかには，その後，
経済成長の成功と失敗を繰り返す国々もみられる。とくに中南米諸国は，先進
国からの「海外投資熱」や政府主導の工業化政策などによって1970年代から経
済発展の軌道に乗ったかにみえたが（倉都 2014: 29-39），石油危機などの影響
をうけて累積債務問題を抱え，経済成長は頓挫した（倉都 2014: 25-46）。その
後も，中南米諸国は，成否をともなう紆余曲折をへて高度近代化を進めている。
また中国は，1978年の改革開放政策による市場経済に移行して以来，経済成長
を加速して21世紀になると年率10%以上の急激な経済成長を遂げたものの，
2016年にはその減速が懸念されはじめた。それでも中進国においては全般的に，
経済成長の好不調にかかわらず，高度近代化の普及が著しい。

　こうして，1970年代初めから工業化が「中核」から「周辺」に移行し，その過
程でいくつかの「周辺」国と「半周辺」国が経済成長を遂げるので，資本主義経
済体制は今後とも存命する，と一般に判定された。すなわち，「周辺」国の個
人所得が工業化による経済成長で向上すると，「周辺」国の市場が拡大して，
「資本の自己増殖」が世界経済において可能となり，資本主義経済が生き延びる。
しかし，このように資本主義経済が「周辺」のフロンティアに市場を拡張する
地理的・物的空間には，＜有限な地球空間という限界＞が立ちはだかる（水野
2014: 25-26; 安村 2010b）。

◢ 金融資本主義の隆盛

　それゆえに，「地理的・物的空間」市場において経済成長の低下傾向が顕著になると，資本主義経済は，それに代わる「電子・金融空間」市場において経済成長の拡大を志向するようになった（水野 2014: 25-26）。その契機は，大戦後の世界経済体制を再構築するために，戦勝国の連合国によって1944年に創設されたブレトン－ウッズ体制の維持が，米国経済の相対的な衰退で次第に困難となったときであった。すなわち，1971年のニクソン・ショックにおいて固定相場制から変動相場制に移行した後に，金融市場において利潤の拡大をはかる金融資本主義が次第に勢力をえた（倉都 2005; チャン 2014）[15]。

　金融資本主義は，1980年代にスワップやオプションといったデリヴァティヴの手法，証券化の技法，さらに1990年代にはIT（情報技術）革命といった発明が米国でなされ，それらが相俟って世界中に拡大した（倉都 2005; チャン 2014）。やがて金融経済は，実体経済との乖離が問題視されるほど膨張し，実体商品の売買を伴わない名目利潤をあげ始めた。ところが，米国のサブプライムローン問題を発端とする世界金融危機が2008年に勃発し，資本主義経済における市場の拡張は，「電子・金融空間」における金融工学の矛盾や金融経済の限界も明白となった。

　かくして，資本主義経済が経済成長によって「資本の自己増殖」を生みだす市場の拡張は，「地理的・物的空間」においてだけではなく，「電子・金融空間」においても限界のある状況が，浮かび上がる。21世紀以降の深刻な経済危機の現実は，主に金融資本主義の無秩序な肥大によって惹起したが（倉都 2014; チャン 2014），同時に先進国の経済成長が一様に鈍化し，中進国の経済成長は拡大したものの，やがてその成長も限界を迎える状況が認識されはじめた（榊原・水野 2015; 水野 2014）。これは，資本主義経済が内包する本質にかかわる，資本主義経済それ自体の「持続不可能性問題」である（→序章1）。

◢ 環境問題とグローバル化する資本主義経済の揺らぎ

　資本主義経済におけるもうひとつの「持続不可能性問題」として，本書は資

本主義経済による「自然・生態系の破壊」の事実を取り上げる。これは，資本主義経済が世界中に惹き起こしている，人間社会／自然世界の「持続不可能性問題」である（→第 3 章 2）。経済成長が自然・生態系を破壊するという事実は，日本の高度経済成長期の公害や，21 世紀には急激な経済成長を遂げた中国における大気汚染などの事態から明らかに看て取れる。そして，中進国の経済成長によって，高度近代化の 2 つの「持続不可能性問題」はグローバル化した。

　こうして高度近代化は，経済成長がつねに達成されなければ存続できない高度近代社会を世界中に構築し，都市化を伴い普及する「高度近代文明」を世界中に拡張した。高度近代文明の浸潤によって地域文化は衰退し，高度近代文明が具現する世界中の都市化は，自然・生態系を破壊し，地域の社会関係を切断する。金融資本主義は，世界中に巨億の富をなす新富裕層を生みだし（Frank 2007 = 2007），とくに先進国内の経済格差が顕著に拡大した（Frank 2007 = 2007；Piketty 2014 = 2014）。それらの結果として，高度近代文明の社会生活では，物質的な豊かさが十分に普及すると，それに従って個人の「生活満足度」がいっそう向上する，というわけにはいかなくなった。つまり，高度近代文明は，社会に様々な社会問題を生みだした末に，環境問題や南北問題のような地球規模の「持続不可能性問題」をももたらしたのだ。

　そして，高度近代世界システムでは，「周辺」や「半周辺」で経済成長が可能となる状況が生まれたために，資本主義経済の不均等発展は，ある意味で解消されるように変容したが，しかし同時に，これまで「中核」が抱えていた高度近代文明の社会問題や「持続不可能性問題」が「周辺」や「半周辺」にも発生するようになった。「中核」における経済成長の鈍化と世界的な経済危機の頻発と相俟って，「資本主義経済体制」のひずみが喧伝されるようになり，そのひずみと高度近代社会の生活における閉塞感とが，多くの人々によって訴えられはじめた。「資本主義経済体制」と，それによって生みだされる高度近代化との揺らぎが世界中の人々に実感されだしたといえよう——それにもかかわらず，「周辺」はさらなる経済成長の達成に精を出し，「中核」はなんとか経済成長の復活をめざすのだが。

　このような，「持続不可能性問題」の現実をもたらす「資本主義経済体制」の限界や矛盾，その本質などについて，世界はほとんど直視していない。そして，資本主義経済の様態を根本的に変革する課題も，当然，ほとんど議論されていない。資本主義経済から生じる現実について，世界中の多くの人々が何かしら不安を感じながらも為す術を知らない。このような事態をまねく一因が「現代経済学」の現況に帰されるのではないか，という疑念が指摘され始めた（Madrick 2014＝2015；チャン 2010）。

◢ 現代経済学の問題点

　これまでみたように「地域主義」は，「狭義の経済学」が資本主義経済の現実を的確に認識できない理論的問題と，資本主義経済が地域の自然・生態系や共同体を破壊する現実を解決する実践的問題とに取り組むために，「広義の経済学」を提唱した。「狭義の経済学」は，自己調整的システムとしての市場という構成体を研究の中心にすえ，とくに市場の機能的ないしは形式的な側面を論理整合的に分析して経済理論を誘導する。このような「狭義の経済学」における理論的基礎は，おおよそ現代経済学に継承されている。

　こうして現代経済学が研究対象とする市場経済は，人間の実生活から分離して作動し，なおかつ人間の実生活に悪影響を及ぼす事態である。市場原理による市場経済のメカニズムは，結果的に生態系の破壊，社会関係の切断，経済的な不平等（Pikkety 2014＝2014）といった現実を生み出す。このような市場経済と，それを研究対象とする「狭義の経済学」＝現代経済学との問題について，玉野井（1978: 11-12）は次のように指摘する。

　　市場では，生活の「審級性」をあらわす質的差異が完全に覆いかくされる。……マルクス経済学も近代経済学も［狭義の経済学は］，この市場と工業の経済世界を中心に売買の「無意識論的メカニズム」を描きだしているのである。その正統的なパラダイムにはもとより愛も正義も介在する余地はない。生きた人間が前提されているといっても，市場の枠で描出されたこ

の経済的世界のなかでは，人間は商品経済的に物象化された存在でしかない。たとえ分子生物学から社会の側に生命の尊厳について語ることを託されても，狭義の経済学のほんらいの理論的世界は黙して語らないのである。これに反発して，「人間いかに生くべきか」を説こうとしても，商品よりなる市場経済をその対象的世界とするかぎり，いたずらに理論の折衷と教説に終わるしかないであろう。

　玉野井（1975: 1978）が問題視した「狭義の経済学」の限界は，──マルクス経済学は社会主義諸国の崩壊とともに顧みられなくなったが──現代経済学においても依然として乗り越えられていない。そして，市場経済のメカニズムが人間の実生活に及ぼす悪影響は，今日ますます拡大している。我々は，市場経済の矛盾を感じながらも根本的変革には思い至らない。そして，現代経済学は，相変わらず市場原理を経済理論の中心に位置づけ，市場の操作手法から経済政策を提言する技術論となっている[16]。その技術論は，いうまでもなく，人間の実生活から乖離し，生態系の崩壊や社会関係の切断を考慮できない。

　このように，現代経済学は，資本主義と市場経済を与件として，それらの永続性を暗黙裏に前提としている。そのために，現代経済学は，資本主義経済の根本的変革に踏み込めない。そればかりか，現代経済学は，結果的に資本主義経済の高度化を強化さえする（Madrick 2014＝2015）。実際に1960年代いらい現代経済学が市場原理をめぐる経済理論の構成に終始する間に，金融資本主義経済が進展した。その進展によって，資本主義が世界中の人々の生活に隈無く侵入したために，個人の生活が経済的に混乱し，また，資本が多くの発展途上国において経済成長を後押ししたので，自然・生態系の破壊や社会関係の切断が世界中に拡散した[17]。この金融資本主義経済は，資本の自己増殖という資本主義経済の機構の本質を増幅し，その機構のなかに，ほんらいは擬制商品であるが，資本主義経済の形成に不可欠であった労働力，土地，貨幣を，「商品」としてしっかりと組み込んだ。

　かくして，資本主義経済の本質を徹底的に解明し，その体制を根本的に変革

しようとするのであれば，その役割を現代経済学はもはや荷えそうにない。そこで，玉野井 (1978) の「広義の経済学」や，前述のエコロジカル・エコノミクス (Costanza 1991；Daly and Farley 2003 = 2014) の考え方が注目される。ただし，「資本主義経済」研究が経済学の専権事項であるとみなされる理由は何もないので，「広義」とはいえ「経済学」にこだわる必要もあるまい。「広義の経済学」がすでに学際的研究を取り入れたように，現代資本主義経済は，様々な学問分野からアプローチされうる。そうした学際的アプローチによって，「生活空間再生論」は資本主義経済の研究に取り組む。

おわりに

　資本主義経済と近代文明が人間社会の歴史に遺した功績の偉大さは，看過できない。その功績は，何よりも，経済成長によって「豊かな人間社会」を形成し，そこに個人の経済的に豊かな生活を実現した，という状況であろう。

　ところが，経済的豊かさという資本主義経済による恩恵は，「持続不可能性問題」と抱き合わせに生みだされた。「持続不可能性問題」の深刻な実態は，21世紀後半になると，環境問題や南北問題のように地球規模に蔓延した後にも深刻化して，個人の実生活においても様々な社会問題として出現している（→序章１）。

　生活空間再生論は，人間社会と，自然世界さえも危機に陥れた「持続不可能性問題」の現実が，「自然・生態系の破壊」と「対面的社会関係の切断」に集約される，とみなした。また，生活空間再生論は，その「持続不可能性問題」の元兇が，資本主義経済と高度近代文明の発展ではないか，という疑念を抱いた。この疑念は，いまだ状況証拠から思いあたるにすぎない。資本主義経済の破壊力が「自然・生態系の破壊」と「対面的社会関係の切断」を惹起する，という因果関係は，いまだ十分な説得力をもって解明されていない。こうして，資本主義経済の探究は，焦眉の急な課題である。

　ところが，資本主義経済を探究する主役である「狭義の経済学」＝現代経済

学は，本章でみたように，その解明をなし遂げられそうにない。そこで，生活空間再生論は，資本主義経済の本質をさらに分析し，学際的視点からその根本問題を剔出しようとする。

さらに，生活空間再生論は，「自然・生態系」と「対面的社会関係」を成立の基盤とする，高度近代社会とは異次元の「持続可能な世界」を構築したい，と考える（→第 1 章 2）。そして，まず，「持続可能な世界」形成の起点となる「持続可能な生活空間の統整的世界像」を本書で描き出したい。

そこで，「持続可能な生活空間の統整的理念像」を構築するために，生活空間再生論は，玉野井芳郎の「地域主義」と「広義の経済学」の業績を有効な手がかりとした。ただし，その業績には時代の制約があるので，生活空間再生論の「資本主義経済」研究は，玉野井（1978）の「広義の経済学」の研究成果を咀嚼しながら，それを現実の問題にも適応しうるように脱構築する（→第 1 章 1）。

本章は，今後の「資本主義経済研究」の手がかりとしての「広義の経済学」を概要したうえで，生活空間再生論における「資本主義経済研究」の方向性を検討した。今後は，資本主義経済の現実と本質について，生活空間再生論がその徹底的な解明に取り組むことになる。

●● 第 2 章 　注 ●●

1）玉野井（1975, 1978, 1979a, 1979b）が用いる「資本主義」の概念は，本書が「資本主義」と「市場経済」を合わせて表示する「資本主義経済」（→序章 1）とほとんど同義である。玉野井（1975, 1978, 1979a, 1979b）の文献中にある「資本主義」の用語は，「資本主義経済」の意味でそのまま引用されている。
2）現代経済学の欠陥について，マドリック（Madrick 2014＝2015）は，1980年代以降に主流派となった新自由主義 neo liberalism の経済学が，「見えざる手」という教義にもとづいた精密理論によって，その研究結果を「科学的」と称しながらも，経済の現実を歪曲して認識し，その政策的提言が経済の混乱をどれほど惹起したかを告発している。いわく，「経済学があたかも科学であるかのように扱うことは害を生む。往々にして，経済理論を実は多くが根拠の乏しいものだと知らずに，政策上の判断でたびたび重大な過ちを犯してきた」（Madrick 2014: 189＝2015: 218）。
　同様に，チャン（2002, 2010）も，新自由主義の経済学，とりわけ経済のグローバル化に関連するその主張について，厳しく批判する。チャン（2010: 30）はいう，

「市場の境界はあいまいで客観的な方法では決められないとわかると，経済学は物理学や化学のような科学ではなくて政治的営為であることに気づかざるをえない。自由市場主義の経済学者たちは，市場の正しい境界は科学的に決定することができると人々に信じさせたいのだろうが，それは間違っている。研究対象の境界を科学的に決定することができないなら，その学問は科学ではない」。

　　ただし，マドリック（2014＝2015）もチャン（2002, 2010）も，新自由主義のイデオロギーが支配的となった正統派経済学が現実を混乱させた悪影響を強烈に論駁したが，「狭義の経済学」としての経済学そのものを根本的に否定してはいない。

3）玉野井（1979a）は，ポランニー（1977）に倣い，「形式的」formal と「実体的」substantive という経済学の2つの意味を強調する。ここで，経済の「形式的意味」とは，「狭義の経済学」が商品経済や市場経済のしくみを論理的に分析して導出される意味であり，また「実体的意味」とは，「広義の経済学」において，人間が自然や人間同士との関係から生活する現実を考察し，それによって解明される経済の意味である。そして，玉野井（1979a: 33-44）は，ポランニー（1977）の指摘にもとづき，経済の「形式的意味」を探究する新古典派経済学の端緒を開いたメンガーが，その晩年に，実は経済の「実体的意味」の解明に取り組んだ事実を，次のように主張する（玉野井 1979a: 146）。

　　　［市場制度における］……稀少性と最大化は，目的－手段の関係の論理的性質から生じるもので，それを「形式的意味の経済」と呼ぶことができるが，これにたいして「実体的意味の経済」が考えられなければならない。それは，メンガーによると，手段の稀少や不足とは無関係な，人間の生活の維持，生産の必要からくる経済の実体的なあり方だという。

　　また玉野井（1979a: 24-33）は，『資本論』で商品経済の「形式的意味」を分析したマルクスも，晩年に経済の「実体的意味」の解明をめざしたと指摘する。

4）玉野井（1975: 142）によれば，新古典派の経済学には2つの根源がある。「一つは，ベンサム― J. S. ミルから出発したマーシャル，ピグーなどのイギリス経済学の流れである。もう一つは，ワルラス―パレート―バローネなどの大陸ローザンヌ学派の流れである。前者は限界原理を構築し，後者は一般均衡論の体系化をめざした。20世紀に入って1930年代という危機的時代に，一般均衡理論がようやく大陸からイギリスへと導入され，ヒックスの手で厳密な演繹体系＝閉じた孤立系モデルがつくりあげられた」。メンガー（オーストリア学派）は，ワルラス，ジェヴォンズ（イギリス）と同時期に，限界効用説を唱えた。

5）「狭義の経済学」としての「マルクス理論も古典派理論も，18, 9世紀の西欧資本主義経済の発展のもとで形成されてきた商品経済または市場機構という現実の核を対象に，経済というサブ・システムの閉じたモデルをつくりあげたのである。そのモデルは完全競争モデルである」（玉野井 1975: 205）。ただしマルクスは，資本主義社会が経済体制においてひとつの特殊な歴史的社会であると捉え，新たな経済体

制の社会を構想した。それでも「計画と制御の経済メカニズムを考えるための理論上のトゥールについては，マルクス経済学の貢献はきわめて小さかったといわなければならない」（玉野井 1975: 207）。それにたいして新古典派経済学は，「経済の制御という考えのはいりこむ余地はほとんどなかった。マルクスのように資本主義経済体制の彼岸に理想の体制をデザインするというのでなしに，むしろ此岸の資本主義経済のなかから，スミスのいうインヴィジブル・ハンドのはたらく資源配分の機構を抽象化してゆくような，閉じた理論モデルをつくりあげたからである」（玉野井 1975: 207）。

6）ただし，ボールディング（Boulding 1968＝1975）については，玉野井（1975: 186）は，生態学的視点の経済学への導入を高く評価しつつも，後に，その「宇宙船地球号」の見解を次のように批判している。

　　……ボールディングは社会システムを社会生態システムとしてとらえて，これを全体的な生態系の一環として説明しようとする。このような包括的なアプローチは，私の見るところ，自然生態系の機構と社会システムの存在とを混同させるものであって，このようなアプローチでは，人間の工業的世界が生態系から不自然に独立し，生態系固有の自律的なシステムとは不整合な一環を形成しているという現代の危機的問題が完全に見落とされてしまうおそれがあるのである。生態学のアナロジーで社会システムの説明をおおってしまうのは，厳に慎まなければならないのである。

　以後，「地域主義」の展開において，ボールディングの引用は，ほとんどなくなる。

7）本論文集（Costanza 1991）には，「共有地の悲劇」Tragedy of the Commons を主張したハーディン（Garett Hardin）の論文（Costanza 1991: 47-57）も収録されている。しかし，その論文は，エコロジカル・エコノミクスが「持続可能性」を課題とすることに必ずしも肯定的ではない。

8）デイリー（2014: 22-23）は，「持続可能性」の3つの条件を次のように提示している。⑴「再生可能な資源」の持続可能な利用速度は，その資源の再生速度を超えてはならない。⑵「再生不可能な資源」の持続可能な利用速度は，再生可能な資源を持続可能なペースで利用することで代用できる速度を超えてはならない。⑶「汚染物質」の持続可能な排出速度は，環境がそうした汚染物質を循環し，吸収し，無害化できる速度を上回ってはならない。このような3つの条件を設定して，経済の「持続可能性」を達成するために，デイリー（Daly 1977, 1996）は，経済成長を止める「定常経済」を提唱した。

9）資本主義経済による社会関係の切断について，逆にハイエク（ハイエク＆今西 1979: 82-83）は，資本主義経済，とりわけ資本主義と結びつく市場経済が大きな社会に社会関係を形成する効用を次のように主張する。

　　マーケット，それから個人の財産は絶対に必須のものです。それによって知らないもの同士の接触がおこるという点で強調しているわけです。「大きい社会」では，

　互いに知らないもの同士が接触し，そして秩序のなかで接触するという，そのこ
とを考えてみた場合に，そのマーケット，あるいは商業取引，貿易，トレードと
いうものが考えられると思います。
　　……普通の経済学上の要素と呼ばれるものがフェイス・トゥ・フェイス社会を
通って大きな社会を作ることを可能にしたと思います。

ここでハイエクが指摘する資本主義社会における社会関係とは，見田宗介（1996：
154-55）が示唆する次のような社会関係に他ならない。

　　……それは他者たちの労働や能力や機能の必要ということであって，何か純粋に
魔法の力のようなものによって，あるいは純粋に機会の力か，自然の力等々に
よって，それが充分に供給されることがあればよいというものであり，この他者
が他者でなければならないというものではない。つまり他の人間的な主体でなけ
ればならないというものではない。

すなわち，資本主義経済が他者の人間的主体性を消し去る社会関係とは，「対面的
社会関係」の切断，つまり「主体的な人間同士が向き合う社会関係」の切断である。

10）ここにあらためて，生活空間や人間社会におおける農業の意味が浮き彫りになる。
すなわち農業は，土地と本来，植物を通して人間と自然を結びつけ，生活空間に生
命系を形成するような，媒体としての生業といえる。ところが農業は，いまや工業
の論理の延長線上に位置づけられ，市場経済において合理的・効率的な経営をもと
められる。「市場システムにおいて，工業から農業にわたる全産業部門が，市場合
理的に経営されるというふうに想定されるというとき，その農業は資本主義的工業
化から投影される限りでの農業ということになるであろう」（玉野井 1979a：58-59）。
そのために，農業の現在の問題は，市場経済の観点から国の食糧自給の問題などと
して議論されがちである。しかし，その問題意識とは異なる次元から，農業と地球
のあらゆる生命源である自然・生態系との関係が崩壊している事実こそが，いまや
問題視されなければならない。

　　また，農業の工業化については，第二次大戦後の米国において，資本主義経済の
理念から，機械化による農作業や農業環境の合理化，化学肥料による費用低減など
の効率化・大規模化が推進され，この動向が世界中に波及した。こうした動向の延
長線上で，20世紀末には，農業に遺伝子組み換えが導入された。さらに，現時点
（2012年）で，植物工場や垂直農場という方法が考案され，すでに実践され始めて
いる（Despommier 2010＝2011）。これらは，都市において自然・生態系から隔離
した場所で科学技術によって農業生産を行なう。こうした動向は，従来とは別次元
における農業の工業化となるかもしれない。

11）この図2-4は，序章で取りあげた松井孝典（2012：148-53）による地球を構成す
る4要素（地圏・大気圏・水圏・生物圏）に倣えば，地圏—生物圏に重なる。松井
は，生物圏における人間社会の文明を「人間圏」として表しており，図中の「市場
経済—石油文明」は，資本主義が世界全体を席巻した「人間圏」に符合する。

　　松井（2007b: 37-39; 2012: 132-34）によれば，「人間圏」は，人間が農牧畜を開
始する時代から形成されてきた。そして，農牧畜による「人間圏」の成立が，文明
による自然・生態系の破壊の始まりであった（松井 2012: 132-34）。たしかに，古
代文明において，大規模な小麦生産が土地の砂漠化を惹き起こした事実は，周知で
ある（カーター ＆ デール1975）。しかし，日本の伝統的な小規模農業は，その土地
に豊かな人間生態系を形成した。農村社会をながく研究する細谷（1998: 14）は，
小規模農業が「自然を破壊しながらしかも自然と結びつくという，ぎりぎりのとこ
ろでバランスを保ってきた」という。

12）玉野井（1982b）の生産論＝崩壊論という考え方は，デイリーとファーレイ（Daly
　　and Farley 2004＝2014）のエコロジカル・エコノミクスにおいても，生産過程で
　　低エントロピーの投入によって高エントロピーの廃物・廃熱が排出されるフローを
　　スループットthroughputという概念で説明して，同様に提示されている。

13）2015年時点，世界中でもっとも話題となっている環境問題は，二酸化炭素による
　　地球温暖化である。地球温暖化は，それを議題とするフィラハ会議（オーストリ
　　ア）が開催された1985年いらい世界的な気候変動の原因として全世界で注視される
　　ようになった。1988年には，地球温暖化の問題を国際的連携で対処するため，国連
　　と世界気象機関（WMO: World Meteorological Organization）によって，世界の専
　　門家が共同で研究を推進し関連の政策を検討するIPCC（Intergovernmental Panel
　　on Climate Change　気候変動に関する政府間パネル）が設立された。IPCCは，
　　2007年に第 4 次報告書において，地球温暖化の原因が人為的であり，なかでも二酸
　　化炭素の排出がその主要因であると確定した。
　　　　二酸化炭素の2012年「国別排出量」（約326億トン）の割合は，高度近代化が達成
　　された先進国（米国15.8％，日本3.7％，ドイツ2.2％）や進展中の中進国（中国
　　27.8％，インド6.0％，ロシア5.4％）などで高い（EDMC 2015『2015年エネル
　　ギー・経済統計要覧』）。日本における二酸化炭素の2013年「直接排出量」（電力や熱
　　の生産者による排出量）13億1100万トンにおける部門別の構成比をみると，もっと
　　も高いのは発電所などの「エネルギー転換部門」（42％）であり，次いで「産業部門」
　　（27％）や「運輸部門」（15％）などとなるが，「エネルギー転換部門」の排出量の割
　　合は突出している（NIR 2015『日本国温室効果ガスインベントリ報告書』）。そこで，
　　2011年「最終エネルギー消費」（14,527PJ［ペタ・ジュール］）の構成比をみると，
　　「産業部門」（42.8％）と「運輸部門」（23.3％）の割合が高いが，「家庭部門」［自家用
　　車を除く］（14.2％）と「業務部門」［企業の事務所・ビル，ホテル，百貨店，その他
　　のサーヴィス業など］（19.6％）を合わせた「民生部門」（33.8％）の割合も同様に高
　　い（資源エネルギー庁「2012年総合エネルギー統計」）。こうしてみると，高度近代
　　社会の社会生活において，温暖化の原因となる二酸化炭素が大量に排出されている。
　　　　ただし，二酸化炭素の排出による地球温暖化説には，様々な批判もある。また，
　　環境問題について地球温暖化だけに焦点があてられ，自然・生態系が人為的に破壊

されるその他の諸問題から関心がそらされてしまった感もある（→第3章3）。

14）経済の「グローバル化」globalizationという表現が世界で頻繁に用いられ始めたのは，1990年代以降である。それ以前には，同様の動向について，「国際化」internationalizationという表現が一般に用いられた。両方の言葉には，「国家が相互に連関しあう」ことを意味する「国際化」にたいして，「国境を越えて地球規模に拡張する」という含意をもつ「グローバル化」が，地理的－空間的により広い範域を表現するような相違は，確かにある。ただし，「国際化」には主権国家が前提とされるのにたいして，「グローバル化」には「国境の消失」という，経済による世界の統合化の程度にかかわる意味合いが，強い。とくに1990年代には，経済のグローバル化による「国境の消失」が話題となることも一般的にあった。現実には，経済の「グローバル化」にもかかわらず，それによる主権国家体制の動揺はない。むしろ，経済の「グローバル化」は，中進国の台頭などを通して，主権国家体制を強化したかにさえみえる。

15）高度近代化を生みだした資本主義経済体制は，ブレトン－ウッズ体制によって戦後の混乱から再出発した。この体制に対抗して，米国と対立するソ連は，社会主義国家間の経済援助体制としてコメコン（COMECON 経済相互援助会議）を設立した。金兌換を認める米国ドルを基軸通貨としたブレトン－ウッズ体制は，1971年8月に米国ドルの金兌換停止が発表された，いわゆる「ニクソン・ショック」で終焉し，その後，1971年12月のスミソニアン協定をへて，1973年に変動相場制に移行した。これが現在の金融資本主義の奔流につながる分岐点とみなせよう。コメコンは，1989年に東欧革命が激化して実質的に停止し，1991年のソ連崩壊によって解散した。

16）現代経済学の研究は，矛盾した現実の一部である市場経済しか射程に収めず，それゆえに，完結した経済システムの機能についての技術論に陥っている。この問題について，ヴェーバー（1904a: 53）は，当時のドイツ国民経済学を次のように批判する。

国民経済学は……もともと，すくなくともその議論の重点から云えば，「技術」であった。いいかえると，それは，現実の諸現象を，少なくとも見せかけの上では，はっきりしており，確実で，実践的な，ひとつの価値観点から，すなわち，国家の成員たちの「富」をふやそうという観点から，考察していた。他方では，国民経済学は，そのはじめから，ただ「技術」であるだけのものではなかった。というのは，それが18世紀の自然法的で合理主義的な世界観の強力な統一体のなかへ編入されていたからである。けれども，その世界観の特性は，現実を理論的にも実践的にも合理化することができるのだという，独特の楽天的な信念をともなっていたから，その信念が経済学に本質的な影響をあたえてしまって，その結果どういうことになったかというと，自明なことと前提せられているその立場には問題がふくまれているということが発見されることを，かえって，妨げることになっているのである。

現代経済学は,「狭義の経済学」としての国民経済学の限界をいまだ抱えている。したがって,現代経済学は,ヴェーバーの批判がそのまま当て嵌まる問題を背負っている。

17) 生態系研究を経済学に取り入れた,ボールディング(Boulding 1968＝1975),シューマッハー(Schumacher 1973＝1986),ジョージェスク＝レーゲン(1971),玉野井(1978)といった1970年代当時の経済学者の誰もが,急速な経済成長に否定的であった。ミシャン(Mishan 1969＝1971)は,経済成長の弊害をとりわけ厳しく非難した。それに反論して経済成長を擁護したのは,ベッカーマン(Beckerman 1974＝1976, 1976)である。ベッカーマン(Beckerman 1974＝1976, 1976)は,1970年代に一世を風靡した「成長の限界」論にも「生態学的終末論」ecological eschatologyにも激しく批判した。シューマッハー(Schumacher 1973＝1986)の *Small is Beautiful* の著書にたいしては,ベッカーマン(Beckerman 1995)によって,*Small is Stupid* という書名の著作が公刊されている。さらに,ベッカーマン(Beckerman 2002)は,「持続可能な開発」論にも非難を投げかけ,一貫して「経済成長」を擁護した。経済成長を擁護するその主張の根拠は,他の高度近代化や経済成長の擁護論者と同様に,従来からの経緯にもとづいて長期的にみれば,価格に換算される「経済的価値」の規準において,経済成長による進歩や繁栄などの正の効果が,経済成長による汚染や自然破壊などの負の効果よりも上回る,という見解にある。

第3章
自然・生態系研究

はじめに

　本章は，生活空間再生論が，「持続可能な生活空間」の基盤となる「自然・生態系」研究にたいして，いかに取り組むかを，エントロピー論や生態学などの視点から議論する。

　しかし，その考察に援用される「エントロピー論」や「生態学」について，本書の筆者はまったくの門外漢である。同様な状況に際して，自らが専攻する経済学に専門外のエントロピー論を適用したジョージェスク＝レーゲン（1971:4）は，次のように述懐する。

　　言うまでもなく，この種の計画を企てると，どうしても自分の守備範囲以外の領域にまで，つまり自分が発言する資格のない領域にまで踏み込まなければならなくなる。そうした状況ではせいぜいのところ，専門外の各領域で特別に権威とされている人びとの書いたものの上に議論を組み立て，読者のためには，出典を全部明らかにすることで精一杯である……。そうしてさえも，相当な危険を冒すことになる。しかしそれでも，この計画は，企てるだけの価値が絶対にある。

　筆者も全面的に同感である。そこで本章は，生活空間再生論の構築で手がかりとした「地域主義」（玉野井 1979b）が，多くの経済学者や物理学者を巻き込

みながら議論した「エントロピー」と「自然・生態系」の議論に着目する（玉野井・槌田・室田 1984）[1]。玉野井（1978）が地域主義の生態系研究でとくに依拠したのは，槌田敦（1982, 1986, 1992, 2007）のエントロピー論と生態学である。本章もまた，槌田のエントロピー論と生態学を中心に，生活空間再生論の「自然・生態系研究」と「生態系再生」とについて検討したい。

1　生活空間再生論における生態系の意味

　生態系が生活空間の再生に死活的重要性を有する理由は，生態系が人間を含むあらゆる生命と人間社会の存続に必要不可欠な基礎だからである。自然世界も人間社会も，生態系の機構がなければ生存しえない。ここで生態系とは，植物，動物，微生物という3種の生命個体群が，共通の土壌環境で複雑に共生関係を営む系をいう（玉野井 1978: 35）。当然のことながら，一動物である人間の生存も人間社会の成立も，生態系の中にあってはじめて可能となる。

　この生態系はまた，地球の地域水系と大気圏の中ではじめて存続できる。それらは，生態系→地域水系→大気圏の順に広がり，入れ子構造に形成された地理的−物理的空間層である。そして，この3層の地理的−物理的空間から成る構造は，地球に生命が生息しうる機構を具有する。こうした生態系の中でようやく人間の生活が存続しうるという事実については，生態系の破壊をもたらす経済成長が最優先に評価される昨今，あらためて認識される必要がある。そこで，本章はまず，槌田（1982, 1986, 1992, 2007）などのエントロピー論に従い，生態系が成り立つ仕組みを，地球規模の物質循環の機構から概観したい。

生態系と地球のエンジン最単純モデル

　地理的−物理的空間としての生態系，地域水系，大気圏，さらには人間を含む万物の運動や活動はすべて，熱機関，つまりエンジンという基本的機構によって特徴づけられる。熱機関としてのエンジンは，槌田（1992: 64-65）によれば，図3−1のように，「作動物質の循環により，熱機関内部に高温部分（T_1）

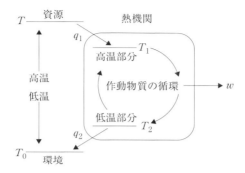

図 3 - 1　　熱機関の仕事機構
(出所：槌田 1992: 64)

と低温部分（T_2）を作り，高温部分よりも高い温度 T の熱資源から熱 q_1 を得て，低温部分よりも低い温度 T_0 の熱源に廃熱 q_2 を捨てることにより，仕事 w を得る装置である」。

　このように，運動状況が正常に再生されるエンジンという系は，系内に資源が投入され，内部の作業［作動］物質循環（温度と熱などが作用する循環）によって系の定常状態を維持し，系の運動から生じた廃物・廃熱を系外に排出する機構をもつ定常開放系——物質・エネルギー代謝の性質をもつ系——である。

　こうした機構は，エンジン最単純モデルとして図 3 - 2 の通り図式化され，物体や生命のあらゆる系の運動の機構に適用される（槌田 2007: 39）。エンジン最単純モデルから，生命個体群や生態系の活動・運動は，資源を取り入れ，代謝を通して廃物・廃熱を放出する過程として捉えられる。

　そのさい，地球上の万物の運動や活動から発生する廃物と廃熱の処理が，生命系や人間社会の存続を決定づける問題となる。それらの廃物や廃熱が適切に処理されず，系内に蓄積すれば，当然，それらは地球上に飽和し，自然世界や人間社会の存続を脅かす。実際，従来には「自然」の——人間がその機構をほとんど意識しなかった——摂理で処理されていた廃物や廃熱が，1960年代以降には，地球上において過度に蓄積したため，自然世界や人間社会に甚大な損害をもたらすようになった。それは，人間社会の工業文明から排出される廃物や

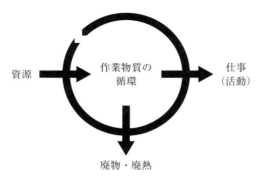

図3-2　エンジン機構の再単純モデル

廃熱が，それらを自然の処理能力を超えた事態，つまりオーバーシュートの状況に起因する（→序章1）。

　地球上の万物の運動や活動から発生する廃物・廃熱が，地球からいかに処理されるかについては，槌田（1982, 1986, 1992）や室田（1979）などが，地球の生態系→地域水系→大気圏におけるエントロピー処理機構によって説明している。以下では，特に槌田のエントロピー論に依拠しつつ，まずは「エントロピー」概念を整理し，次に地球のエントロピー処理機構について概観したい。

◤ エントロピーの概念

　槌田（1982: 15-26）によれば，万物の——原子・分子の世界は別にして——あらゆる現象には，物の拡散（高濃度な物体の低濃度空間への拡散），熱の拡散（高温度な熱の低温度空間への拡散），そして物体の摩擦などによる発熱，という3つの事態の組合せが伴い，すべての現象から廃物や廃熱が発生する。このとき，廃物や廃熱が空間に拡散する程度を示す物理学の概念が，「エントロピー」である[2]。「エントロピー」の用語は，19世紀半ばにドイツの物理学者クラジウス（Rudolf J. E. Clausius）によって最初に用いられた。エントロピーの概念を日常的なことばに置き換えれば，「汚れの量」といえる（槌田 1986: 27）。

　これを「物理エントロピー」とする。この「物理」の他にも，「エントロピー」

の用語は「情報（数学）」にも使われる（槌田 1986: 16-19）。「情報エントロピー」
は、「乱雑」「多様」「無秩序」の指標である。情報エントロピーも、情報論や数
学の領域では有効な概念だが、物理エントロピーと情報エントロピーの混同に
よって、社会科学などが「エントロピー」概念を適用するさい、その議論はし
ばしば混乱する（槌田 1986: 17-18）。槌田がエンジン機構で追究する資源物理
学（1982）、独自の生態学（1986）や経済学（2007）に適用されるエントロピー論
は、「物理エントロピー」であり、「乱雑」「多様」「無秩序」の指標ではない。本
章の以下で用いる「エントロピー」概念も、槌田エントロピー論に倣い、「物理
エントロピー」を表す。

　このエントロピーは、熱学第二法則において常に増大しつづける。熱学の第
二法則とは、「エントロピー増大の法則」である。「エントロピー増大の法則は、
この世界での事物の変化が、すべて不可逆的であることを示している。物理の
エントロピーは、その不可逆変化の指標であって、常に増大するばかりであ
る」（槌田 1986: 19）。このエントロピー増大の法則は、「エネルギーの分布の変
化が当然とるべき方向と関連しているのであって、エネルギーの総量とは無関
係である」（アトキンス 1984: 15）。すなわち、エネルギーの総量は常に一定（熱
学第一法則）であるが、時間の経過につれてエントロピーが増大し、エネルギー
の分布は高エントロピーの状態で一様となる。そのさい、仕事に利用できるエ
ネルギー（自由エネルギー）は、利用できないエネルギー（束縛エネルギー）、つ
まり高エントロピーの廃物・廃熱となる（ジョージェスク＝レーゲン 1971: 169）。

　こうしたエントロピーの増大が閉鎖系でエントロピーの最大状態になると、
その系は熱平衡状態となって自由エネルギーが枯渇し、その活動や運動は停止
する。この状態は、トムソン（William Thomson）によって熱死 heat death と名
づけられた（槌田 1992: 83）。また、エントロピー増大の法則ゆえに、万物は―
―たとえ定常開放系であろうと――それ自体の構造の劣化をまぬがれえない。
あらゆる生命と物体に寿命があるのは、それらがつねにエントロピーによる劣
化にさらされ、ついには熱死の状態になるからである。すなわち、生命や物体
の系内に廃物や廃熱が時間とともに蓄積し、エントロピー濃度がある程度を超

えると，定常開放系内の物質循環が低下し，それらの活動や運動は停止して平衡状態となる。万物は，その活動や運動が最終的に停止する運命にある。

　しかし，地球上の生物個体は一定の期間で生命を保持しながら種を継承し，また自然環境も不安定気象のなかでさえ季節を繰り返しながら存続している。「地球は誕生から46億年のうち，約30億年間，地表にほぼ定常的に生命をはぐくんできた」（槌田 2007: 31）[3]。こうした地球上の持続可能な現象は，エントロピー増大の法則に背理するかにみえる。エントロピー増大の法則にもかかわらず，地球上に生命や自然世界が定常的に持続可能である事実について，槌田（1982; 1986）は，＜エントロピーを除去する機構としての物質循環＞を指摘する。そして生態系もまた，地球に自然世界が存続可能となる「物質循環」機構の一部として捉えられる。つぎに，槌田（1982, 1986）などの解説に従い，地球の物質循環機能と生態系との関係について整理したい。

◾ エントロピー除去の機構

　エントロピーは，拡散の物量ないしは「汚れの量」であるから，つねに「熱」か「物」に付着する実体として測定される。つまり，エントロピーは物や熱から単離しえない。したがって，エントロピーには，熱エントロピーと物エントロピーの2種がある。それは，「熱にくっついていれば，廃熱であり，これが環境にあれば熱汚染である。物にくっついていれば，廃物であって，環境に存在すれば物汚染である。物の方は，多種多様の素材があるから，物汚染は多種多様の汚染になる」（槌田 1982: 99）。

　こうした「エントロピー」概念とその除去機構からみれば，前述のエンジン機構は，エンジン内部のエントロピーを物や熱に付着させて，つまり廃物や廃熱として外部に排出する系といえる。そのさい，廃物の排出には，エンジン内部に注入する低エントロピー物質が利用される。すなわち，注入されたこの低エントロピー物質に系内のエントロピーを付着させ，これを廃物として系外に送り出す。槌田（1982: 46）は，この低エントロピー物質が，系内の「汚れ」としてのエントロピーを拭う「雑巾」の役割を果たす，とみなす。こうしたエン

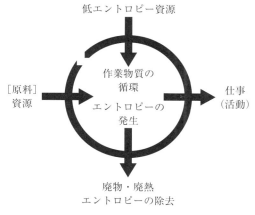

図3-3　エントロピー除去機構

トロピー除去の「雑巾効果」をもつ低エントロピー物質を，槌田（1982: 46）は「低エントロピー資源」とよんだ。この「低エントロピー資源は，系の運動や活動の原料となる資源とは異なる」。前出の図3-2「エンジン機構の最単純モデル」に「低エントロピー資源」を追加して，エントロピー除去のエンジン機構をイメージすると，図3-3のようになる。

　このように，エンジン最単純モデルは，物や熱を出入してエントロピーを除去する定常開放系とみなされる。すなわち，エンジン最単純モデルは，「原料資源」を系内に投入し，系内の「作業物質の循環」によって「仕事」を産出し，そのさいに発生する「エントロピー」を，同時に投入される「低エントロピー資源」によって拭きとり，「廃物」として系外に放出する。仕事（活動）を生みだすエンジン機構は，同時に，「エントロピー除去機構」でもあるのだ。

◢ 生態系のエントロピー除去機構

　このエンジン最単純モデルは，前述の通り生態系にも適用されるので，このモデルによって「生態系のエントロピー除去」の機構も説明される。人間を含む生物固体群や生態系は，エントロピー増大の法則に抗して存続するために，

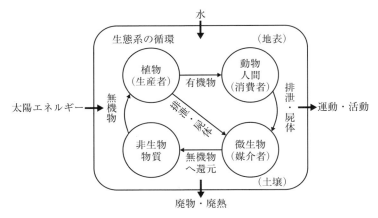

図3-4　生態系のエントロピー除去機構
（出所：玉野井 1978: 53に基づいて作成）

生態系の活動や運動から生じるエントロピーを，廃熱や廃物として除去しなければならない。エンジン機構としてエントロピーを除去する生態系のしくみは，図3-4のように特徴づけられる。

　生態系は，土壌環境において植物，動物，微生物という3つの部類の主要素から構成され，図3-4のとおり，それぞれの要素の廃物が他の要素の資源となるような物質循環を形成している。さらに，生物間においても同様に，食物連鎖などのような循環があり，あらゆる生物種が共生して生態系を形成する。それぞれの生物種の廃物は，こうした複雑に交錯する生態系「内」の相互連関と循環を通じて除去されることになる。このように複雑に絡み合い保持されてきた生態系は，地球に生命が誕生して以来，30億年以上かけてゆっくりと構築された，きわめて繊細に成り立つ定常状態とみなせる。

　しかし，生態系全体における万物の活動や生態系内における循環運動などからも，当然，エントロピーが発生し，廃物や廃熱となる（玉野井 1978; 槌田 1986; 室田 1987）。それらの廃物や廃熱は，生態系「外」に除去されねばならない。生態系内の排泄物や死骸などの廃物はそれぞれの構成要素間の循環で処理され，同時に，処理しきれない廃物は土壌（土壌微生物の集合体）の分解作用で，

廃熱と無機物に処理される。このとき，無機物は植物によって摂取されるが，廃熱の処理については生態系自体にその処理の機構がない。つまり，「熱」エントロピーは，生態系内で処理されない。そこで，生態系「内」の熱エントロピーは，生態系「外」に除去されることになる。

◢ 地球のエントロピー除去機構

　そのさいに，生態系の熱エントロピーを除去する主たる「低エントロピー資源」として，水がある。つまり水は，生態系の汚れを取り除く（エントロピーを除去する）さいに，雑巾の役割を果たすことになる[4]。そして，水は「生きている」地球のすべての系を循環して，地球全体から生じる熱エントロピーを宇宙に放出する。すなわち，生態系自体から発生する廃熱は，生態系を取り巻く地域水系内にある液体の水に吸収され，その水は温度の上昇によって蒸発して気体の水蒸気となる。水蒸気は大気圏の上層部にまで上昇し，そこで断熱膨張によって生態系に発生した廃熱を大気圏外（宇宙）に放出する。廃熱を放出した水蒸気は，冷却現象で固体の氷粒となって雲を形成し，雨や雪のかたちで再び液体の水として地表に戻る（槌田 1982, 1986；室田 1979）。

　こうしたエントロピー除去機構を有する地球は，生態系⊂地域水系⊂大気圏という，3つの定常開放系の入れ子構造で形成されている（図3-5）。そして，これら3つの定常開放系を包含する地球自体が，ひとつの定常開放系として成立する。3つの定常開放系内には，生態系の生物循環，地域水系の水循環，大気圏の大気循環という「物質循環」がそれぞれに存在し，さらにそれらの系を貫いて地球全体に「水の循環」が成立する[5]。この機構によって，地球に発生した「熱」エントロピーは宇宙に放出され，生態系と生命が存続可能となる（→第1章 注6）。すなわち，生態系のエントロピーの除去は，生態系→地域水系→大気圏という地球の地理的─物理的空間を通してなされる。このような地球のエントロピー除去機構について，室田（1979: 168）は図3-5のように図式化している。

　このようにみると，あらためて確認せねばならないのは，次のような地球の

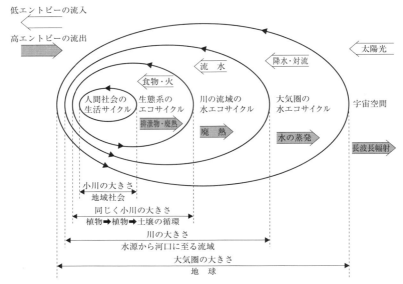

図3-5　地球のエントロピー除去機構
(出所：室田 1979：168)

エントロピー除去機構である。すなわち，生命が存続する定常状態は，いわゆる「生きている」地球のエントロピー除去の絶妙と感じられる仕組みの下ではじめて可能となる。そして，次の疑念にも想い至る。すなわち，地球の一部としてはじめて生存できる人間と人間社会が，いまその地球のエントロピー除去機構を破壊しているのではないか。実際に，自然・生態系の崩壊は，人類が存亡の危機に直面する難題として立ちはだかる。次項では，その自然・生態系の破壊にかんする現実を整理する。

◢ 2　自然・生態系の崩壊という社会問題

　地球が誕生いらい46億年もの間に延々と築きあげてきた，精巧で繊細な自然・生態系のエントロピー除去機構が，人間社会の高度近代文明によって破壊されている。自然・生態系が破壊されている現状は，深刻である。自然・生態

系の崩壊という重大な事態は，我々の日常生活さえもその一因であり，ひるが
えって生活にも多大な悪影響を及ぼす。近代化から生じる過剰な廃物と廃熱が，
地球のエントロピー除去機構で処理できないほどに増大し，それらの処理しき
れない廃物や廃熱が自然・生態系を破壊し，生命個体群の存在をも危機に陥れ
る。自然・生態系の崩壊は，とりわけ第二次大戦後の先進国の高度近代化で拡
大した。

◤ 公害から環境問題へ

　自然・生態系の破壊は，1960年代半ばに先進国で発生した「公害」として広
く認識されるようになった。公害とは，企業がその生産工程から生じた廃物と
廃熱［産業廃棄物］を外部に排出して地域や大気に汚染をもたらし，そのため
に近隣住民が被害を受ける事態である。それは，＜企業が加害者，住民が被害
者となる社会問題＞であり，さらには国や地域の行政が経済成長を優先する
ために住民救済を後回しにする，という社会問題でもあった。それ以前にも甚
大で悲惨な事態を地域住民にもたらす公害は，たとえば日本の1890年代半ば以
降に発生した足尾銅山の鉱毒汚染などのように，発生していた。しかし，その
公害が人間の生活を取り巻く自然・生態系を破壊し，その破壊によってあらゆ
る自然・生態系を絶滅させる危機をもたらす状況が，1960年代後半から1970年
代前半にかけて先進国で同時に発生した。

　そうした自然・生態系の破壊という問題の深刻さは，現代社会の成立要件を
否定し，新たな社会構想の提唱を生みだす契機となるほどの甚大な事態であっ
た。たとえば，玉野井（1979a: 122-23）は，新たな社会構想として「地域主義」
を提唱するにあたり，1960年代当時の社会的現実の問題を次のように捉えてい
る。

　　それは，戦後の高度成長がそのピークに達した60年代から，いわゆる資源
　や環境をめぐって現代社会の症候群——水俣病，サリドマイド事件，食品
　や農業の公害，さては農業生産の基礎をなす地力の減衰——が一斉に噴き

出したという事実に集中的にあらわれている。このような現代の社会問題，すなわち社会的症候群が軌を一にして60年代から噴出したということは，戦後の経済成長を支えた重化学工業化と，それにもとづく技術革新が図らずも人間の生命に深刻な影響をもたらすような事態をつくりだし，その点で一つの時代を画するような社会問題を奔出させたことを意味する。このことは，近代の科学技術または工業文明が生態系と衝突関係にはいったという象徴的な出来事としても表現することができるであろう。

科学技術または工業文明によるこうした自然・生態系破壊という事態は，1960年代初めに夙に警告されていた。その警告の嚆矢ともいえる文献は，米国の生態学者カーソン（Rachel L. Carson）の『沈黙の春』Silent Spring（1962年）である。「沈黙の春」とは，本来，生命の誕生で生き生きとして活気にあふれる春に，鳥のさえずりなども聞かれず，地域の自然・生態系が死に絶えたかにみえる状況を象徴的に表す。カーソン（1962）は，1950年代から雑草や害虫を駆除するために殺虫剤や除草剤，そして農薬などが広い地域で大量に散布され，そのために地域の自然・生態系が崩壊し，人の死にまで至る事実について，化学合成物質の危険性なども丁寧に解説しながら紹介した。そこには，化学合成物質の猛烈な被害について，米国を中心とする世界中の多くの事例が提供されている[6]。

カーソン（1962）は，化学合成物質の利用による自然・生態系の被害状況の告発を通して，経済的な効率性や合理性を優先し経済成長を最優先に追求する社会の現実を痛烈に批判した。そして，人類がいま歩んでいる近代化の道が誤りであり，現時点を分岐点として＜近代化とは異なる道＞を歩まなければ，人類に未来がない事態を，カーソン（1962: 322）は次のように示唆する。

　　長いあいだ旅をしてきた道は，すばらしい高速道路で，すごいスピードに酔うこともできるが，私たちはだまされているのだ。その行きつく先は禍いであり破滅だ。もう1つの道は，あまり《人も行かない》が，この分か

れ道を行くときにこそ，私たちの住んでいるこの地球の安全を守れる，最後の，唯一のチャンスがあるといえよう。

　カーソン (1962) の警告と示唆は，当時，世界中で多くの人々の共感をえたが，世界は近代化と異なる道に進路を変えようとはしなかった。むしろ，先進国はさらなる経済成長をめざし，発展途上国も先進国と同じ道を歩んで経済成長の実現を夢みた。1970年代初めに，石油危機などで重化学工業を中心とする先進国の経済発展が停滞したのを契機に，先進国の産業は，製造業から情報・知識・サービス業などへと転換しはじめた。先進国の製造業の生産工場は，同時期から安価な労働力などをもとめて発展途上国に移転してゆく。さらに，1970年代の資本主義経済ではすでに，――社会主義経済と競いながら――現在の金融資本主義経済に直接につながる国際化 (1990年代以降にはグローバル化とよばれる)，金融化，人と物の流動化などの動向が始動していた (→第2章3)。こうした経済の動向から，先進国が先導する高度近代化が世界中で進展し，都市生活様式が全世界に拡大したため，「産業廃棄物」にくわえて都市生活の「生活廃棄物」も急増した。

　そのために，自然・生態系の崩壊は，地球規模に拡大する。このような背景から，1980年代以降，「公害」という言葉は，次第に「環境問題」という言葉に置き換えられた (吉見 2009: 118-27)。公害の事態には「加害者＝企業／被害者＝住民」という構図があったが，「70年代の半ばになると，このように加害者と被害者が比較的明白なものだけでなく，加害と被害の関係がより複雑で，単純に特定できない，それどころか被害者が容易に加害者にもなり得るケースが浮上していった」(吉見 2009: 124)。近代の高度化によって，一部の企業にとどまらず，人間の生活と人間社会の活動全体までもが，自然・生態系を破壊する源泉となってしまったのである[7]。

◼ 生態系の破壊とその元兇

　1950年代以降の先進国における経済成長が，自然・生態系の物質循環を破壊

してしまう過程について，米国の生態学者コモナー（Barry Commoner）が1970年代初めに指摘している。コモナー（1971）は，——エントロピーの概念をほとんど用いないが——前項でみたような生態系のしくみを生態学の観点から綿密に考察し，それを破壊する高度近代化に厳しい批判の矛先を向けた。そのさい，原子力の危険性，ロサンゼルスの大気汚染，イリノイの土壌汚染，エリー湖の水質汚染，などの事例が詳細に検証され，これらの環境破壊の深刻な事態が報告された。そして「我々を巻きこんでいる環境破壊の主な原因は，」——コモナー（1971: 199）によれば——「第二次大戦以来の，生産技術における全般的な変化なのである」。それらの生産技術の革新は，大戦前の20世紀初めの科学の目覚ましい進展や大戦中の軍事技術の開発につらなるが，大戦後の急速な高度近代化と経済成長の原動力になると同時に，自然・生態系の急激な破壊の原因となるのだ。

　コモナー（1971: 199）が指摘する「第二次世界大戦以来の生産技術」は——コモナー自身は言及していないが——あらゆる事実から＜石油を基盤とする生産技術＞であるとみなせる。生態系を破壊する生産技術の具体例として，コモナー（1971: 162-98）は，化学肥料，農薬，合成洗剤，合成繊維，高圧縮比エンジン，電力，プラスチックやアルミニウム缶などの生産工程や製品にかんする諸問題を提示するが，それらはすべて石油と密接に関係する。石油の用途は，電力，移動用動力，工場燃料，原料など，きわめて幅広く多岐にわたり，高度近代社会の生産技術を根本的に支えている。「技術は，資源の能力の範囲を超えて発揮されることはあり得ない」（槌田 1982: 74）ので，第二次大戦後の高度近代社会の生産技術の機能は，石油に規定される。こうした大戦以降の工業文明を，室田（1987: 14）と槌田（1982, 1986）は「石油文明」とよんだ。この石油文明が，自然・生態系を破壊し，その被害が地球規模に拡大して今日に至るのである。

　石油文明は，自然・生態系を破壊する主要因であるが，同時に，「資本主義経済」はさらに石油文明の根源である。というのも，資本主義経済は，石油を基礎とする生産技術を企業活動や近代都市生活に活用する制御処理システムの

ような存在だからである。資本主義経済は，社会的事実として，＜資本の自己
増殖によって不断に剰余価値を拡大する＞という法則で運動し，その運動が
経済成長の現実となって現れる。経済成長の結果として，資本主義経済は自
然・生態系を破壊し，人間社会の社会関係を切断する（→第2章2）。人間社会
は，資本主義経済と，それがつくりだす石油文明や高度近代化の進路を絶ち切
らなければ，もはやその将来はないといってよい。

　1970年代になると「自然・生態系の崩壊」は世界中で顕在化したため，石油
文明や資本主義経済の危機をしらせる警鐘が多くの学問分野から鳴らされた。
その警鐘の嚆矢として，石油をはじめとする化石燃料資源の枯渇や環境汚染の
問題が，ローマ・クラブの委嘱したメドウズ等（1971）による研究報告書『成長
の限界』*The Limits to Growth*（1971年）で告発され，大きな反響をよんだ――
資源の枯渇という予測は，必ずしも的中しなかったが。また，経済学からも
シューマッハー（Schumacher 1973＝1986），ジョージェスク＝レーゲン（1971），
玉野井（1978），ボールディング（Boulding 1968＝1975），室田（1979）などが，厳
しく石油文明と資本主義経済を非難し，人間社会の新たな進路を示唆した（→
第2章）。当時はそれらの主張に呼応する動きが，世界中で広くみられた。

　しかし，1980年代になると資源の枯渇という現実の切迫感が薄れ，危機感も
解消された。そして，先進国の公害対策は表面的に一定の成果をあげたかにみ
え，先進国内の環境問題はそれほど顧みられなくなった。さらに，環境問題の
危機感が先進国内で表面的に終息した時期に，先進国は重厚長大型から軽薄短
小型へと産業構造の転換をはかり，ふたたび資本主義経済の発展と高度近代化
に精を出した。欧米諸国は1980年代に比較的長期の不況に陥ったが，特に米国
と英国が80年代半ば以降に規制緩和や自由競争などの新自由主義的な経済政策
を推進して，90年代以降になると経済成長を次第に回復した。やがて，世界中
が新自由主義の経済政策に巻き込まれて追従したため，資本主義経済と石油文
明のグローバル化が進み，その結果として，自然・生態系の破壊も世界中に拡
大した（→第2章3）。

◢3　持続可能な開発の実践と挫折

　自然・生態系の破壊が地球規模に拡大する事態を警告したのは，研究者だけではない。1970年代になると，国連などが主導して環境問題の対策を探り，多くのNGOや市民団体も国際的に活動し始めた。しかし，それらの活動は，環境問題の解決にあまり成果をあげていない。本節では，環境問題に対処する国際的取組を概観し，その成果と課題を検討したうえで，自然・生態系の再生を実践する「生活空間再生論」の構想を提示する。

◢ 環境問題の認識と対策──持続可能な開発の提唱

　自然・生態系の破壊が地球規模に発生した1970年代初めから，その問題に世界各国が共同して対処する気運が醸成された。その端緒となる，環境問題を議題とする国際会議が，1972年に「かけがえのない地球」Only One Earthを合言葉にストックホルム（スウェーデン）で開催された「国連人間環境会議」United Nations Conference on the Human Environment（通称，ストックホルム会議）である。この会議では「人間環境宣言」（ストックホルム宣言）と「環境国際行動計画」が採択され，これらを実行する国連機関として「国連環境計画」UNEP: United Nations Environment Programmeが設立された。

　しかし，環境問題の甚大さが国際的に認識されたにもかかわらず，ストックホルム会議（1972年）後の10年間にも，その対策の成果はあがらなかった。生態系の崩壊や生物多様性の危機がさらに重症化した現実に直面して，1980年に，UNEPが国際自然保護連合IUCN: International Union for Conservation of Nature and Natural Resourcesに委託し，世界自然保護基金WWF: World Wide Fund for Natureの資金や助言などの協力をえて，生態系・生物資源保全の指針書として『世界保全戦略』*World Conservation Strategy*（1980年）を公刊した。この指針書の副題 "Living Resource Conservation for Sustainable Development"［持続可能な開発のための生物資源保全］には，現在，世界中に

共有される開発政策の理念である「持続可能な開発」の言葉が初めて用いられた。

　国連もまた，1984年に日本からの提案で「環境と開発に関する世界委員会」WCED: World Commission on Environment and Development（通称，ブルントラント委員会）を設置した。この委員会において，地球の環境保全にかかわる戦略と実践指針が検討された。設置から 4 年間の検討をへて，1987年に報告書 *Our Common Future*（邦訳『地球の未来を守るために』1987年 福武書店，通称『ブルントラント報告書』）が提出されている。報告書には，「持続可能な開発」の基本的理念があらためて提唱された。この報告書は，本章でこれまでにみた生態系の機構とその危機的状況を的確に把握し，地球の環境問題について次のような問題や課題を提出している（WCED 1987: 22 = 1987: 45）。

　　開発途上国は砂漠化，森林破壊，公害という生命を脅かす危機に直面しており，環境破壊に起因する貧困を背負っている。世界の人々すべてが，熱帯雨林の消滅，植物・動物種の消滅，降雨パターンの変化の被害を受ける。工業先進諸国は，生命を脅かす有害化学物質，有害廃棄物，酸性降下物問題に直面している。全ての国は，先進工業国より放出される二酸化炭素やオゾン層に反応するガス，先進国が保有する核兵器による戦争の被害を受ける可能性がある。現在の経済システムはこうした趨勢と不平等を縮小するのではなく拡大し，貧しく飢えた人々の数を減らすのではなく増やしている状況にあり，全ての国はこれを改革する役割を与えられている。

　このように，1970年代いらい環境問題に取り組む国際機関などは，自然・生態系が破壊される事態を的確に把握していただけでなく，自然・生態系の機構についても生態学などの学術的成果を踏まえてほぼ適切に理解していた。

◢ 持続可能な開発の実践と頓挫

　ブルントラント委員会の「持続可能な開発」戦略の提唱を受容するかたちで

その実践に向けて，「環境と開発に関する国際連合会議」UNCED: United Nations Conference on Environment and Development（通称，地球サミット）が，1992年にリオデジャネイロ（ブラジル）で開催された。このリオ地球サミットは，ほとんどの国連加盟国（1992年6月時点183カ国中172カ国）が参加し，多くのNGO代表も招集される大規模な会議となった。会議では「環境と開発に関するリオ宣言」が合意された。宣言では，ストックホルム宣言のさらなる発展が確認され，「持続可能な開発」の実践において世界のパートナーシップを構築するという目標が設定されている。さらに会議では，宣言の目的を実践するための行動計画である「アジェンダ21」「森林原則声明」「気候変動枠組条約」「生物多様性条約」などを，多くの国が批准した。

　リオ地球サミットによって，「持続可能な開発」の理念は，世界中に広く認識されるようになり，世界各国の開発政策にその理念が導入された。1972年のストックホルム会議から1992年のリオ地球サミットまでの20年間において，自然・生態系の崩壊にかんする問題は，国際機関や世界の中央・地方政府に加え，各国NGOなども関与して議論され，多くの対策が提案された。さらに環境教育も世界中の様々な教育・学習制度において広範に普及してきた。

　しかしこの間に，自然・生態系の破壊は，石油文明が世界中に拡大してますます激化した。地球サミットから10年後の2002年に，「持続可能な開発に関する世界首脳会議」WSSD: World Summit on Sustainable Development（通称，地球サミット2002，またはヨハネスブルグ地球サミット）がヨハネスブルグ（南アフリカ）で開催され，リオ地球サミット後の「持続可能な開発」の実施状況が点検された。当会議の結論は，「持続可能な開発」がリオ地球サミット以来の10年間にほとんど実践されていない，という評価であった[8]。

　「持続可能な開発」が実践されない背景のひとつには，ストックホルム会議いらい懸案となってきた「南北問題」がある。一方で，南の発展途上国側は現在の環境問題の素因がすべて先進国に帰する，と非難してその責任を追及する。また他方では，先進国側は発展途上国も，ともに地球規模の環境問題に取り組むべきだと主張する。両者間の溝は深く，さらに大国家間の利害も絡み，持続

可能な開発を実践する国際的連携は現時点（2016年）で実現しておらず、自然・生態系が崩壊する問題の解決には目途が立っていない。

　たとえば、国連気候変動枠組条約締約国第3回会議COP 3: The 3rd Conference of the Parties to the United Nations Framework Convention on Climate Changeが1997年に京都で開催され、温室ガス効果の削減目標を定めた「京都議定書」が参加各国によって採択されたが、南北諸国間の衝突や大国間の利害が絡み、その実効性はまったくなかった。2009年にコペンハーゲン（デンマーク）で開催されたCOP15でも南北諸国間の葛藤によって、環境問題を解決するための施策は先送りにされた。その後のCOPにおいて、環境問題の現実と脅威にたいする認識は次第に共有されたが、その対応策についての合意と実践はほとんど進展していない。

◢ 環境問題の根本的解決に向けて──「下から上へ」の実践

　こうしてみると、自然・生態系が破壊される危機の実態と原因については、生態学や経済学の研究ばかりでなく、1970年以来の国際会議などを通じても明瞭にされ、それらの深刻な事実は世界中の人々に共有されてきた。「環境の危機は、我々の生命を支えている自然のシステムを、無意識的にいためつけてきた遺産であり、世界の破壊に向かってゆく、おもてにあらわれないコストを示している」（コモナー 1971: 223）。

　環境の危機におけるコストは明るみに出されてきたが、そのコストの削減は困難をきわめている。環境の危機を克服するためにいま提唱され、現時点（2014年）で世界中に共有されている戦略が、「持続可能性の追求」である。それは、将来に向けて今から、人間社会の開発の規模や速度を緩やかに止めよう、そして経済成長をできるだけ抑えよう、という基本理念である。

　しかし、世界各国は、依然として高度近代化という統一目標の達成を志向している。その近代化の進捗度に南北間の格差があるため、南の発展途上国は急速な開発を諦められず、北の先進国でさえ、さらなる成長をめざして新たな開発を求める。高度近代化に向けて世界全体が開発に取り組み、そのために資本

主義経済で経済成長が企てられ，それによって社会全体の高度近代化が推し進められている。その結果として，当然，環境問題の危機は一向に改善をみない。

それでは，世界全体が資本主義経済を前提とする開発と経済成長を断念し，高度近代化にかわる時代の転換をはかり，それによって自然・生態系の再生と人間社会の存続を実現できるのだろうか。たしかに，資本主義経済と高度近代文明の現実は，人間社会の事象と制度の全体に深く浸潤し，それらの革命的転換は非現実的であり実践不可能にみえる。

しかし，前項でみた自然・生態系が成立する機構と環境問題の重症度とをみれば，資本主義経済と高度近代化が人間社会と自然世界の将来を破滅に導く可能性は，その転換の困難性と同程度にきわめて高い。もはや資本主義経済と高度近代化を前提とする環境危機への対応は，不可能と考えられる[9]。環境危機を経済成長や開発で対処しようとする対策は，ボードリヤール（1970: 33）が簡潔に表すように「成長による成長の治療」という対症療法にすぎないのだ。

そこで，人間社会は，社会の混乱をできるだけ招かず，経済や社会にカタストロフィーが生じないように，漸次的に高度近代社会を新たな仕組みに移行させねばならない。そのための実践過程においては，＜上から下へ＞，つまり国際機関や国家による命令系統で個人や地域にたいして「トップ－ダウン型」の移行を促すだけではなく，むしろ＜下から上へ＞，つまり個人の協同から自発的に地球規模の環境危機を克服する「ボトム－アップ型」の変革を着実にめざすのが妥当であろう。

そして，ここで想定されるのは，個人が環境危機に向けて価値観を転換し，それによって生活様式を転換して，自らが居住する生活空間内で他の個人と協同しながら，自然・生態系の再生に取り組むような，高度近代世界とは異次元の世界を構築するプロセスである。このプロセスこそ，「生活空間再生論」の社会構想にほかならない（→第1章）。

そこで，次に，環境問題の解決における困難な状況を把握したうえで，生活空間再生論によって実践される，生活空間や地域における「自然・生態系の再生」と，それによる「地球規模の環境問題の解決」について議論したい。

4　生活空間再生論と自然・生態系再生

生活空間再生論の構想

　国連が先導した国際諸機関による環境問題についての提言や条約によって，環境問題への取組が世界中に啓発された。企業が産業廃棄物の排出を規制したり，より多くの人々が生活廃棄物の削減を意識しはじめたりしている。世界各国の企業は，経済のグローバル化に伴う企業間競争の激化という状況下で，やむなくだが環境問題に対応し，また個人は，生活廃棄物を減らすための——たとえば節電，自家用車利用の自粛，ゴミの分別，リサイクル運動などといった——取組を主体的に実践し始めた。また，公害や環境問題がいち早く発生した先進国において，産業廃棄物や生活廃棄物をできるだけリサイクルする循環型社会を構想する動向もみられる[10]。

　しかし実状をみると，これらの環境問題にたいする措置は，今のところ，必ずしも順調に進捗しているとはいえず，それぞれの対策の実効性もあがっていない。企業は，相変わらず利潤の追求に熱心であり，環境問題の対策はしばしば二の次になりがちである。環境問題にたいする個人の取組も，全体の足並みがそろわず，いまだに中途半端な過程にある場合が多い。各国政府が主導する循環型社会の構造転換も，南北問題や各国の経済成長戦略という利害が複雑に絡むなかで，なかなか実現しそうにない。

　こうして，地球規模の環境問題を解決するためには，その啓蒙や政策がトップ－ダウン型で推進されるだけでなく，世界中の個人が，高度近代社会にかわる新たな時代や世界を志向して，意識や価値観を転換し，高度近代文明の弊害を主体的に超克せねばならない。そして，新しい意識や価値観を抱く個人が協同してめざすのは，「生活満足度の高い持続可能な生活空間」を再生することである。

　このような，新たな生活空間再生の実践を出発点として，国家や国際社会の経済・政治機構の再編までを想定した，「下から上へ」と漸次的に積み重ねら

れる変革がもとめられる。こうして，世界中の人々が新たな自然観と社会観を
脱構築し，自らの生活の場において自然・生態系を再生し，さらにその動向が
国家や国際社会の経済社会機構の再編成につながる，そのときにはじめて地球
の自然・生態系の再生が実現される。この構想における実践は，気が遠くなり
そうに長期的で複雑な自然発生的過程を，行きつ戻りつしながら漸次的に進み，
＜変わるべくして変わる＞のであろう。しかし，個人の意識や価値観が変わり，
個人が協同して地域が変わる徴候は，いま世界中で散見されるようになった。

　ここで想起されるのは，1980年代に国際化と地域社会との関係を表すのに多
用された「グローバルに思考し，ローカルに行動せよ」"Think Globally, Act
Locally"という標語である（平松 1990）。これは，生活空間再生論の社会構想
における漸次的アプローチにも連動する。すなわち，生活空間再生論では，個
人が地球規模の環境問題や南北問題の深刻な現実や地球のエントロピー除去機
構をグローバルに認識し，自らの生活の場に自然・生態系を取り戻すために
ローカルに行動する。そうした個人の行動は，単独になされるだけでなく，地
域住民と協同で取り組んでなされ，それによって実効性をみる。それは，＜自
然・生態系を基礎とする生活空間再生の実践＞である。

　そうした生活空間の再生を実践する手がかりは，日本ではすでに，「観光ま
ちづくり」の成功事例に看取しうる（→第1章3）。観光まちづくりの事例は，
住民が主体的に観光振興を活用して，自らの生活空間［住民の対面的社会関係の
構築が可能な，1㎢くらいの範域］を活性化する地域振興の一形態である。その
観光振興では，固有の自然・生態系や文化の魅力を観光資源として，その自
然・生態系や文化を訪問者との交流を通して保護したり再構成したりする。ま
たその観光振興は，経済効果が地域循環型となる仕組みを工夫している。

　たとえば，観光まちづくりの典型的な成功事例と評価される由布院は，地域
の文化や自然を観光資源とする生活観光を1970年代から表明し，以来，大規模
な観光開発を一貫して拒絶しながらまちづくりを推進してきた。そのまちづく
りには，地域の農業や牧畜を活用したイベントの開催，旅館の泊食分離，農業
の自給自足などによる経済の地域循環化が組み込まれ，地域固有の自然・生態

系が観光を通じて保全されている[11]。

このように自然・生態系を保全・再生する観光まちづくりの成功事例は，大都市ではなく，とりわけ地方の農山村に多い。また地方都市の事例では，後背地の農村と連携する農業とまちづくりの組み合わせもみられる。自然・生態系を再生する「まちづくり」が都市よりも農村やその近郊に多いのは，そこに自然・生態系がいまだ破壊されずに残る状況と少なからず関連していよう。そして，農業，とりわけ有機農業のような工業化されていない農業が，自然・生態系の再生に深くかかわる状況も，ある程度まで推察される。

ここで同時に，現代の都市がそもそも自然・生態系の破壊のうえに成り立つ生活空間である事実も浮かび上がる。その事実は，近代都市が自然・生態系を結果的に破壊する市場経済の生成とともに構築された現実から（→第2章2），自明である。現在の都市は，産業廃棄物と生活廃棄物を大量に排出する地球環境問題の源泉のひとつでもある（WCED 1987: 235-58＝1987: 278-302）。しかし国連の都市人口調査（*World Urbanization Prospects 2014*）によれば，小さな町から大都市まで，世界の都市の居住人口は，1950年の約3割から2005年の約5割弱にまで増加している。そして，日本全人口に対する都市人口は，国連の同資料によれば，約7割以上に達する。

このような現実をみると，都市の性急な解体や変革は，困難であるばかりか混乱をまねく。というのも，現代都市は，資本主義経済と相互に結びついて形成されたので，高度近代社会において資本主義経済に支配された大多数の人々の生活と相即不離の関係にあるからである。しかし，繰り返すように，高度近代社会の都市生活様式が資本主義経済体制と同時に変革されなければ，自然・生態系は崩壊して，地球も生命も壊滅する。そこで，生活空間再生論は，当面，都市部が農村部の成立を支えるような機構をも模索せねばならない。

そのさい，都市と農村が結合し最適なエントロピー除去機構の構築を実現した事例として，徳川時代の大都市「江戸」に注目できる。この事例については，エントロピー除去機構の観点から，玉野井・槌田・室田（1985: 248-51），槌田（1986: 150-3: 1992: 148-53），中村（1995: 83-88），室田（1987: 133-38）などが，

同様に取りあげている。それらの指摘にしたがって，次に江戸の生態系におけるエントロピー除去機構を整理しよう。

◢ 生態系の再生のための都市と農村の連携──大都市江戸の事例

　江戸は徳川幕府の成立期から商業資本主義の発展を遂げて大都市に成長し，その人口は──諸説あるが──100万人から250万人にも達したといわれる。さらに，明治維新後の東京市の人口は800万人を数えた。この約3世紀間，大都市・江戸の生態系はきわめて健全であった。その生態系は，近郊の農村地帯との間に水と表土を絡めた物質循環によって成り立っていた。この大都市・江戸と近郊農村地帯の関係は，現代の都市と農村の関係を生態系の再生の観点から考察するさい，多大な示唆を与える。

　生態系内で人間の生活に関係が深い栄養素や廃物は，重力によって「上から下へ」と流れ落ちる。この点を江戸においてみると，江戸の栄養素や廃物は，その背景にある山岳地帯から流れる江戸川（北関東の利根川水系の分流），荒川・隅田川など（秩父），多摩川（奥多摩）の水を通して江戸湊（東京湾）へ流れ落ちる。そこで，江戸を取り巻く生態系が健全に成立するための「物質循環」をつくるには，江戸湊から山岳地帯に向けた，つまり「下から上へ」──重力に逆らって──押し上げる流れがなければならない。江戸の生態系における，その押し上げる流れは，槌田（1986；1992）や室田（1987）によれば，自然の力とともにいくつかの人為的な力によってつくられた（図3-6）。

　江戸の物質循環における人為的な力の第一は，「玉川上水」や「水田灌漑用水路網」のような水と農業のかかわりである。現在の武蔵野あたりの台地は，表土が風で飛ばされるような荒れ地であったが，多摩川から玉川上水が人工的に開削され，飲料水が確保されて人が居住するようになり，武蔵野の雑木林が薪炭林として育成された。また，玉川上水や水車などを用いた水田灌漑用水路網で平野部が潤され，平野部は稲作をはじめとする広範囲な農作地帯に拓かれた[12]。また，生活雑廃水などはドブを伝い，川を流れて江戸湊に流れ出た。

　第二に，農村から都市への「農作物の供給」と都市から農村への「人糞尿の

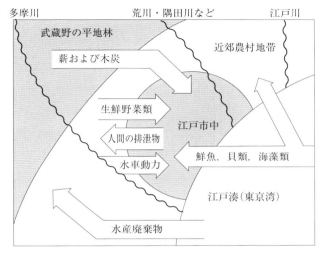

図3-6　大都市・江戸の生態系における物質循環
(出所：玉野井・槌田・室田 1984：250)

供給」という相互連関の物質循環がある。江戸郊外の農村は都市に生鮮野菜などを供給し，都市は住民の排泄物（糞尿）を農村に引き渡した。そのために，江戸の都市環境はきわめて衛生的であった。そして，農村ではその排泄物が堆肥原料の一部として活用されていた。

　そして第三は，江戸湊から獲れる「海産物の利用」という物質循環である。江戸湊には江戸の水系から生活廃水が流れ込んで富栄養化し，出口が20キロ前後の半閉鎖水域という地理的条件も重なって魚類，貝類，海草類の豊富な漁場となった。こうした半閉鎖水域の過富栄養化状態では，海中生物が繁殖しその廃物によって赤潮が発生しがちだが，江戸湊に赤潮が発生した記録はないという。それは，江戸湊の海産物が「江戸前」として消費されたからである。また，海から採れた雑魚の煮干である干鰯は，農業の肥料として農村で消費された。

　以上のように，重力で＜上から下へ＞流れ落ちる栄養素や廃物は，人為的に＜下から上へ＞押し上げられて活用され，そこに生態系の物質循環が形成されたのである。そして，＜下から上へ＞の自然の力には，槌田 (1992) によ

れば，鳥も重要な役割を果たしている。鳥は，農地の昆虫や魚，海の魚などを食糧とし（そして干鰯も啄み），それらを山まで運び上げて雛を養い，山に糞を落とす。この糞が山の養分となる。こうして鳥は，深海の養分を山の頂上まで持ち上げ，＜下から上へ＞という物質循環の一端を担う。「人が魚と鳥と人糞尿を利用して，新しい強制循環を発生させ，これにより自然の循環を育て，世界を豊かにすることが可能となる」(槌田 1992: 153)。

　以上のように，江戸にみられる都市と農村の関係は，現代社会の都市と農村の関係を構想するさいに多くの示唆を与える。江戸のような近世都市と高度近代化した現代都市では，その成立要件が次元を超えて異なるのだが，江戸の生態系生成という観点からみると，科学技術に支えられ，自然・生態系を排除する現代都市の異常さがむしろ際立つ。すると，「持続可能な地域社会」の新たな形態を構築するには，自然・生態系をすでに消滅させた高度近代都市の再生よりも，資本主義経済に呑み込まれて崩壊しそうではあるが，いまなお自然・生態系の基盤のうえに成り立つ農山村を再生することが，その近道のようにもみえる――しかも，農山村の地域社会には，対面的社会関係もしっかり形成されている。持続可能な世界の形成と農山村の再生との関係については，「生活空間再生論」の視点からさらに検討をくわえ，第Ⅱ部（第4章～第6章）であらためて議論したい。

◢ おわりに

　そもそも「持続可能性」が政策の目標として掲げられるのは，「持続不可能」な現実があるからにちがいない。資本主義と市場経済という装置を原動力に，1960年代いらい石油文明で世界中に拡大した高度近代化の大勢は，まずは先進国の経済的豊かさと引き換えに，地球規模の自然・生態系の破壊をもたらした。その後，高度近代化は世界各国の目標となり，かつて西洋によってアジア的停滞 Asiatic stagnation と特徴づけられたアジア諸国の経済も，急速な成長を達成し高度近代社会の形成を実現した。ところが，そうした高度近代化の動勢か

ら，地球環境はますます悪化している。

　そうした地球環境の問題を乗り越えるために国連が主導する「持続可能な開発」の取組は，大国間の利害や南北問題のような国際情勢などに阻まれて，ほとんど実践されていない。地球環境の再生は，ますます疾走する資本主義経済と高度近代化の機構を根本的に転換し，それらの猛威が衰弱しないかぎりむずかしい。しかし，高度近代化を方向転換するような高度近代社会の生活は，即座にできるはずもない。

　それでも，＜資本主義経済や高度近代文明の機構を切り換える生活様式＞，それを模索する努力の継続は，いまや切実である。そうしなければ，自然世界も人間社会も，エントロピーを増大させる資本主義経済や高度近代文明のために，やがて崩壊するだろう。そこで，「生活空間再生論の実践的原理」は，＜資本主義経済や高度近代文明に対抗する社会運動＞となる。そして，その社会運動を支える理論的基礎の構築において，生活空間再生論の自然・生態系研究と資本主義研究が，さらに前進されなければならない。

──────●第3章　注●──────

1）槌田敦（1982, 1986, 1992）のエントロピー論の成果は，玉野井（1978）の地域主義や室田（1979）のエントロピー論において，ほぼ共有されている。たとえば，エントロピー論にかかわる3者の共著には，玉野井・槌田・室田（1985）などの文献がある。

2）熱力学の「エントロピー」概念は，熱力学方程式の高度な数学で表記されていて，専門外の素人にはきわめて難解にみえる。槌田（1982, 1986, 1992）の文献は，「エントロピー」概念の本来の熱学的含意を踏まえ，その概念を社会現象などに適用しようとする。その他に「エントロピー」概念を一般読者に解説しようとする文献については，アトキンス（1984）がある。また，山本義隆（2008）は，「エントロピー」概念の生成について熱学の思想史を丁寧にたどりながら考察している。

3）地球の年齢は，松井（2007a）によれば，放射性元素の利用で測定されるようになった。「放射性元素の崩壊は個々の原子レベルではランダムな現象であるが，岩石中に含まれる放射性元素というレベルでは，ある一定の期間に半減するような規則性を示す。従って，初めに存在する放射性元素の量が分かっていれば，現在の量を測定することにより，その間の経過時間が推定できることになる」（松井 2007a: 44-45）。現在（2014年）のところ，地球最古の岩石の年齢は，39億6000万年前だが，

太陽系スケールでもっとも古い隕石の形成年代は，46億年であり，地球を含む太陽系の天体はこの頃に形成されたと推測されている（松井 2007a: 44-45）。

4）低エントロピー資源としての水がもつエントロピー吸収能力には，槌田（1982: 132）によれば，① 気化熱，② 比熱（冷却水），そして ③ 溶解力の３つがある。

5）生態系は，地域水系という定常開放系の中ではじめて，それ自体の定常開放系を保持する。この関係はすべての定常開放系の機構にあてはまり，ある定常開放系は，それを包含する定常開放系の内部でしか存続できない。そして，生態系の生物循環では物エントロピーが熱エントロピーに定常的に変換され，その熱エントロピーは，地域水系の水循環と大気循環を通して宇宙に放出される，というように，地球における定常開放系の地理的−物理的空間が，エントロピーを受け渡しながらそれを宇宙に除去する。

6）天然の有機物から産出される廃物は，すべて生態系の循環の中に還元されるが，化学合成物質は生態系の循環には受容されない。そのために，化学合成物質は，堆積するか，あるいはエネルギーと費用をかけて――エントロピーを発生させ，さらに廃物・廃熱を放出しながら――再処理されなければならない。

7）環境問題を惹き起こす「先進国のライフスタイル」として，ダイヤモンド（Diamond 2005: 372＝2012下: 188）は，次のような事例を挙げている。「家，電化製品，衣服，そして家庭や地元の手製ではなく，エネルギーを消費する工程で工業的に製造される消費者製品を手に入れること。精製された現代的な医薬品と，教育と設備の行き届いた医師や歯科医を利用すること。家畜糞の堆肥や植物の根覆いでなく，合成肥料によって高い生産速度で育てられた豊富な食物を食べること。なんらかの加工食品を食べること。徒歩や自転車ではなく，自動車――自家用車が望ましい――で移動すること。消費者のもとへ配達される地元の製品だけでなく，どこか別の場所で製造され，自動車で輸送されて到着するさまざまな製品を利用すること。」高度近代社会に暮らす個人の，こうした日常生活が環境破壊に荷担している。

8）ただし「地球サミット2002」では，「観光の持続可能な開発」，つまり「持続可能な観光」の実践については，たとえばエコツーリズムの実践などが高く評価され，今後の動向が期待されている（Johannesburg Plan of Implementation, Ⅳ, paragraph 43）。

9）環境危機の対処方法として，科学技術の素朴な信仰がしばしば議論される。しかし，科学技術の進歩は，資本主義経済の発展と密接に結びつき，経済成長と相互依存関係にあるため，その視野が近視眼的となる。そうした理由から，現時点（2014年）では，科学技術が自然・生態系の崩壊を制止できそうにない（コモナー 1971；槌田 1982；室田 1979）。また，高度近代社会の全面的変革の不可能性を主張して，工業資本主義industrial capitalismを生命資本主義biocapitalismへと転換する議論がある（ベニュス 1997）。この議論について，本書は，工業資本主義経済に根本的な問題があるゆえに，懐疑的である。

10）槌田（1992：162-65, 2007：103-11）は，近視眼的なリサイクルや中途半端な循環型社会について批判している。不適切なリサイクルによって石油などの化石燃料が必要以上に消費され，かえってエントロピーの増大を招く現状がある。日本でも，循環型社会などの構想と実践も政策的に推進されているが（エントロピー学会 2001, 2003），社会に広く認知されているとはいいがたい。

11）ただし，由布院の観光まちづくりでは，その観光地としての評価が高まることによって，1990年代末頃から日帰り観光客が急増した。そこに外部から経済効果を求める事業者が参入し，資本主義化が顕在化したために，由布院本来のまちづくりの理念が——それに対抗する，自動車乗入禁止策などのような，まちづくり施策がとられてはいるが——衰退した，と評価されがちである。訪問者からも，＜由布院がただの［普通の］観光地になった＞という感想が聞かれるようだ。

12）水が，前述のように，エントロピー除去の雑巾効果を有することから，水田による稲作農業は自然・生態系の保全に大きな貢献をする（槌田 1992：148, 168）。古代文明の農業は，主に小麦栽培や牧畜などの乾燥農業であったので土壌が不毛となって砂漠化し，そのために古代文明が崩壊した（カーター＆デール 1975；槌田 1992：142-45）。

第 II 部

理想への助走

　第 II 部は，持続可能な世界を構想する研究とし
て，現実の徴候に着目しながら，持続可能な生
活空間の統整的理念像を描きだそうとする。そ
のために，持続可能な生活空間の統整的理念像
を構築する手がかりとなる，限界集落の再生が
実践される山村の事例を考察する。

第4章
山村研究の視座

はじめに

　本章は，現代山村の再生という実践について，山村研究の成果から誘導される見方を踏まえながら，生活空間再生論の新たな視座を提供する。その視座は，「限界集落」問題から再生をめざす現代山村の実践が，生活空間再生論の取り組む「持続可能な生活空間の統整的理念像」を構築する手がかりとなりうる，という想定から呈示される。そして，山村研究の実践論において，資本主義経済と高度近代文明に対抗する「山村の再生」という，＜実践の新たな視座を設定する可能性＞も議論されるであろう。

　山村の集落社会は，一般的に，山地という地理的条件に立地するため，資本主義経済の趨勢に翻弄されながらも，都市社会から相対的に孤立し自立して存続してきた。資本主義経済における時々の盛衰に応じて，山村の生業形態は目紛しい変容を遂げるが，地形的な孤立化ゆえに，山村はつねに近代化の「周辺」に位置づけられる。しかし同時に，その孤立化ゆえに，多くの山村には，「自然・生態系」を基盤として，「対面的社会関係」に支えられた地域自給や相互扶助などにかかわる文化や制度が脈々と続いてきた。この「自然・生態系」と「対面的社会関係」の基盤は，生活空間再生論が呈示した「持続可能な世界」の2つの成立要件である（→第1章2）。そこで，生活空間再生論は，「現代山村」に焦点をあて，とりわけ自立性に着目しながら，「山村」の理念型を構成したうえで，その理念型を糸口として「持続可能な生活空間の統整的理念像」を

探究する。

　しかし，多くの現代山村はまた，「限界集落」問題という消滅の危機に直面している。この問題は，第二次大戦後の高度近代化が惹起した，山村の疲弊から生じた深刻な危機である。それでも，「限界集落」問題を抱えた山村のなかには，高度近代化に抗うかのようにその問題に立ち向かい，山村の再生を実践する集落社会がある。そこには，生活空間再生論の「持続可能な世界」構想を実践するかのような事例さえもみられる。こうした，現代山村の実態とその再生の実践における経緯については，後にみるように（→第5章・第6章），山村研究の業績で考察されている。

　現代山村の考察については，特に地理学によって有意義な研究成果が集積されてきた。それらの研究成果にもとづいて，本章は現代山村の実態とその再生の現実を整理したうえで，その結果を踏まえ，現代山村の再生について，生活空間再生論による「新たな実践の視座」を提供したい。

1　「山村」の理念型と力学

　はじめに，本章で議論する日本「山村」の概念を確認する。そのうえで，「山村」の概念にもとづいて，現代山村社会をその特殊状況から成り立たせる4つの「力動性」——① 自然の基盤化，② 孤立化，③ 自立化，そして ④ 周辺化——が呈示され，それらの力動性から「山村」の理念型が特徴づけられる。この「山村」の理念型は，現代山村の現実を考察する基本的な準拠枠となる。

「山村」概念

　近代化以降の日本における「山村」概念については，民俗学や地理学などの研究を中心に，山村行政の政策的観点からも探究されてきた（関戸 1997；千葉 1982；藤田 1981)[1]。そのさい，「山村」概念は，歴史学や民俗学の，特に柳田國男の「山民」論に連なる「山村－元型志向」研究からアプローチされ（柳田 1989a, 1989b；宮本 1964)[2]，また地理学の地形や経済状況などを探る「山村－実

態志向」研究からもアプローチされた (倉重 2012: 98; 宮口 1988: 159)。そこで,本章は,「山村」概念について,民俗学の「山村 – 元型志向」研究を踏まえながら,地理学などが近代史上で山村の社会的 – 経済的現実から導出した,「山村 – 実態志向」研究の業績を中心に構成する。

「山村 – 実態志向」研究の成果から浮かびあがるのは,「山村」概念を構成することの困難性である (岡橋 1988; 千葉 1982; 藤田 1981; 宮口 1988)。山村の事例調査や歴史研究によれば,山村の現実には地域の多様性が顕著にあり,そのうえに山村ごとに幾多の歴史的変容をへた実態がみられる。それゆえに,山村研究において統一的な「山村」概念を導出することは,不可能であるようだ。たとえ定義されたとしても,その概念は,山村の現実の多様さを捨象してしまうがゆえに,無意味などころか有害にさえなりかねない。

しかし,本章は,「現代山村」の理念型を構築するための土台として,日本の「山村」概念を,山地という地形条件に着目する立地論的観点から,一般的かつ包括的に定義しておきたい。そこで,立地論的「山村」概念について,山村の「元型志向」研究と「実態志向」研究の業績を踏まえた,宮口 (1988: 159) による「山村」の定義を借用する。すなわち,山村とは,「山地に存在し,山地のもつ様々な要素がそこにおける生活の成立に大きく機能しているような集落社会」である[3]。

◢ 現代山村の理念型と成立の力学

山地にある集落社会という「山村」の立地論的定義にもとづいて,さらに「現代山村」の成立における「理念型」を構成する。現代山村とは,日本の近代化以降に原型が形成され,その後,第二次大戦を経て高度経済成長期から資本主義経済と高度近代化の浸透で急激に変容し現在にいたる,「歴史的個体」(ヴェーバー 1904b) としての山村である[4]。

また理念型は,いうまでもなく,ヴェーバー (1904b) が呈示した,研究対象の歴史的個体を認識・説明するさいの根拠となる概念的装置であり,本章も基本的にその方法論に倣い,現代山村の理念型を構築する。現代山村の理念型は,

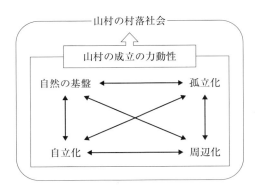

図4-1　山村社会の成立における力動性

その研究事例の平均的な特徴や共通する要素の抽出によって組成されるのではなく，山村の立地論的定義にもとづき，従来の山村研究の成果から誘導される力学dynamicsによって構成される[5]。

　そこで，山村研究の業績から（秋津 2000; 岡橋 1988; 倉重 2012; 関戸 1997; 西野 2012; 宮口 1988），現代山村の成立において，① 自然の基盤化，② 孤立化，③ 自立化，そして ④ 周辺化という，4つの力動性が誘導される。これらの力動性は，本来なら同一の概念的次元に並置できず，現代山村の実態を別々に現出する特性である。しかしここでは，それらの力動性を同一平面上に置換して，それぞれの力動性が他のすべての力動性と不可分に連関しあう状態を図4-1に表す。この図にもとづいて，4つの力動性がそれぞれに作動し絡み合う状況から，現代山村の成立における理念型を描き出してみよう。

　第一に，現代山村の集落社会は，山地という**自然の基盤化**のうえに成り立つ（市川・斎藤 1979; 岡橋 1988: 172）。これは，山村の根本的特徴とみなせる。山村における個人と地域の生活状況は，＜山地という自然の基盤化＞に決定的に条件づけられる。山の自然環境は，そこに居住する人々の生活に様々な恩恵をもたらすと同時に，様々な困苦をももたらす（→第5章2-2）。山中の自然環境はその生活圏に厳しい条件を与えると一般的に連想されがちだが，20世紀末以降には，近代化による自然破壊を反省し，環境主義の見地から山村を再考

する試みもある（秋津 2000: 176-77）。また，生活空間再生論は，山村における山地という「自然の基盤化」こそが，人間社会の成立要件に適合するとみなす（→第 1 章 2 ）。

　人間とその社会は，もともと自然と生態系から切り離せない一部分であるはずだが，近代化とともに自然から自立し，自然を制御するかのように振る舞ってきた。そして，近代化に伴い都市化が進展するにつれて，＜人間と自然との結びつきは途切れた＞かにさえみえる。しかし，いまだに自然という基盤につながって社会が成り立ち，自然と不可分に人間が生活する現実もある。このように，＜自然が基盤となって社会が成り立つ特徴＞を，「自然の基盤化」とよぶ。

　それにしても，山地の自然条件は，全般的にみるとやはり厳しい障害物となり，山地と平地の交通・通信などを遮断しやすい。そこで，山村の第二の力動性として，**孤立化**が浮上する。「地形によって隔てられた山間の集落は，その規模の小ささと生産力の低さ故に，社会的分業の成立しにくい社会であった」（宮口 1988: 160）。現代山村では，道路，輸送手段，通信手段などのインフラストラクチャーが整備され，その孤立度は従来よりも解消されたが[6]，それでも生活圏の孤立度や住民の孤立感はいまだ高い。とりわけ山中奥部の隔絶集落は，しばしば「陸の孤島」とよばれる状況である。

　こうして，「孤立化」とは，ある社会が地理的−物理的条件あるいは／および社会的−心理的条件によって，＜他の社会との交流や交通が阻害されたり遮断されたりする結果から生じる社会状況＞をいう。山村は，そもそも山地に位置するという，地理的−物理的条件によって，平地社会との交流・交通が希有となりがちなために孤立化する。

　こうした山村の孤立化ゆえに，山村の生活と地域社会は，第三の力動性として**自立化**をそなえている。外部から孤立するために完結した生活圏となる山村において，住民世帯は，各戸の複合的生業による自給を基礎として，集落内の互酬・相互扶助で支えられる生活を営む（宮口 1988: 160; 関戸 1997: 287）。このような山村社会の多くは，伝統的に，社会的・文化的・経済的に孤立して自立

した「惣村」(蔵持 2002: 185-94; 黒田 1985; 藤木 2010) ないしは「自然村」(鈴木 1966) として成立した。したがって，自立化した山村の「村」という言葉は，行政の単位を意味するよりも，特に住民の間で，いまも＜自然発生的な固有の生活集団としてのムラ＞を意味する傾向にある (千葉 1982)。そうした「村」の概念は，本書で「ムラ」と表記される。現代山村では孤立化が緩和され，その経済的自立性は縮減してきたが，それでも現代山村に生じた「むらおこし」や「まちづくり」の事例では，山村の伝統的な「自立化」したムラという実態が，その大きな役割を担っている (岡橋 1988: 170)。

　最後に第四の要素として，如上の３つの要素が絡み合うなかで，山村の近代史において常態化した**周辺化**がある[7]。そもそも日本の山村は，近世における商業資本主義の発展期いらい常に経済や近代化において都市－中心の周辺に位置づけられ，資本主義経済の浮き沈みに翻弄された。近代化や資本主義経済の恩恵は，山村にほとんど及ばない。そうした山村の特徴を，ブローデル (1966: 48) は『地中海』(1966年) の冒頭で端的に指摘する。「山は，ふつう，都市や低地国の創造である諸文明から離れた世界である。山の歴史，それは諸文明をいささかも持たないことであり，ほとんどいつも文明普及の大きな流れの周辺にあることである」。これは世界中で普遍的な山村の力動性といえる。日本でも近代化がはじまった後に，山間部の村落は近代文明から取り残されがちであった。

　それでも，平地部の資本主義経済が現代山村においても次第に浸潤すると，山村は資本主義経済の「中心」から最「周辺」に位置づけられ，山地特有の原材料や食料といった一次産品を「中心」に供給する「周辺」地域となった。そして，山村の経済は，「中心」の構造的転換や不況などの動態に伴う影響を即座に受けた。平地部の景気が悪化すると，現代山村は直ちに経済的危機の状況に陥る。そして高度経済成長期後の現代山村では，「周辺化」による経済的停滞が恒常化した。

　ここで「周辺化」とは，資本主義経済の不均等発展がある社会で地理的－空間的に拡大した結果として，当該社会において「中心―周辺」center-periphery

構造が形成され，そのときにある＜地域社会が「周辺」に位置づけられる現実＞をいう[8]。周辺化は，資本主義経済における開発機能が集積した拠点である「中心」から経済活動域としての市場が拡張した，辺縁部の最前線となる事態である。「周辺」は，「中心」に開発機能の基礎財を提供し，その機能を補助・補完する過程で，「中心」によって経済的・社会的に支配―収奪される。そして，資本主義経済が原動力となって産みだす近代文明は，資本主義経済の構造の「中心」から「周辺」へ向けて漸次的に浸透したが，ブローデル（1966: 48）が指摘するように，「文明は山には登らない」ので，そのために＜山村は近代文明から取り残される＞。

　こうして，4つの力動性から成り立つ「山村」の「理念型」は，次のように特徴づけられる。すなわち，「山村」は，山地という「自然の基盤化」によって平地から「孤立」し，近代化の「周辺」に位置づけられるが，住民が相互扶助で「自立」する集落社会である。そして，山村の理念型を構成する，如上の4つの力動性は，山村が＜高度近代化に取り残される要因＞であると同時に，＜高度近代化の弊害に晒されにくい要因＞であるとも考えられる。そこで次に，山村と近代化との関係について，山村の理念型に準拠して考察し，さらに現代山村がいま近代化といかに向き合うかを探りたい。

2　生業類型からみる山村と近代化の関係

　本節は，山村社会の理念型を構成する4つの力動性——① 自然の基盤化，② 孤立化，③ 自立化，④ 周辺化——が，近代化によっていかに変容し，また変容しなかったのかを考察する。そのさい，山村固有の社会形態を成り立たせる「生業」に焦点をあて（市川・斎藤 1979: 岩田 1984），その生業が近代化でどのように変容し，その変容に4つの力動性がどのようにかかわりあうかを分析したい。

表 4-1　ブナ帯における農林業集落の類型

Ⅰ．原初的類型
1．自給的畑作農業＋副業（木工品製造・狩猟・自然物採取）
2．自給的畑作農業＋畜産（牛・馬の生産）
Ⅱ．山村における発展類型
1．自給的畑作農業＋林業・製炭＋林業賃労働
2．自給的稲作農業＋林業・製炭＋林業賃労働
3．自給的稲作農業＋野菜の抑制栽培
4．野菜の抑制栽培
5．野菜の抑制栽培＋畜産（酪農・肉牛の生産・肥育）
6．畜産（酪農・肉牛の生産・肥育）
7．自給的稲作農業＋林業・林業労働
8．3・4・5・6・7＋観光事業

注)「Ⅲ．平地における発展類型」は省略
(出所：市川・斎藤 1979：101)

◢ 山村の生業類型と山村「理念型」の力学

　日本の山村における社会形態を基礎づける生業類型については，市川・斎藤 (1979) の「ブナ帯農耕文化試論」を援用する。「ブナ帯」とは，照葉樹林帯の北辺および上限に位置する，植物生態学でブナ群団に代表される地帯である（市川・斎藤 1979：84）。日本列島はほぼ，このブナ帯に位置づけられる。市川・斎藤 (1979：84) は，京都学派（上山 1969；上山・佐々木・中尾 1976）が日本文化の基層生態系として提唱した「照葉樹林帯」概念にたいして，その外延の過度な拡張から生じる問題を指摘したうえで，日本文化の基層生態系を特定するために「ブナ帯」概念を呈示した。この「ブナ帯」の農耕文化について，市川・斎藤 (1979：101) は，環境論的アプローチから，フィールド・ワークによる検証にもとづき，表 4-1 の「ブナ帯における農林業集落の類型」を導出している。

　この類型化にもとづき，以下では，山村の生業類型を通して，山村の理念型の力動性が，いかなる集落社会形態を成立させるかを考察する。

◢ 近代化以前の生業類型と力動性

　日本近代以前の山村における典型的な原初的生業類型は，「自給的畑作農業＋

副業（木工品製造・狩猟・自然物採取）」（表4-1 I.1.）に特徴づけられる。日本では，「自給的畑作農業」として「焼畑耕作」が有史以前から行われていた[9]。焼畑農耕は，律令制下における条里水田の造成，中世の墾田，近世における新田開発などの過程で減少し，その後には農作条件の劣悪な山間部に限定された（市川・斎藤 1979: 91）。しかし，山地の地理的条件で「孤立化」する山村では，畑作が第二次大戦後の1950年代までつづいた事例も少なくない。「隔絶山村では，用水路や水田を造成する資金と技術を持ち合わせておらず，また永久畑では施肥を必要とするので，広大な林野に野火をつけて造成する焼畑農業に頼らざるをえなかった」（市川・斎藤 1979: 91）。

　ブナ帯山村の焼畑農業は，穀菽農業と特徴づけられる（市川・斎藤 1979: 95）。すなわち，焼畑農業の基本的作物は，アワ・ヒエ・モロコシ・陸稲・ソバなどの雑穀類，大豆・小豆・インゲンなどのマメ類，そしてサトイモ・馬鈴薯などのイモ類である。日本では，水田耕作が可能なかぎり水稲が栽培されたが，ブナ帯山村では，水田面積や気象の劣条件から水稲が限定されたため，穀菽農業が主流となった。

　山村の原初的生業類型の自給的畑作に加えた「副業」としては，① 木工品製造，② 狩猟，そして ③ 自然物採集，という３つの生業が一般的である（市川・斎藤 1979: 88-90; 宮本 1964: 90-113）。第一に「木工品製造」では，木地師がブナ帯のブナ・トチ・ホウ・サワグルミなどの森林資源を用い，箆，杓子，椀，曲物などの素地を作製した（市川・斎藤 1979: 89-90）。木地師の由緒書や免許状などの木地師文書は，平安末期から現れている（宮本 1964: 80-99）。第二の「狩猟」も，隔絶山村で職猟としての生業であった（市川・斎藤 1979: 88-89）。その典型的な事例として，東北地方から中部地方北部にかけての山村には，クマやクラシシ（カモシカ）などの大型獣を追う狩猟民のマタギが居住していた（宮本 1964: 29-58）。そして第三に「自然物採取」は，ブナ帯の植生に特徴づけられる「山の幸」を採集する生業である（市川・斎藤 1979: 87-88）。それらの山の幸には，トチ・クルミ・クリ・ドングリなどの堅果類，ワラビ・クズ・カタクリなどの根茎類，そしてマエタケ・ヒラタケ・エノキダケ・ナメコなどキノコ類などが

みられる。

　こうした「自給的畑作農業＋副業（木工品製造・狩猟・自然物採取）」（表4-1Ⅰ.
1.）という原初形態の生業類型で成り立つ山村の生活は，根本的に山地の地
形条件という「自然の基盤化」に規定され，「孤立化」のなかで「極めて多種多
様な生産活動の組み合わせ」（宮口 1988: 159）によって「自給」された。近代以
前の山村は，木工品製造などを通じた平地農業との交通が僅かにあったにせよ，
「孤立化」し，自給によって「自立化」する静態的な集落社会であった。そして，
山村の原初的な生業のなかには，近代化後も今日に至るまで，その規模や形態
が変容しながらも，今なお営まれているものもある。

◤ 近代化以降の生業類型と山村社会

　明治維新後の近代化から第二次大戦後にかけて，山村の生業類型は，原初形
態の「自給的畑作農業＋副業（木工品製造・狩猟・自然物採取）」（表4-1Ⅰ.1.）
から，主に「自給的畑作農業＋林業・製炭＋林業賃労働」（表4-1Ⅱ.1.）や
「自給的稲作農業＋林業・製炭＋林業賃労働」（表4-1Ⅱ.2.）へと変化する。
とりわけ後者の「自給的稲作農業＋林業・製炭＋林業賃労働」（表4-1Ⅱ.2.）
が，現代山村の生業類型につながるもっとも一般的な類型とみなされる。

　山村の「稲作農業」は，日本近代化の一端である農業技術の発展によって山
地にも可能となった。水稲は，冷涼なブナ帯における山村の本源的作物ではな
かったが，近代化によって水稲の栽培限界が中央高地の高冷地や東北・北海道
の寒冷地にまで拡大したのである。「山村と言われるものの多くは実は奥まっ
た農村」（千葉 1950: 7）となったが，近代化後も多くの山村の農業は自給の度
合いが高かった。また，近代化と資本主義経済が山村に浸潤した影響から，多
くの山村に導入された典型的な生業として，①養蚕（表4-1には未掲載）と②
製炭の2つがある。

　一方の「養蚕」は，製炭とともに，1910年代から1930年代にかけて山村の主
要生業となった（秋津 2000: 158-65; 松山 1986: 158）。「養蚕は明治以降，第二次
大戦前まで，稲作に次ぐ重要な商品生産であった」（市川・斎藤 1979: 99）。こ

の生業が山村に広く普及したのは，日本の工業化や資本主義経済の諸制度が経済恐慌や不況に陥りながらも定着し，近代化全体の趨勢が平地から山村に浸透した時期である。

　ただし，「ある山村の主要産業が養蚕であった時代も，その村が，養蚕に最適の自然条件を有していたわけではない」（宮口 1988: 161）。養蚕の基礎となる桑は，照葉樹林帯の作物であり，ブナ帯の冷涼地や寒冷地では生育期間に制約があり，蚕の飼育回数が少ないために生産性が低い（市川・斎藤 1979: 99）。山村で養蚕が生業となったのは，「より最適な自然環境を有する地域で，より価値のある別の産業が成立していたからに過ぎない」（宮口 1988: 161）。資本主義経済が山村にまで拡張した現実において，養蚕という生業には，都市−中心・対・山村−周辺という資本主義経済の従属論的構造が鮮明に投影されていた[10]。

　もう一方の「製炭」は，木材を材料とするので山村に適した古来の生業といえる。「タタラ・野鍛冶など工業用に使用された木炭も少なくなかったが，それらが石炭などの代替燃料に代わるにつれ，木炭はおもに家庭用と養蚕の暖房などに使用された」（市川・斎藤 1979: 92）[11]。1910年代から1930年代に，近代化にともなう都市化が進展すると，都市生活における木炭需要の増大から，木炭生産は恐慌や不況に伴い浮沈しながらも増大した（秋津 2000: 163-64; 市川・斎藤 1979: 92）。こうした木炭の生産は，その消費市場とつながる交通路の整備とも密接に結びついていた（市川・斎藤 1979: 92）。また第二次大戦時とその前後期も，燃料不足などから製炭による森林乱伐の時代となっている（宮口 1988: 160）。しかし高度経済成長期の燃料革命によって木炭生産量は1960年代から減少し，林業生産も，30年間続いた木炭行政から造林行政へと変更された（市川・斎藤 1979: 92）。こうして，山村の主要生業であった製炭は衰退し，それが山村の若者が都市に流出した主要因のひとつとなる。

　こうして，近代以降の山村における「自給的畑作農業＋林業・製炭＋林業賃労働」（表4-1Ⅱ.1.）や「自給的稲作農業＋林業・製炭＋林業賃労働」（表4-1Ⅱ.2.）という生業形態は，近代化の影響に晒されて資本主義経済に組み込まれ，「孤立化」や「自給化」の度合いが低下した。そして，山村は景気の好

不況に左右されるので，そこには「周辺化」による経済的停滞化が常につきまとう。それでも山村は，都市や平地農村に比べると，相変わらず山地の「自然の基盤化」に支配され，「孤立化」と「自立化」の度合いは高い。そうした山村の状況は，近代化や資本主義経済の尺度から，山村の後進性として判断され，山村振興の政策がしばしば策定された（秋津 2000: 167-68; 関戸 1997: 282-89）。近代化によって，山村はあらためて資本主義社会の「周辺」に位置づけられたのである。そして，第二次大戦後の高度近代化はさらに，現代山村が存亡の危機に直面する深刻な問題をもたらすようになった。

■ 第二次大戦後の生業類型と現代山村社会

　第二次大戦後の山村の生業類型は，「ブナ帯における農林業集落の類型」（表4-1）における「山村の発展類型」（表4-1Ⅱ）のなかの6類型に特徴づけられる。つまり，それらは，① 自給的稲作農業＋野菜の抑制栽培（表4-1Ⅱ.3.），② 野菜の抑制栽培（表4-1Ⅱ.4.），③ 野菜の抑制栽培＋畜産［酪農・肉牛の生産・肥育］（表4-1Ⅱ.5.），④ 畜産［酪農・肉牛の生産・肥育］（表4-1Ⅱ.6.），⑤ 自給的稲作農業＋林業・林業労働（表4-1Ⅱ.7.），そして ⑥ 以上の5つの類型に「観光事業」を加えた生業類型（表4-1Ⅱ.8.）の6類型である。これらの生業類型はほぼ，第二次大戦後に政府機関から奨励されて形成された。そのなかでも，現代山村においてもっとも一般的な生業類型は，⑤「自給的稲作農業＋林業・林業労働」（表4-1Ⅱ.7.）である。

　森林を伐採して木材資源を生産する「林業」や，関連の「林業労働」が，製炭とは別に，生業として日本の山村に広く取り入れられたのは，第二次大戦後の1950年代後半からであった。「大都市の近郊や徳川時代の政策等によっていくつかの林業に特化した山村が育ってきたというのが実状であって，近年の拡大造林面積の大きさから連想して，多くの山村で林業生産が確立していたと考えるのは基本的な間違いである」（宮口 1988: 159）。多くの山村は，高度経済成長期の燃料革命で製炭の生業が衰退したため，山村振興を目的とする公共投資を受けて拡大造林に取り組み，木材生産の林業を主たる生業とした[12]。1950年

代後半から1970年代にかけて，山村は広葉樹を伐採し，針葉樹を植林する，分収造林方式による拡大造林を推進した（秋津 2000: 175；宮口 1988: 160）。「木炭製造のための乱伐の時代に続いたことが，公的資本の投下による画一的な拡大造林（分収造林）の実施を容易にした。高度成長による公的財源の安定はこのことを助長し，山村の多くの人々が造林労務に雇用された」（宮口 1988: 160）。

　しかし，山村における木材生産の生業は長くは続かなかった。山村の拡大造林化と同時期に，木材需要の増大に対処する木材輸入の自由化も，1960年代から段階的に推進され，1964年に全面的な輸入自由化が実施されると，高騰する国産材にたいして，安価な外材の流入が急増した。日本の木材自給率は，1955年の94.5％から2011年には26.6％となっている（林野庁 2009『平成21年度森林・林業白書』農林水産省）。拡大造林の結果として，「面積1000万ヘクタールを越える世界一の人工林面積が達成されたのであるが，この多くは再生産の経験のない造林地である」（宮口 1988: 160）。国産材の価格は，1980年にピークとなった後に下落しつづけ（林野庁 2009『平成21年度森林・林業白書』農林水産省），「木材で生計を立てるという〈山村〉の目論見はもろくも崩れてしまった」（秋津 2000: 175）。そして，1980年代後半以降には，現代山村の生業としての林業はほとんど消滅した。

　日本の山村全体が高度経済成長期の資本主義経済に不可避的に巻き込まれるなかで，様々な状況や諸条件から拡大造林による林業に取り組まなかった山村は，高冷地農業の「野菜の抑制栽培」や「畜産」などを生業として（市川・斎藤 1979: 100），特定の商品作物の生産で資本主義経済に結合している。これらの生業は，高度経済成長後の経済動向に多大な影響を被りながらも存続する。

　このように，山村は，山地という険しい「自然の基盤化」のうえで「孤立化」と「自立化」を近代化後もある程度まで保ったが，第二次大戦後に高度近代化の趨勢に席巻されて補助金や公共事業が投入されたため，山村の外部依存性は拡大した（岡橋 1988: 170）。それでも，高度近代化の強大な勢力下においてさえ，「自然の基盤化」「孤立化」「自立化」という山村の力動性は完全に消滅したわけではない。むしろそれゆえに，山村は高度近代化から取り残され，「周辺化」

による経済的停滞が恒常化して，それが根本的な問題となって存続の危機に陥った。資本主義経済の形態が急激に金融化，情報化，グローバル化と転換するなかで，高度近代化は1980年代以降にもさらに進展したため，多くの山村が存亡の危機に直面した。また，一部の山村では，総合保養地整備法（1987年）が施行されたバブル景気時に，観光開発で「自然の基盤」が破壊された。

　以上のように，本節は，近代化によって山村の生業類型が転換するなかで，その転換と相互に連関して，山村の理念型を特徴づける4つの力動性，つまり①自然の基盤化，②孤立化，③自立化，そして④周辺化も変化した事実を検討した。近代以前の山村の現実は，その原初形態の生業類型からみて，山村の「理念型」を特徴づける「自然の基盤化」「孤立化」そして「自立化」という力動性を具現している。そして，近代化後の山村における生業類型は，資本主義経済の展開にともない，都市経済から国民経済に巻き込まれる状況で転換した。さらに第二次大戦後に経済復興して，高度経済成長期から高度近代化が始まる時期には，山村の生業は，国民経済から国際経済にまで呑み込まれて多様化するとともに，それらの生業の成立には様々な点で外部依存性が増大する。近代化の趨勢が山村における「生業類型」の転換を余儀なくしたことによって，山村の「自然の基盤化」「孤立化」「自立化」は弱体化した。

　しかし，それでもなお，世界中を席巻した高度近代化の強大な勢力さえもが，現代山村の「自然の基盤化」「孤立化」「自立化」といった集落社会の力動性を完全には呑み込めなかった。そのために現代山村は，高度近代化から取り残され，経済的停滞の常態化を余儀なくされた。やがて，山村は高度近代社会の最「周辺」部に組み入れられた。山村の「周辺」経済は，「中心」経済の盛衰によって，そのときどきに甚大な影響をこうむる。都市は，経済が栄えると山村の人口を労働力として吸収し，また衰えると，山村の貧困化を真っ先に誘発する。このように，第二次大戦後の現代山村が高度近代化のなかで直面した，全滅さえ懸念される危機について，次に検討してゆく。

3　現代山村の衰退と限界集落問題

　日本山村が高度経済成長期から現在までに衰退した実態について，はじめは都市に流出した人口社会減による「過疎化」という言葉で，その後には少子高齢化の人口自然減による「限界集落」という言葉で象徴的に特徴づけられる。両方の言葉とも，マス・メディアによって山村における現実の悲愴な側面が集中的に喧伝され，また行政が対応政策の緊急性を強調する目的から多用された（山下 2012; 米山 1969）。

　ともあれ，「過疎化」と「限界集落」の言葉には，日本中の山村全体が消滅しかねない実状が，端的に表されている。実際に，1960年代の「過疎化」問題では，挙家離村で消滅した山村集落が，その精確な数は不明だが，少なからず存在した（米山 1969）[13]。また，その後の「限界集落」問題については，国土交通省の1999年（過疎地域における中心集落の振興と集落整備に係る調査）と2005年（国土形成計画策定のための集落の状況に関する現況把握調査）の 2 つの関連調査の結果によれば，その 6 年間に191の集落が消滅している。

　しかし，山村の現実を多くの事例から様々な角度で綿密に調査した学術的研究の結果には，ジャーナリズムや行政が部分的に映し出した悲惨な様相とは異なる山村の側面も浮かびあがる。そうした山村の学術的研究が剔出した山村の実態について，次にみてゆく。

◢ 第二次大戦後から高度経済成長期における山村の衰退

　第二次大戦後の山村の深刻な疲弊は，当時の日本が先進国と歩調を合わせた，高度近代化のもとで発生した（→序章 1 ）。高度近代化が山村に及ぼした弊害は，まず，上述のように，山村の「過疎化」であった[14]。山村は，山地という地形的条件から高度経済成長期の基幹関連産業を誘致できず，山村の若年者層は，急拡大する都市の労働力需要に応じるかたちで離村した。高度経済成長期の前半には「村に残りたいという若者を，親が説得して都市へ就職させたケース」

の方が，むしろ多かった（宮口 1988: 162）。また，特に西日本の隔絶山村では，1960年代から70年代に挙家離村による集落の消滅も多くみられた（作野 2006: 266; 米山 1969）。そもそも山村の過剰人口が都市部に吸収され，都市部と山村部の広域でみれば，労働人口が棲み分けられ平準化されたという見方もあるが（山下 2012: 111-118; 米山 1969: 27），山村集落社会における存続の危機が発現した根本的原因は，過疎化であった（山下 2012: 118-20）。

　高度近代化はまた，前述のように（本章2），山村の目紛しい「生業の転換」をもたらした。近代化の当初から山村の主要な生業となった「養蚕」と「製炭」は，高度経済成長のなかで，重化学工業の推進に伴う燃料革命などによって衰退した。そのために，山村の生業は，都市の木材需要に対応し，「木材生産」などの林業に転換された。しかし，その林業も，一時的な活況をみせたものの，1960年代以降に外材の輸入が拡大し，また1970年代初めには経済が高成長期から低成長期へと急変したため，短期間のうちに衰退した。こうした，高度近代化を背景とする山村の生業の転換から，それ以降には，山村の経済基盤と住民の生活状況は不安定となり，現代山村の「周辺化」による経済的停滞化は常態化した。

　さらに，高度近代化によって，山村の「孤立化」と「自立化」が弱体化し，その外部依存性は増大した。山地の地形に起因する山村の「孤立化」と「自立化」は，これまでにもみたように，一面で高度近代化の阻害要因であると同時に，他面では山村の地域自給を可能にしたので，山村固有の生活環境を形成する力動性でもある。それにもかかわらず，高度近代化の強大な勢力を背景とする資本主義経済の浸潤によって，山村の経済は疲弊した。

　そこで，政府や政府機関は山村振興に向け，林業振興のための「林業基本法」（1964年），「山村振興法」（1965年），そして「過疎地域対策緊急措置法」（1970年）といった法律や施策を立て続けに執行し，山地のダム建設や道路工事などの公共事業を履行した。「経済成長の過程における公共予算の膨張は山村への公共投資を増大させ，道路工事や拡大造林事業への就労が，山村での通常の賃収入となった」（宮口 1988: 160）。しかし，そうした政府の政策は，山村の過疎

化の根本的な解決策とはならなかった。その政策の結果として，かえって山村集落社会における構造や固有の伝統文化などが消滅し，その「自立化」や「自然の基盤化」さえも破壊した。

　こうして，経済が高成長した1960年代の後，1970年代当初から低成長期になると，山村の人口流出は鈍化して，その人口動態は安定し始めた。ところが，流出した若年者層は帰村せず，また新規入村者もないため，1980年代以降には「新過疎化」問題が発生した。すなわち，1960年代の「過疎化」時に山村に残り，そこに居住してきた住民の少子高齢化が進んだため，山村人口の自然減が懸念されるようになったのだ。同時に山村の高齢化によって，その集落機能が解体したり山の自然が荒廃したりするといった，深刻な問題が山村において次第に顕在化し始めた（大野 2005）。

◼️ 21世紀の現代山村が直面する「限界集落」問題

　その後，山村の存続を揺るがす日本経済の動向をみると，経済は，1980年代前半の安定成長期から80年代後半の繁栄期をへて，90年代初めにバブル景気崩壊で失速した後には低迷期がつづいている。1980年代前半の日本経済では，ドル高円安傾向から輸出主導型の安定成長によって経常収支の黒字幅が拡大し，さらに80年代後半には，プラザ合意以降の円高による製造業の不振はあったが，公共投資拡大の積極財政で不況は短期間に終息した。その後に，民間消費の拡大で景気が浮揚してバブル景気を迎えた。1980年代後半には日本全体でバブル景気の繁栄に浮かれた感があるが，山村では存続の危ぶまれる事態が，新たに次々と生じている。バブル景気の崩壊で日本経済が失速した後には，山村はいっそう厳しい経済的低迷化に陥った。そうした事態のなかで，「新過疎化」問題が，山村存続の限界化と消滅を招くとして注目され始めた。

　「新過疎化」問題が進行する現代山村を現地調査した大野（2005）は，1988年に山村が消滅の危機に瀕した深刻な実態を，「限界集落」という用語で問題提起した。「限界集落」とは，「65歳以上の高齢者が集落人口の50％を超え」，集落の少子高齢化で集落機能の低下や生活環境の荒廃が生じた結果として，消滅

の危機に直面する集落である（大野 2005: 22-23）。そうした「限界集落」の実態は，当時の政治的・行政的施策と絡んで，マス・メディアが山村集落の限界化を消滅が差し迫った事態と報道したため，現代日本社会の「周辺」部が抱える社会問題として一般的に認識されるようになった（山下 2012: 33-35）。確かに多くの限界集落が消滅の可能性を含む深刻な危機に直面しているが，個別の限界集落の現実は，後述の限界集落研究の視点からみるように，個別集落ごとに多様性があり，なかには住民が協同して集落機能を維持し，集落社会の活性化を志向する集落さえみられる（大江 2008; 寺岡 2003; 山下 2012）。

◢ 限界集落における「三つの空洞化」問題

　それでも「限界集落」問題の現実は，全般的に深刻である。「限界集落」問題の現実について，小田切（2009）は，中山間地域における ① 人，② 土地，③ むらという「三つの空洞化」として特徴づける。第一に，「人の空洞化」とは，集落の人口が減少し，そこに居住者がいなくなる問題である（小田切 2009: 3）。「人口構成の高齢化が進んだために，生まれる子どもの数が少なく，そして高齢者の死亡により地域内人口が，徐々にしかし確実に縮小していく状況こそが，現代における〈人の空洞化〉の実相である」（小田切 2009: 3）。

　第二の「土地の空洞化」とは，農地や林地の荒廃の現実にみられる（小田切 2009: 5）。それは，特に1980年代頃から顕著になった，「農業の担い手不足の結果発生している耕作放棄，農地潰廃，林地荒廃などの事態を指している」（小田切 2009: 5）。大半の山村では山の荒廃がいちじるしい。山村の森林，とりわけ1960年代に公共事業で推進されたヒノキやスギの人工造林では，日光の入らない林，下草が生えない表土，保水力の低下，部分的な林地崩壊，野鳥の数や種類の減少，林地の地力低下，などといった山の荒廃が生じている（大野 2008: 28）。また，山村の田畑には，山の荒廃に起因する鳥獣被害が増大してきた（農林水産技術情報協会 2005『共生をめざした鳥獣害対策』全国農業会議所）。こうして，「土地の空洞化」は，「人の空洞化」ゆえに，山村の生活圏や山地に人為的管理が及ばなくなって発生した「土地の荒廃」問題とみなされる。

　そして第三に，「むらの空洞化」とは，山村の集落機能が低下する現実である（小田切 2009: 5-6）。山村には，自治会，消防団，青年団，婦人会などの機能的組織や，組・隣保などの地縁的組織があり，それらの組織が，田役・道役，氏神祭社，葬式などの共同作業によって集落機能を維持するが（大野 2005: 109；作野 2006: 273），山村の「人の空洞化」で住民組織が存続できず，その結果として集落機能の保持も困難となった。「むらの空洞化」は，山村の集落社会の存続を阻害する問題である。

　こうした「三つの空洞化」という現実にくわえて，小田切（2009: 7）は，山村の現実のより深層で進行して山村の消滅を決定づける，第四の深刻な「空洞化」として，「誇りの空洞化」を指摘する。その空洞化は，「地域住民がそこに住み続ける意味や誇りを見失いつつあること」（小田切 2009: 7）である。「誇りの空洞化」に関連する問題については，米山（1969: 60）も，1960年代の山村における「過疎化」の根本原因を探るさいに，村人の＜ムラに生きることの張り合い＞という視点を取り入れるように主張した。米山（1969: 59）はいう，「それぞれの村は，かつてはたとえ貧しくともそれなりのまとまりをもち，村人をとどめておくなにものかをもっていた。それが破壊されたとき，村の人たちの心は村をはなれはじめた」。この＜村人をとどめておくなにものか＞の正体は，「むらの誇り」である（米山 1969: 59）。そして，1960年代に「過疎化」し始めた山村の一部集落には，「誇りの空洞化」で過疎化が急進したため，挙家離村が相継いで消滅した（米山 1969）。「誇りの空洞化」という事態は，「限界集落」問題においても，個別集落の限界化「過程」で注視されねばならない。

◢ 「限界集落」問題の政治的・行政的施策

　以上のような，山村の空洞化という「限界集落」問題は，政府や自治体の政治的・行政的施策からも取り組まれた。山村の「過疎化」問題にたいする，1960年代から70年代の政治的・行政的施策は，山村の経済成長や，都市との生活機会の格差是正といった，高度近代化や資本主義経済の方針にそって策定された。それらの施策の履行は，結果的に，山村の集落社会に固有の構造や機能

を破壊し，そのために山村はかえって疲弊した（岡橋 2011）。

そうした「過疎化」問題の施策にたいして，1990年代以降の山村の「限界集落」問題の施策をみると，高度近代化による環境破壊や山村固有の社会的状況などがおおよそ考慮されている。それらの関連法規などには，「食料・農業・農村基本法」（1999年），「林業基本法」（1964年）の抜本的改正による「森林・林業基本法」（2001年），「過疎地域対策緊急措置法」（1970年より10年単位の時限立法で4回更新）の改正による「過疎地域自立促進特別措置法」（2000年より10年の時限立法で，2010年に16年まで延長），「農山漁村の活性化のための定住等及び地域間交流の促進に関する法律」（2007年），「鳥獣害による農林水産業等に係る被害の防止のための特別措置に関する法律」（2007年），「山村振興法」（1965年）の改正（2011年）などがある。しかし，それらの「限界集落」問題の対策も，政治的・行政的助成の特質とはいえ，個別の山村の多様な状況に適合した施策とはいえない[15]。

実際に，「限界集落」化に抗い地域再生に取り組む山村は，多くの場合，住民が協同して「内発的」な集落再生に取り組んでいる。そうした動向については，山村研究が事例調査を実施して研究成果を報告し，そこから「限界集落」問題にかんする山村研究の新たな視点も議論されている。次に，そうした「限界集落」問題にアプローチする山村研究の動向を検討したい。

4 限界集落にかんする山村研究の視座

山村の「限界集落」問題は，マス・メディアが「僻地」という山村の疲弊を，センセーショナルに報道することによって社会全体に広く認識されたが，そうした報道で一律に描き出された「限界集落」のイメージが，個別の山村における多様な現実を適切に反映していない，という実情も少なからずある。そこで，山村研究者は，現代山村の実態に照らして，「限界集落」という問題提起の妥当性には共鳴しながらも，「限界集落」という名辞の適用についてしばしば反論する。それらの「限界集落」の用語をめぐる反論は，主に，「限界集落」とい

う名辞について，① 記号表現と ② 記号内容という 2 つの部類の疑念に整理される。

▨ 「限界集落」の記号表現についての反論

　山村研究における「限界集落」の用語にかんする一方の反論は，記号表現 signifiant としての「限界集落」の名辞を問題とする。この問題は，「限界」という切迫感のある否定的な意味合いを「集落」に接合すると，「限界集落」の指示対象となったムラの関係者が情緒的に否定的な反応をする，という山村研究者の危惧から生じる（小田切 2009: 46; 中條 2011: 65; 新沼 2009: 22; 藤田 2011: 2）。そうした「限界集落」の語感が当事者に不快感を与え，落胆させるのは，当然ともいえよう[16]。

　実際に，「限界集落」に部類された集落の住民が「限界集落」の名辞に反発する事例は，いくつかみられる（小田切 2009: 46）。「限界集落」とよばれる山村が，自らの集落を別の呼称で言い換えた事例には，たとえば，「小規模・高齢化集落」（山口県），「生涯現役集落」（長野県下伊那地方事務所），「水源の里」（京都府綾部市）などがある（小田切 2009: 46）。筆者が現地調査をする山村 z ムラの住民は，「自分たちのムラは，〈限界集落〉ではなく，元気が開く〈元開集落〉だ」と主張する（→第 5 章・第 6 章）。

　しかし，「限界集落」の用語を大野（2005）が提唱した経緯は，大野自身が高知県などにおける山村の危機的状況を目の当たりにして，現代山村が抱える深刻な事態を社会全体に警告するためであった（そして，大野（2005）の目論見は，その用語がもつインパクトによってかなり達成された）。そうした大野（2005）の問題提起を前提とすれば，「限界集落」という用語に中立的ないしは肯定的な用語を置き換えると，山村の深刻な実態を表出する「限界集落」概念は，不明瞭となるかもしれない。そしてまた，「名称を変えることが，問題の解消につながるわけではない」（小田切 2009: 46-47）。

　こうした研究上の用語の問題は，研究客体が価値 − 意味から構成される社会科学において必然的に生じる。その問題は，研究者が研究客体を捉えるさいの

認識論的課題である。また同時に，社会科学が研究客体における既存の価値－意味を再構成する「実践」に関与するならば，用語の問題は，研究主体と研究客体が交差する実践論においても議論の課題となる（安村 2012a）。このように，「限界集落」の用語をめぐる問題は，山村研究において看過できない基礎論の批判的考察の課題とみなせるが，本書では「限界集落」の用語の適否については議論せず，それに関連する基礎論的議論の重要性を指摘するにとどめる。そして，「限界集落」が関係者に違和感をもたらす言葉である点を念頭におきつつ，現代山村の深刻な問題が投射される用語として，「限界集落」をそのまま適用する。

◢ 「限界集落」の記号内容についての反論

「限界集落」の用語にかんする他方の反論では，「記号内容」signifié としての「限界集落」概念が問題となる。「限界集落」概念の提唱者である大野（2005: 22-23）によれば，「限界集落というのは，65歳以上の高齢者が集落人口の50％を超え，独居老人世帯が増加し，このため集落の共同活動の機能が低下し，社会的共同生活の維持が困難な状態にある集落をいう」。このように，大野（2008: 22）による限界集落の定義は，「集落人口の年齢構成による量的規定と集落の社会的共同生活の維持いかんという質的規定の総体」という 2 つの基準によって規定されている。

しかし，「集落の状態の質的規定は実態調査によって把握されるので，統計的に数量把握するためには量的規定によらざるを得ない」（大野 2008: 22）。そのために，「限界集落」問題の深刻さを即座に広く伝達しようとした行政機関の調査報告やマス・メディアの報道は，「限界集落」を定義する規準として，「65歳以上の高齢者が集落人口の50％を超えた」という量的規定だけを援用した。そして，各集落の質的規定は，まったく無視された。その結果として，＜65歳以上の高齢者が集落人口の50％を超えた集落＞ という「限界集落」概念が，一人歩きし始めた。

マス・メディアによって限界集落の現実が広く伝達された後に，数量的規定

で「限界集落」と部類された個別集落の実態を綿密に現地調査した研究者は，量的規定だけによる「限界集落」の定義から誘導される集落の「限界化→消滅」の事態に疑問を呈している（中條 2011; 新沼 2009; 山下 2012）。たとえば，新沼（2009）は，量的規定から限界集落と規定される山村集落の集落機能が，集落から転居した別居子に支えられて存続する実態を報告したうえで，消滅の危機的状況にあると喧伝される「限界集落」問題にたいして，個別集落の限界性に多様性がみられる事実を指摘した。また中條（2008, 2011）は，新沼（2009）の研究を支持しつつ，「限界集落」の集団機能を維持する「ポジティヴな高齢者」の役割に着目し，「限界集落」問題の研究が個別の山村集落の再生に焦点をあてるように示唆した。さらに山下（2012）は，「限界集落」を「日本社会全体の人口動態」という，より包括的な視点からとらえ，高齢化した住民やその別居子などが集落機能を維持し，山村集落の限界化を再生しようとする動向を強調する。

　ただし，現実の把捉から「限界集落」の用語を批判する研究は，「限界集落」の表現内容，つまり限界集落「概念」を全面的に否定するのではない。そうではなくて，これらの研究は，限界集落の質的規定に配慮して山村集落を考察しながら，個別の山村集落における限界化の多様性と，その限界化に抗する個別集落の再生活動にあらためて焦点をあてた。こうした「限界集落」の質的規定の記号内容をめぐる反論がなされた根拠は，おおむね，大野（2005）が1988年に提唱した「限界集落」問題が，20数年後にも「明らかに目に見える形で，高齢化→集落の限界→消滅が進行した事実はない」（山下 2012: 31），という現状に帰着する。

　しかし，多くの限界集落には，社会的流入が――わずかなＵターン居住者やＩターン居住者を除けば――ほとんどないのだから，集落の少子高齢化がさらに進行すれば，その集落は限界化の末に消滅する帰結は必然である。現時点（2014年）で限界化→消滅を阻んでいる，別居子による集落機能の維持や，元気な高齢者による集落再生などの要因が，「集落社会の持続可能性」を保証しえない，という帰結は，それらの要因を議論する研究者自身も了解している。

　かくして，「限界化→消滅」の現実から「限界集落」概念に異論を唱える研究

では，研究の視座が「限界集落」再生の実践を——その可能性を期待しながら——志向している。「今後は集落の〈再生〉を意識しながら研究を進めること」，つまり「限界集落」再生の実践こそが，山村研究の課題となる（中條 2011: 77）。そこで，今後の山村研究においては，「限界集落」の記号内容にかんする問題を踏まえ——場合によっては「限界集落」という記号表現の変更も含めて——，その問題の実態があらためて整理されねばならない。そのうえで，「限界集落」問題を解決する「実践」の視座が，探究される。

ここで，＜限界集落の再生を実践する新たな視座＞を構築するにあたり，「限界集落」概念で混線している「限界化→消滅」の意味を明確にする作業が求められる。次にその作業を，一部の山村研究者によって提唱された「限界集落」問題の「限界化→消滅過程」分析にもとづいて行う。

◢ 山村集落の限界化→消滅過程分析と限界集落再生

山村集落の「限界化→消滅過程」分析は，大野（2005）に倣って限界集落を「集落機能」と「人口・世帯数」から定義して，その「限界化→消滅」過程を時系列で段階化する。この分析は，笠松（2005）の図式にもとづき，多くの山村研究者（小田切 2009; 作野 2006; 中條 2011）によって検討された。本章の「限界化→消滅過程」分析は，それらの研究成果を基本的に踏まえたうえで，それらに変更をくわえながら，「限界集落」問題をあらためて図4-2のように整理する。

山村集落の「限界化→消滅」過程は，図4-2のとおり，「集落機能の低下」と「人口・世帯数の減少」が時系列（$t_0 \rightarrow t_X$）において捉えられ，集落衰退期（$t_0 \rightarrow t_1$）→集落限界期（$t_1 \rightarrow t_2$）→集落消滅期（$t_2 \rightarrow t_X$）という3段階に特徴づけられる（作野 2006: 60）。その第一段階の「集落衰退期」（$t_0 \rightarrow t_1$）には，集落の人口・世帯数が少子高齢化で急速に減少するが，集落機能は比較的維持されている。この段階の集落の状況は，大野（2008: 21）の「準限界集落」に相当する。集落再生の「むらおこし」は，一般的に，この段階に有効である（作野 2006: 60）。

その後，第二段階の「集落限界期」（$t_1 \rightarrow t_2$）では，人口・世帯数がある一定規

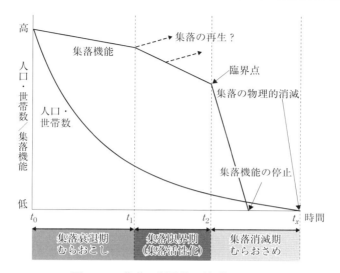

図4-2　集落の限界化→消滅過程図式
（出所：小田切 2009・笠松 2005・作田 2006に変更を加えて作成）

模を下回り，「65歳以上の高齢者が集落人口の50％を超え」，「老人夫婦世帯や
独居老人世帯が主になる」（大野 2008：21-22）と同時に，集落機能の維持が困難
になり始める。大野（2008：21）が指摘した「限界集落」の状況は，この段階に
一致する。

　しかし，多くの現地調査が指摘するように（中條 2011；新沼 2009；山下 2012），
量的規定による「限界集落」が，その質的規定の＜社会的共同生活の維持が困
難な状態＞とまではなっていない。量的規定の「限界集落」の山村集落であっ
ても，高齢者が集落再生に努力し，それを近隣の別居子やボランティアが支援
して，集落機能が維持されている状況がみられる。そして，住民が主体となっ
て，「限界集落」の再生を内発的に実践する集落では，今後，Ｉターン居住者
による定住化も含めて，再生の実現性さえ期待される。ここに，「限界集落」
問題をめぐる山村研究において，実践の新たな視座を設定する可能性も浮上し
よう。

　それでも，山村集落の現状は全般的に深刻であり，集落再生を志向する集落

でさえ高齢化が急速に進むので，第三の最終段階である「集落消滅期」（$t_2 \rightarrow t_X$）を回避できるかは疑問である。おそらく，「限界集落」に「あきらめ意識」が広がり「誇りの空洞化」ないしは「心の過疎」が生じた時点が「臨界点」となり，「集落消滅期」が訪れる（小田切 2008: 244; 中條 2011: 67）。この時期になると，山村集落が「もはや集落の再生を意図した活性化策を行っても効果はない」（作野 2006: 60）。この段階は，大野（2008: 21）の「消滅集落」の状況にあたる。

　この集落消滅期に，作野（2006: 60-61）は，「むらおさめ」を提案する[17]。作野（2006: 61）によれば，「むらおさめ」とは，集落住民の「尊厳ある暮らし」を保障するとともに，「集落住民が有している知識や技能，かつての集落の暮らしや生産の様子などを記録保存し，そこに集落があったという確かな記録と，そこで培われた知恵を次世代につなげてゆくことを役立てる」実践である。「限界集落」の痛切な疲弊の現実を勘案すれば，消滅集落の発生も現実となりうるので，「むらおさめ」は，状況に応じて，山村研究が限界集落再生と併行して取り組むべき実践といえよう。

　こうして，集落「限界化→消滅過程」分析から，限界集落問題について，現時点で日本の山村全体が「集落限界期」（$t_1 \rightarrow t_2$）段階にあり，そのなかには多くの集落で，「集落消滅期」の到来に直面しながらも，住民がいまだ「誇りの空洞化」に陥らず，集落再生を「実践」している現実が浮かびあがる。

　この現実にかんして，山村研究はその＜実態を綿密に調査し分析する＞と同時に，さらに踏み込んで，＜集落再生に理論と実践の見地から関与する視座＞が求められる。その視座は，本章の第1節と第2節でみた，「山村の理念型」の構成と，現代山村の現実の時代背景にある「高度近代化の考察」から誘導され，「持続可能な生活空間の統整的理念像」の構築を目標とする。

◢ 山村研究における「実践」の新たな視座

　これまで山村研究は，現代山村の実態を分析することによって，その再生や振興について提言をしてきた。それらの分析では，全般的に，山村の現実を脅かす高度近代化の抱える矛盾が指摘された。また，現代山村の諸問題が，高度

近代化の矛盾を投影する都市の側からみた，一方的な視点で議論される錯誤も，批判されている（大江 2008a: 256-57; 宮口 1988: 162; 山下 2012: 275-79）。そして，近年の山村研究では，「限界集落」問題にたいして，山村がときに高度近代化の趨勢に抗うかのように，内発的再生を実践する動向が評価される（大江 2008b; 宮口 2000）。

　しかし，山村研究による山村再生についての提言の多くは，結局，山村政策にせよ，山村の内発的実践にせよ，高度近代化と同一次元上でなされている。たとえば，山村の農業や林業の振興について，その施策の目標は，山村の産業が資本主義経済のなかでより効果的・効率的に適合し組み込まれる成果となるように提言される。また，都市との生活機能上の格差問題の是正などは，──その是正自体は重要な作業だが──ともすればその機能性について，都会の高度近代的な利便性や快適性で判定され，山村社会の生活機能に固有の，都市とは異なる価値‐意味が看過されがちとなる。

　このように，山村社会を高度近代化の現実に順応させる「実践」が無意味であることは，高度近代化の限界（→序章 1）や，高度近代化が利便性や快適性と同時にもたらした都市の「持続不可能性問題」を勘案すれば，自明である。「山村の持続可能な集落社会の再生」には，都市におけるのとは別次元の生活や社会の存立基盤が探求されねばなるまい。しかし，その「持続可能な世界の統整的理念像」は，いまだみえない。

　したがって，「山村の持続性が何によって形成されるのかについては，明確な答がないままに山村振興がつづけられてきたようにも思える」という，西野（2011: 347）の問いかけは的確である[18]。「山村の持続可能な集落社会」は，どのような振興策であろうと，高度近代化の現実の同一次元にある限り達成しえない。それは，山村が高度近代化の現実に背を向け，そしてその現実から──もちろん漸次的にではあるが──独立し自立できたときにはじめて達成されるにちがいない。

　このように新次元の視点からあらためて現代山村をみると，いま「限界集落」における住民の内発的な山村再生「運動」は，高度近代化や資本主義経済

に対抗して「持続可能な生活空間」を構築するかにみえる（→第6章）。その再生運動は，山村における自然の基盤化，孤立化，自立化などの力動性を揚棄して，生活の新たな意味や形態を形成し，また周辺化の力動性を超越した，新たな社会システムの生活空間を構築するかのようだ。山村の生活が，高度近代化の趨勢に呑み込まれながらも，山地の地形的条件から「自然の基盤」のうえに「孤立化」して存続する状態は，これまで＜資本主義経済の価値尺度＞で測定されて，山村の「周辺化」という，「中心」にたいして劣位な評価がなされてきた。しかし，「反－高度近代化の視点」からあらためて評価されると，山村再生には，「自然・生態系」と「対面的社会関係」を基盤とする，「自立化」した社会システムの生活空間という，「中心」にたいして優位な社会状況が浮かびあがる（秋津 2000: 176-78; 吹野・片岡 2006）。

　このように，山村が「限界集落」問題を乗り越えて再生する社会システムは，都市の社会システムにみられる高度近代化の次元とは異なる，脱－高度近代化の次元にある。山村再生から照射される「持続可能な生活空間の統整的理念像」は，おそらく高度近代化と資本主義経済に背を向けてはじめて達成される。

　こうした「持続可能な世界」構想が，「生活空間再生論」の主題となる。生活空間再生論は，個人が近隣住区の単位で他の住民と協同して「生活満足度の高い生活空間」を構築する次元から出発し，そこから補完性原理にもとづいて順次により広域の「地域社会」「国家」「国際社会」を，漸次的に再編成するような構想である。この構想には，資本主義経済と，それを原動力として形成された高度近代文明という社会的事実がそもそも「持続不可能」であり，さらにその社会的事実は，人間社会／自然世界をも破壊する持続不可能性問題を生みだす，という前提が措定される（→序章1）。そして，生活空間再生論は，「持続可能な世界」が成立する要件として，「対面的社会関係」と「自然・生態系」の基盤を批判的考察から誘導した（安村 2012b）。

　そうした「持続可能な世界」の要件は，山村が「限界集落」問題を抱えるにもかかわらず，否，その問題を抱えるからこそ，山村の集落社会において充足されている。すなわち，山村の集落社会には，資本主義市場経済への依存度が低

く、「対面的社会関係」と「自然・生態系」を基盤として、互酬と相互扶助にもとづく地域自給度が相対的に高い社会生活が成立しうる。そして、「限界集落」問題から集落再生の内発的実践に取り組む山村のなかには、高度近代化に抗う地域自給の固有の社会生活を実現した事例が、少なからずみられる。

　さらに注目されるのは、山村に移り住み、農業で自給生活を志向する、特に30歳代ないしは40歳代のＩターン居住者の増加である。そのＩターン居住者の多くは、塩見（2008）が提唱する「半農半Ｘ」という、「半自給的な農業とやりたい仕事を両立させる生き方」を志向し、しばしば全国的に交流のネットワークを築きながら、高度近代化の構造に背反する社会生活を形成している。一部の山村にみられるそうした動向は、脱－高度近代化の些細な萌芽にすぎないが、それは山地という「自然の基盤」において、高度近代化や資本主義経済から「孤立化」して「自立化」する山村だからこそ出現したにちがいない。

　このように山村からみる「持続可能な世界」を構想するにあたり、宮口（1988）が現時点（2012年）から４半世紀ほど前に主張した「山村生活の価値と発展の可能性」は、示唆的である。宮口（1988：162）はいう、「都市でしか生活が成り立たないような国土利用のシステムが完成されることは人間の可能性を自ら否定することであり、１つの不幸である」。そして、山村Ｉターン居住者について、「極めて少数ではあるが、都市出身者の中からも、山村を新しい生活の場として選択する人々が現れている」（宮口 1988：162）、と指摘したうえで、その新しい山村居住者を次のように推察する（宮口 1988：162-63）。

　　山村の人口が減少し、高齢化が相当に進んだ今、20年後に山村に住む人の多くは、単に先祖の土地にしがみついているというニュアンスではなく、何らかの相対的な判断で山地に居住することを選択するというように捉えられる人々であろう。そしてそのような人々こそ、都市地域ないしは平野農村地域では実現できないところの、自ら積極的にその価値を評価できるような生活スタイルを実現する可能性を持つ人々であるはずである。

　いま，山村Ⅰターン居住者が紡ぐ「山村生活の価値と発展の可能性」は，宮口（1988）の洞察どおりに芽吹き，そうした徴候が＜持続可能な世界を築く糸口＞となるかにみえる[19]。

　かくして，山村再生についての山村研究における「実践」の視座は，如上の＜持続可能な世界を志向する山村の可能性＞にもとづいて転換されるべきではなかろうか。すなわち，山村研究の実践における新たな視座は，真の意味でのポストモダン，つまり高度近代化とは異次元の社会システムで成り立つ「持続可能な世界の統整的理念像」（→第6章）にもとづいて措定される。

おわりに

　世界全体を支配した近代文明と，その原動力となる資本主義経済とが山村に侵入したため，山村の社会構造はかなり変容したが，それでも，近代化がさらに高度化してさえ，現代山村の実態を規定する力学が壊滅する事態とはならなかった。山地の地形で閉ざされ孤立化する現代山村には，消費市場も労働市場も，あらゆる市場がわずかにしか侵入せず，場合によっては侵入さえできず，高度近代化と資本主義経済についても，その威力は半減した。

　このように，山村における高度近代化の浸透度が平地部より低かったがゆえに，山村の「自然の基盤化」と「自立化」は，多くの山村で今も存続している。山村における，山地の豊かな「自然の基盤化」と，互酬や相互扶助に支えられる地域自給の「自立化」とは，生活空間再生論が「持続可能な世界」の成立要件とみなす「自然・生態系」と「対面的社会関係」の基盤を体現する。

　多くの現代山村は，本章ですでにみたように，「限界集落」問題という消滅に向かう深刻な危機を迎えているが，都市もまた，見方によっては，現代山村より以上に深刻な「持続不可能性」問題を抱えているのではないか。たとえば，都市の孤独死やヒートアイランド現象などは，高度近代社会の「対面的社会関係」や「自然・生態系」という基盤の崩壊を物語るほんの一端にすぎないが，それらの現象だけでさえ，おそらく住民が漠然と抱く不安よりも実は深刻であ

り，高度近代社会の「持続不可能性」を象徴する。そして，2011年 3 月11日の
東日本大震災の災禍は，あらためて高度近代社会の脆弱性を多面にわたって浮
き彫りにした。高度近代社会の閉塞感や，その崩壊の危機感は，世界中のあら
ゆる高度近代社会を席巻し始めている（ベック 1986：ラトゥーシュ 2004/2007）。

　ところが，高度近代社会を形成した日本では，人口の約 8 割が実質的に都市
に暮らし，労働人口の約 9 割が賃金労働者であるといったように，大多数の個
人の社会生活が高度近代文明と資本主義経済にすっかり埋没している。日本社
会の個人の大多数は，もはや高度近代文明と資本主義経済から離れて生活しえ
ない。そうした絶対的な現実ゆえに，高度近代社会は，多くの深刻な問題を抱
えながらも揺るぎなく，というよりも，揺るがせられないものとして存在する。
高度近代化や資本主義経済の現実を放棄する根本的改革の未来像は，誰の眼に
も不可能に映る。

　それでもなお，高度近代化に代わる「持続可能な世界」構想を実践する動向
が生じるとすれば，それは高度近代化から受けた弊害のより小さい，「持続可
能な集落社会」の成立要件をそなえた現代山村であろう。そして，その萌芽が
実際に現れている。あるいは，現代山村社会の再生が，新時代における「持続
可能な世界の統整的理念像」を構築するひとつの手がかりとなる可能性もある。

　もとより，そうした「持続可能な世界」は，高度近代社会から一気に転換さ
れて形成されるとは考えられない。「高度近代文明」はおそらく，今西（1986）
による「進化論」の言い回しに倣えば，「変わるときがくれば，変わるべくして
変わる」のであろう（安村 2012b）。しかし高度近代文明の「持続不可能性」を勘
案すれば，当面，「持続可能な世界の統整的理念像」は，高度近代化と資本主
義経済から「自立化」しうる現代山村の再生に看取される。そうした着想から，
本章は，山村研究において現代山村の再生を見直す新たな視座について，「持
続可能な世界」を構築する可能性がある，「山村における限界集落再生の実践」
に見いだそうとした。

●●第4章 注●●

1）「山村」という言葉を用い始めたのは，1930年代初めの昭和恐慌で貧困に喘ぐ山地の村落を報道したジャーナリズムである（秋津 2000: 168-69; 藤田 1981: 5）。また同時に，今日まで日常的に普及した「山村」の概念やイメージは，ジャーナリズムとともに，「行政側の必要」からも構成された（秋津 2000: 167-68; 千葉 1982: 2）。

　本章における「山村」概念の「村」は，千葉（1982: 7-8）による指摘に倣い，「行政自治体の単位区画としての〈村域〉ではなく，社会学的な地域集団としてのムラをさす」。また，近代「山村」概念は，秋津（2000）によれば，20世紀の「発明」である。秋津（2000: 158-65）は，松山（1986）に倣い，山村の実態をその生業・経済史からたどったうえで，「山村経済」が1910年代頃から1930年代後半までに確立した，と指摘する。さらに秋津（2000: 167-71）は，政策や「山村」用語の使用例から検証し，「山村社会」のイメージが1930年代初め頃に成立したとみなす。

2）柳田（1989a, 1989b）は，初期の研究において，山人（やまびと），漂泊民，被差別民などに焦点をあてたが，後に常民を対象とする「一国民俗学」を唱えるようになった。そうした柳田（1990）の「変説」が，1970年代から80年代にかけて批判された。これにたいして，柄谷（2013, 2014a）は，柳田が日本の「山人」にまつわる固有信仰を平等な社会の「理念型」に投影したとみなし，柳田「山人」論がその後の柳田の研究にも通底している，と主張する。このような柄谷（2013, 2014a）の考察は，その「世界史の構造」論（柄谷 2010）における「協同組合」概念につながっている。そして，自給と相互扶助で成立する「協同組合」概念の発想は，生活再生空間論における「持続可能な生活空間の統整的理念像」にもつながる。

3）宮口（1988: 159）は，研究目的から時代的に特徴づけられる山村タイプを「原型」とみなし，それが研究目的によって多種多様だと捉えるが，本章では，日本山村の起源タイプとしての「原型」を，山人の居住集落（柳田民俗学）のような「元型」（プロトタイプ）とみなす。そして，宮口（1988: 159）は，「極めて山地の比率が高い日本の国土」という山村立地論を考慮し，「広大な山地を現代に生きる人間の側からどう位置づけていけばよいかという観点」から，「山村という言葉をもっと素朴で包括的な概念」とする定義を呈示した。なお，こうした立地論から定義される，いわば「山村」史については，藤田（2011: 3-10）を参照されたい。

4）「現代山村」の定義について，大野（2005: 7）は，「戦後日本資本主義の展開過程で商品経済が山村生活の深部にまで浸透していった高度経済成長期以降の山村」とする。「山村」の言葉に「現代」とつける理由については，「高度経済成長期以前の山村は，自給的生活を残している戦前の山村の連続性に立っており，これと明確に区別する意味での〈現代〉山村である」（大野 2005: 7）と指摘している。

5）ここでみる「山村の理念型」は，当然，生活空間再生論が未来に向けて理想的目標として構築される「統整的」regulativな理念像ではない。「理念型」とは，現実の客観的説明における根拠として仮設される「構成的」konstitutivな概念構成体であ

る。

　また，本章において山村社会の成立を「力学的」な理念型で構成するのは，ヴェーバー（1904b）による「理念型」の構成法に倣っている。＜理念型は力動的に構成される＞という点について，玉野井（1978: 291）は，ヴェーバーの『経済と社会』（1922年）を論評した歴史学者オットー・ヒンツェ（1926年）を引用して，ヴェーバーの理念型が「動詞的概念」を用いて機能的・動態的特徴を有するとみなし，次のように指摘した。「たとえば，ゲゼルシャフトはゲゼルシャフト化（Vergesellschaftung）」，また「ゲマインシャフトはゲマインシャフト化（Vergemeinschaftung）」といったような概念で構成される。つまり，ヴェーバーは，「実体性のカテゴリー」を用いず，「つねに機能上のカテゴリーで，ものを考える」。

6 ）1980年代後半に山村の過疎化対策として，都市部人口を観光などで山村に誘致し，山村の「交流人口」の増大を目論み，都市と山間部集落を結ぶ交通網が整えられた。しかし，それによって，山間部集落の人口が都市にかえって流出する，いわゆる「ストロー現象」が発生した地域もあった。

7 ）山村の「周辺化」による経済的停滞化は歴史的に，江戸時代の商業資本主義の流入から発生し，近代化後の産業資本主義経済の浸透によって常態化したとみなされる。千葉（1982: 3）によれば，中世以降に以前から居住された主要な山村は，「畑作経営を主としつつかなり繁栄していた」。

8 ）中心―周辺論は，従属理論が提唱した資本主義世界経済の構造論である。従属理論は，1960年代に，何人かの経済学者が同時期に提唱した資本主義世界経済論の総称とみなされる。その代表的な経済学者の 1 人であるフランク（1969）は，低開発国内と開発国―低開発国間とにおける収奪・搾取の実態が，中枢―衛星 metropolis - satellite という分極化構造から発生するメカニズムを指摘した。それによれば，低開発国内部における中枢＝都市が衛星＝農村を収奪して剰余を獲得し，その収奪による剰余が開発国に移転することで，開発国＝中枢―低開発国＝衛星の分極化が永久に固定化する。この剰余の移転に関するメカニズムについて，エマニュエル（1971）やアミン（1973）による，「不等価交換論」が提唱され，開発国―低開発の構造は一般的に中心―周辺とよばれるようになった。不等価交換とは，「中心」の相対的な少量労働時間の生産物と「周辺」の相対的な多量労働時間の生産物とが等価で交換され，「中心」は少量労働時間で多量労働時間の生産物をえるという，不均等な価値移転の結果を意味する。このように，従属理論は，中心―周辺の構造について，マルクス経済学が説く資本主義世界経済の不均等発展によって，開発国と低開発国（第三世界）が独立して存在しながら構造的に不可分となる状況を説明した。

9 ）ただし，民俗学が探究する隔絶山村の「元型」では，「木工品製造・狩猟・自然物採集」が主業であり，やがて定住が進み焼畑が定着した。「狩人にしろ，サンカにしろ，木地屋にしろ，みんな山を対象とし，自然採集を主として生きてきたのである。そしてこの人びとは自然採集から一歩すすんだ形で焼畑をおこない農耕生活へ

接近していったので，畑作が主であった」(宮本 1964: 114)。

10) 日本の養蚕業は，世界大恐慌による米国市場の喪失，第二次大戦の戦禍，戦後の食料生産や拡大造林による桑畑の減少，化学繊維の普及，などの要因で衰退し，1950年代から70年代にかけて復活したものの，その後に中国や韓国との価格競争に敗れ，以降にはほとんど消滅した。

11) タタラによる森林破壊については，太田 (2012: 88-92) をみられたい。

12) 太田 (2012) は，第二次大戦後の拡大造林によって構築された人工森林の功罪について議論し，その欠陥を「森林飽和」という表現で指摘する。日本の森林回復における要因のひとつは，高度経済成長期のエネルギー革命と肥料革命を契機とする拡大造林であった (太田 2012: 135)。なお，日本の江戸時代において，徳川幕府によるトップ－ダウン方式で森林管理が成功し，文明崩壊を回避した事実については，ダイアモンド (Diamond 2005: 294-306＝2012下: 48-70) が論じている。

13) 参考までに，1970年から95年の15年間に，消滅した農業集落は，全140,490集落中2,110集落である (農林水産省構造改善局 1999『農業集落整備対策調査』農林水産省)。この中には，多くの山村集落が含まれる。また，「限界集落」問題に関連して，1995年から2010年まで政府主導になされた「平成の大合併」が，限界集落の統計を不明瞭にしただけではなく，その問題をいっそう深刻化させたという批判が多い (小田切 2009: 51; 西野 2011; 藤田 2011: 17-19)。

14) 日本の高度経済成長期は，農山漁村のとくに若年労働者が都会に仕事を求めて離村した，日本におけるルイスの転換点 [労働力が農業から工業へと移行し，農業の余剰労働力が減退する段階] であり，農山漁村人口の社会的減少であった。

15) 山村集落の不利な状況に応じた助成として，2000年度から始まった「中山間地域等直接支払制度」などがみられる (岡橋 2007: 30-33; 宮地 2011)。それにしても，地域振興を支援する政治的・行政的施策が地域の個別のニーズに応じられない主要因のひとつは，日本の中央集権的な政治・行政体系そのものにある。そうした日本の地域行政における中央集権的体制の欠陥にたいして，山下・金井 (2015) は，東日本大震災の復興事業や地方再生政策になどに焦点をあてながら厳しく告発している。

16)「限界集落」という記号表現が，山村集落の「あきらめ意識」を醸成したり助長したりする，という指摘がある。たとえば，藤田 (2011: 2) によれば，「〈限界集落〉という用語が山村の人々のやる気を失わせ，自嘲気味にさせかねない状況さえ生み出している。特に〈限界〉という表現がやる気のある人々にも〈何をやってもだめですよ〉という精神的なエネルギー喪失のマイナス面さえもたらしている面もある」。

17) 多くの「限界化→消滅過程」分析では，集落の「限界期」と「消滅期」を区別していない。作野 (2006: 60-61) は，それを区別しているが，「限界期」に集落再生の可能性を認めていない。本章は，作野 (2006) の「限界化過程」を援用しつつ，「限界期」と「消滅期」の解釈を変更している。

18）ただし，この問いにたいする回答として，西野（2011: 348-49）自身による山村
振興策もまた，他の多くの提言と同様に，「山村と都市を再び結ぶ地域システムの
再構築」にもとづく山村の産業振興であった。その提言は，山村の現実を踏まえて
なされ，傾聴に値するが，山村は，その地域自給による自立度が高められない限り，
相変わらず高度近代化と資本主義経済の弊害に翻弄されつづけるであろう。

19）筆者が調査をする h 県旧 b 町（現 a 市）のあるムラには，Ⅰターンの30歳代独身男
性（2013年に結婚）が，耕作放棄地で自家採取のタネによる自活のための農業を営
み，自適に暮らしている。彼は自らを，自家採取タネを収集する「タネリスト」と
称する。彼の周りには，多くの老若男女が集い，交流する。この男性のように，農
業で自給をめざす山村Ⅰターン居住者の中には，有機農法や種子の情報などを求め
て，全国の有機農業従事者を直接に訪れて交流を重ね，有志のネットワークを形成
する人たちも少なくない。彼ら／彼女らには，回帰主義的な農業コミューンを構築
する意図は，まったくみられない。それらの人たちは，地域の自治会活動や共同活
動などに参加し，地付住民とも関係を築き，地域にも様々な影響を与えながら定着
している。彼／彼女らが営む農作業や，それに関連して個人的に企画するイベント
などでは，多くの人々が全国から集まる光景もみられる。

第 5 章
ある山村の実態

はじめに

　本章は，生活空間再生論が持続可能な生活空間の成立要件とみなす（→第1章2），自然・生態系と対面的社会関係という2つの基盤を有する山村ムラ社会の事例について，その生活空間の実態を描き出す。この事例研究は，ある1つの山村集落社会において集中的になされた。その対象地は，典型的な山村の特徴を有する限界集落である。「限界集落」という，持続可能な生活空間の理想とは逆転したムラ社会の現実があえて取り上げられるのは，その限界集落が再生を模索しながら実践しつつあり，しかもその実践が高度近代化に抗うかのように，そして持続可能な生活空間を構築しているようにみえるからである。

　そして，その事例には，紀伊半島の山地に位置するz町が選ばれた。当地を筆者がはじめに訪れたさいの目的は，観光まちづくりの成功事例を調査することであった。筆者はz町のまちづくり関係者による実践を記録したが，その調査過程で地付住民の日常生活に接する機会が頻繁となるにつれ，生活空間再生論の見地から調査の射程を拡大して，集落の全貌を把握しようと考えた。その観光まちづくりは，住民の一部有志による変革的実践（安村 2012a）にとどまらず，次第にz町自治活動と連結し，住民全体の日常的実践と密接かつ複雑に絡み合いながら遂行されている。観光まちづくりも住民自治活動も，住民の日常生活を基盤として実践されているのだ。z町の＜日常生活の社会的基盤が限界集落再生の原動力となりうる＞という発見は，観光まちづくりの現地調査の

結果が生活空間再生論の着想と結びついた，ひとつの契機であった。

　そこで本章は，a市z町という現代山村の事例について，山村のムラ社会＝集落社会が成り立つ状況を特徴づける4つの力動性（→第4章1）にもとづいて整理し，さらに，それらの力動性が，「持続可能な生活空間」の形成といかに連動するかを明らかにしたい。z町は行政上の「町」であるが，その社会構造の実態は「山村というムラ社会」として特徴づけられるので，z町を文脈に応じて，片仮名で表記し，「ムラ」とよぶ[1]。ムラは，「村」という行政単位の区画とは区別される。ちなみに，z町の住民は，しばしば自らの町を「ムラ」とよんでおり，その意味は本章で表わすムラ社会の概念に等しい。また，都市部で「まちづくり」に取り組むコミュニティの単位については，行政区画の「町」と区別して，片仮名で「マチ」と表記する。

　なお，人名と地名については，調査対象者のプライヴァシーなどに配慮するため，略語を用いる。zムラ住民の人名は英語アルファベットの大文字で，zムラにかかわりが深いがzムラに居住しない部外者の人名にはギリシャ語アルファベットの小文字で表した。それらの人名略語の後に，男性にはm，女性にはfを付して，また，特にzムラ住民については，さらにその後の（　）内に当該者の年齢（2012年12月時点）を入れた。年齢をつけたのは，zムラにおける高齢化の実情をいくらかでも浮かび上がらせるためである。たとえば，Am(89)は，A氏男性89歳，またCf(74)はC氏女性74歳を表している。

　また，地名にはアルファベットの小文字を用いて表すことにした。地名の同一文字にアポストロフィが付されている場合は，たとえば，"k"＝「京都」を"k'"＝「きょうと」とするように，「ひらがな」ないしは「カタカナ」表記を表している。ただし，本文中のアルファベット文字はすべて，指示対象の音を全く踏まえず，恣意的に表されている。

　以上の調査研究の結果を踏まえて，＜山村の限界集落という深刻な危機が喧伝されるムラ社会の実態＞が，逆に，＜持続可能な革新的社会構想の手がかりとなる可能性＞を議論する。こうして，この現地調査では，zムラという山村の全体像が，住民による物語の集積として，筆者の視点を通して描き出される。

1　調査対象地ｚムラの概要

■ 事例研究の対象地

　本調査研究が現地研究の対象地としたｚ町は，典型的な現代山村である（→第4章1）。ｚムラは，山中にあって市街地から物理的－心理的に孤立し，当地の住民の社会生活は山地の影響を全面的に受ける。その世帯数は49世帯，住民の人口は83人（男40人・女43人）である（2012年12月現在）。その人口のうち年齢70歳以上が全体の7割を超えている。したがって，定量的な条件だけでみれば，ｚムラはいわゆる限界集落である。

　しかし，ｚムラでは，詳細については後述するが，高齢化した住民の大半が，別居子やボランティアの支援などを受けながらも，いまなお祭祀，清掃，娯楽行事といった社会的活動に参加しているので，ムラの社会的機能は維持されている。さらに，ｚムラの住民有志は，主体的に地域再生に取り組んで成果をあげてきた。その実績は，公的機関から地域振興関連の表彰をうけるなどのように，社会的に広く評価されている。そして，ｚムラの限界集落再生は，いまやｚ町自治会によって，ほとんど全住民が日常的に取り組む活動でもある（→第6章）。

　多くのｚムラ住民は，個人的・社会的に様々な問題を抱えていても，年金を受給しながら自給農業をつづけ，山地における四季の自然のなかで「自助」と「相互扶助」の日常生活を送る。こうして，ｚムラは，「自然・生態系」と「対面的社会関係」の基盤のうえに成り立つ典型的な山村とみなされる。この理由から，ｚムラが本調査研究の対象として選択された。

■ 事例研究の方法

　本現地調査では，ｚムラにおいて，一事例のみをできるだけ綿密に探索する，「集中的現地調査」がなされた。山村限界集落については，すでにいくつかの事例研究がなされているので，それらの研究成果を参照しながら，本調査では，

ひとつの山村についての集中的な観察と考証から，山村が成立し存続する力学を摘出しようとした[2]。ここで報告される結果の調査期間は，2010年8月から2013年12月までの約3年間であるが，調査は現在も継続されている。筆者は，現在のz町住民の個人史に関する聞き取り調査（ライフ・ヒストリー／オーラル・ヒストリー）を実施した。

また，zムラの実態を描き出す主たる研究資料のひとつとして，z町を含むv地区の住民が作成した『郷土史v'』（1997年，以下『郷土史』）が用いられた[3]。これは，v地区連合自治会が1994年春に作成を開始して1997年に完成した，専門家が関与しない，住民の手作りによる郷土史である。なお，＜本章中のページ数のみが記された引用＞は，すべて『郷土史』（1997年）による。

また，現在のz町住民が生まれ育ち，ムラを築いてきた期間——おおよそ，1930年代初め頃（昭和初期）から現在までの期間——を辿り，その間の山村における状況と変遷も明らかにしたい。それらの住民は，昭和ヒトケタ生まれで，「戦後の日本農業の変遷を中核となって支えた世代」（築山秀夫）である（鳥越2007: 61）。この世代の住民のライフコースlife courseは，zムラの戦後史と重なっている。本研究は，聞き取り調査でえられた住民のライフ・ヒストリーから生活空間の実態を記録し，そこにzムラの戦後史を浮かび上がらせ，さらにムラ社会の成立原理を探ろうと試みた。

◢ zムラの沿革

zという地名は，『地名大辞典』（1983年 角川書店）によると，室町期の記録からみられるようだが，当地についての史料はほとんど入手できない。『郷土史』（1997年）などでzムラの歴史をたどるとおおむね次のようになる。zムラは，おそらく，中世頃から「惣村」（蔵持 2002: 185-94；黒田 1985；藤木 2010）の形態で成立した。1889（明治22）年にzムラを含む6集落がv村として編成され，zムラは村役場がある中核的な大字となった。しかし，v村の各大字は山中に点在し交通が不便であったため，相互の交流が少なく，それぞれに対立しがちであったので，v村の行政は十分に統制されていなかった。

図 5-1　　v 地区と 4 町の立地

　その後，v 村は昭和の大合併時（1953年〜61年）に，z 大字を含む東部 4 大字と西部 2 大字とが合併の行方をめぐって紛糾のすえに分村し，最終的には，1955（昭和30）年に東部は a 市と，西部は b 町とそれぞれ合併した。東部 4 大字には，1968（昭和43）年に市制改正で町制が施行され，z 大字は z 町となった。かつての v 村東部 4 大字は，現在，行政上の区画ではないが，a 市内で自他ともに v 地区と称される。z 町には v 地区市民センターと v 公民館が置かれている（図 5-1）。

　v 地区は＜すべて山の中である＞。その地形は，『郷土史』（1997年）によれば，3 つの山系の「連峰に囲まれ，起伏する山なみがうねうねと長くつづく山地」（p. 1）であって，v 地区 4 町は，いずれも，典型的な「山村」として特徴づけられる。v 地区の総面積は約1,259ヘクタール，その 8 割余りが山林で，耕地は33ヘクタールに過ぎない。z 町の総面積は503ヘクタールであり，やはりその 8 割余りは山林である（p. 3）。

　このような v 地区の山中に点在する 4 町では，各自治組織の活動が活発だが，同時に，4 町間における共同の事業や行事も頻繁に実施されている。各町の自

治会は，1968年にv地区連合自治会を設立し，さらに2011年6月には，住民自治とa市の連携を強化するv住民協議会が発足した。住民協議会は，住民の主体的な地域再生活動の広域化をめざして，住民自治と行政との連携強化をめざす，という目的を掲げるが，協議会によって住民自治が行政の制約を受ける，と一部の住民から批判されている。

2　山村の力動性からみるzムラの実態

　山村のzムラ社会の実態について，第4章でみた，＜山村を成立させる力動性の視点＞から描出したい。典型的な山村であるzムラは，山村特有のムラ社会の力動性によって特徴づけられる。そこで，山村を成立させる4つの力動性——1）孤立化，2）自然の基盤化，3）周辺化，そして4）自立化——によって，山村zのムラ社会の現実を描き出そう（本章では，第4章で呈示した4つの力動性の順序が，説明の都合から変更されている）。

2-1　孤 立 化

　孤立化とは，ある社会が地理的−物理的条件ないしは／および社会的−心理的条件によって，＜他の地域との交流や交通が阻害されたり遮断されたりする結果から生じる社会状況＞をいう。山村は，そもそも山地に位置するという，地理的−物理的条件によって平地社会との交流・交通が希有となりがちであるため，孤立化する。

　zムラをはじめv地区全体は，山地に位置して交通に多くの障害があったので，歴史的に平地の都市部や農村部から地理的−物理的に孤立してきた。v村が1889（明治22）年に編成されて以来，村の「最大の悩みは，交通の不便であった」（p. 29）。現在では，交通の整備がなされ，自家用車の普及によって交通の便が改善された結果として，地理的−物理的障壁は改善されて実際に平地部との往来も頻繁になったが，依然として住民の心理的な孤立感は高い。現在，地区外との交通では，4町のどこからもa市の中心市街地まで，約20数kmの距離

を自動車で30分以内に到着する。しかし，ｖ地区の各ムラは，山によって市街地と隔てられ，昔も今も物理的・心理的に孤立してきた。

　第二次大戦前には，ｖ村 4 大字内の往来でさえ難儀であった。地区内の交通は，主として東と西の 2 つの峠で結ばれている。地区内の主な道の距離はそれぞれ 2 kmから 6 km程度と短いが，未整備な狭道や急な坂道であったため，徒歩での移動には険難であった。そのような道で，1950年代中頃以前の 4 町間の往来では，徒歩や自転車による移動がなされた[4]。いまは地区内外の交通が自動車によって比較的容易になった。現在，地区内の交通には，4 町住民のほとんどが自家用車，特に軽トラックを利用している。1960年代に自動車が普及する以前には，元ｖ村における 4 つのムラの交流はほとんどなく，それぞれに孤立していた。

　ｚムラが1950年代初め頃に孤立した状況については，当時，周辺地域からｚムラに嫁いだ女性住民が口々に語る[5]。たとえば，近隣の村に生まれ，ｚムラに暮らして50数年（2012年12月時点）になる Cf(74) は，近隣の村から「嫁いで来るまで峠を越えたところに家があるとは思わなかった」。また，ｚ町から県道の峠を越えた隣村から嫁いできた Df(70) も当時を思いだし愉快そうにいう，「ここらに来たのは，［中学の遠足で］山に登りにきたときくらいですわ。そのときにな，ガタガタ道の，本当にバスが通るくらいの，通ったら対向できやんくらいの細い道ですね。そんでなあ，バスに乗りながら，こんなとこに誰が住んでんやろう，こんな凄い山の中になあ，言うとったら自分が来ましてん。わはは（笑）。」

　このように孤立したｚムラにおいても，高度経済成長期の前半に林業が活況でムラの景気が潤った時期に，多くの林業関係者や行商人がｚムラを多く訪れたが，それらの訪問者は，ｚムラに 2 軒あった旅館に宿泊せねばならなかった。というのも，Am(89) によれば，1960年代から70年代でも，「［中心市街地］ａからは，泊まりがけでなければ来られなかった」。ａ市中心部から峠を越えてｚムラに至る県道は，1932（昭和 7 ）年に開通したが，ようやく自動車が 1 台通れる片道一車線の狭い道路であり，峠にはカーブが多く，勾配も急であった。こ

うして県道の開通にもかかわらず，高度経済成長期にもｚムラやｖ地区と平地
との交通は相変わらず不便であった。道路幅員が二車線に拡張され，急カーブ
が緩和されたのは，1988（昭和63）年のことである。

　このように，ｚムラの孤立した状況は，第二次大戦以前にはその存在が隣接
地域からさえ認知されないほどであった。その主たる理由は，住民によれば，
ｚムラが元ｖ村の集落と同様に山地の自然に閉ざされ，他地域との交通がな
かったからだ。

2-2　自然の基盤化

　人間とその社会は，もともと自然から切り離せない一部分であるが，近代化
とともに自然から自立して，自然を制御できるかのように振る舞ってきた。そ
して，近代化に伴う都市化につれて，人間の生活と自然との結びつきは途切れ
たかにさえみえる。しかし，いまだに自然という基盤のうえに社会が成り立ち，
＜自然と不可分に人間が生活する現実＞もある。このよう成り立つ社会の状
態を，「自然の基盤化」とよぶ。

　典型的な山村のｚムラでは，住民の生活全般が，必然的に山地の自然のうえ
に成り立ち，その生活は，山地の自然から切り離せない。すべての住民の生活
が，山地から多くの恩恵を受けながら，同時に多くの災難も被りうる。山村の
生活は，住民が年間を通して日常的に山地の自然に関心を抱きつつ営まれる。

　近年，一般的に山地がもたらす効用は，都市化における負の側面と対比され
ながら，再評価されている。そのさい注目されるのは，生物多様性や地球環境
の保全（地球温暖化の緩和・地球気候システムの安定化保全），土砂災害防止や土
壌保全，水源涵養，快適環境形成，保健・レクリエーション・文化的活動の場，
木材などの物質生産といった公益的機能である（林野庁）。そうした山地の自然
を基盤するｚムラ住民の生活がいかなるものであるかを，以下でみる。

◢ 生　　業

　そもそもｚムラ住民が従事する生業は，ほとんど山地の自然と切り離せない。

ｚムラの生業は，伝統的に自然を基盤とする林業と農業である。「昔からこの
[ｖ地区] 地域の住民は農業と林業により自給自足の生活をしてきた。たとえば
大正期まで採草地として大規模な入会林や共有林が残っていたし，明治時代の
植林の中に水田や茶園の跡が散見されるからである。また，住民の中に多くの
木挽職人がいて，建築材を加工する〈リン場〉も残っている」(p. 102)。

　ただし，ｚムラ住民が戦後に生業とした林業は，当地の山の自然を一変させ
た。戦前のｚムラの山は雑木林であり，丘陵地や狭い平地はほとんど水田で
あったが，戦後の木材景気を契機に，国の政策による拡大造林が推進され，ｚ
ムラにおいても田畑や雑木林を潰してスギやヒノキが植えられたのだ。Em
(74)によれば，「高度経済成長期に材木が足りないということで，山の木を切っ
て，スギやヒノキを植林したと，これが国の方針として打ち出されて，こうい
うふうに真っ黒な山になっちゃった」。Em(74)は，これが現在の獣害の遠因だ
と考えている[6]。

◢ 健　　康

　ｚムラ住民との会話を重ねると，山に関わる生業ばかりでなく，言葉の端々
に山地における自然の基盤化が表出され，山の自然は住民の心身に染みついて
いると，筆者は感じる。同様の感想は，筆者ばかりでなく，外部からｚムラを
訪れる人々からもしばしば聞かれた。そして，筆者がｚムラを訪れるたびに体
感するのは，山の緑の中に身を置いてえられる安堵感である。この感覚はおそ
らく，河合 (1990: 12) が進化論から指摘する，人間にとっての「内なる自然」
にちがいない。「内なる自然」とは，樹上生活者として「濃密な緑の中で生を
送ってきた」サルから人間が進化したという事実にもとづく人間の存在の根源
的な性質であり，「我々が緑を求め，緑がない所では心が落ち着かずいらいら
し，緑の中でこそはじめて安心感に浸れるのは，遠い先祖から受け継いできた
系統発生的な適応感覚によるものなのである」(河合 1990: 12)。

　実際に，筆者がｚムラを訪れるたびに印象深いのは，山地の自然のなかでｚ
ムラ住民が健康に暮らすその様子であった。ｚムラ住民の全人口83人のうち，

年齢が70歳以上は59人（71.1％）であり（2012年3月時点），平地部の病院に通院する住民もいるが，それでも元気に生活を送る。また80歳代の住民（23名）も含めて，ほとんどの住民が楽しみながら農作業に従事している[7]。寝たきりの高齢者がいる世帯はない[8]。

　住民に健康の秘訣を尋ねると，多くの人が「よく歩いたからかな」と答える。Am(89)はいう，「全部歩いた。よく歩いたなあ。皆が外に出てほどほどに働いたので，健康によかったのかもしれませんな」。現在のzムラ出身住民の大半は，昭和ヒトケタ後半世代であり，山を越えて片道4kmの中学校に通った。「地下足袋はいて，近道で山を越えて，たったか通った」とGm(81)は振り返る[9]。Hf(81)も「中学まで一時間歩いた」と60数年前を思い起こす。これは，第二次大戦直後の話である。Gm(81)は，「都会の80歳より山の80歳の方が強いな」といって笑った。

　このように，zムラは山地にあって，工業化や都市化による空気や水の人為的汚染が少ないため，それも住民の健康に効果的であるのかもしれない。zムラに上下水道はなく，住民は山頂に水源がある井戸から飲料水をとる。東京からzムラに住み着いて10年になるFf(42)は，「ここの水を飲むようなって，都会の水道水がカルキ臭くて飲めなくなった」と強調する。また，If(73)は，「米がおいしいのは，水がええから」という。空気も清浄である。都会からzムラに移住して2年になるIターン住民のJm(49)はいう，「気管支が弱いんで，ここに来て，空気がよく，水もよく，体調がいい」。

　ただし，zムラにおいて標高の低い集落では，春先は渇水しがちである。Jm(49)によれば「スギが水を吸ってしまう」らしい。自然の恩恵は，なかなか人間の都合どおりにならない。それでも，zムラ住民は，自然の恩恵に「感謝の気持ちをもって暮らしている」と口々にいう。

◢ 食 生 活

　zムラ住民の食生活も，山の自然の恩恵を受けて，おそらく住民の健康保持に寄与している。現在，zムラ住民の大多数は年金生活を送るが，ほとんどの

世帯が小規模であれ自給農業を営むので，収穫された米や野菜などの作物はほとんど自給され，しばしば親交の深い世帯内で交換され，また別居子や親類にも分配される。しかも，高地で比較的寒冷なので害虫が少なく，山地の土壌が肥沃なために，田畑には農薬や除草剤などがほとん用いられない。また，ｚムラの山中に自生する山菜も多様で豊富であり，季節には食卓にのぼる[10]。山菜は，まちづくりの一環として，朝市や食堂にも活用されてきた。

　食生活でタンパク源となる食物については，どの住民も近隣にあるスーパーマーケットに自家用車で出かけて買い求める。しかし，高度経済成長期以前には，「鶏を飼っていて，卵を産まなくなると食べた」(Hf(77)談)という住民が多い。魚については，イワシやアジがよく食されたという(If(73)談)。戦前には，魚の行商が港町から来ていた。また現在(2012年12月時点)でも，Lf(82)は，亡夫の魚屋を引継ぎ，b港の魚市場で魚を仕入れて，魚屋を営んでいる——この魚屋はいまや，ｚ町自治会が2007年に創設した「v'コミュニティー　みんなの店」(→第6章1-2)以外ではｚムラで唯一の店舗となった。Lf(82)はいう，「スーパーができるまでは，すごく儲かった。みんな月々で払ったり，盆正月で払ったりした」。さらに地元のｚ川では，川魚も捕れたようだが，高度経済成長期に河川の氾濫を防止する護岸工事がなされてから，魚は捕れなくなった。Hf(77)はいう，「昔の魚もおらんなったな。私の子どもん頃は，たくさんおった。ギシャンド，クソンド，ウナギもおった。父が，モンドリをかけて，大きなウナギをとってきた」。たまたまHf(77)の隣にいたMm(79)がつけ足していう，「ウナギは全然おらん。穴がない」。

　このように，ｚムラの食生活は全般に，伝統的にも現在でも相対的に地域自給率が高い。その日常の食卓には地産地消が実現され，「四方四里に病なし」という格言が，たとえば新鮮な食物繊維を多く摂取する結果となって，住民の健康に効力を発揮しているようだ。実際，大都市では，高価にもかかわらず，＜自然食だ，スローフードだ＞と，食があらためて見直されている。そうしてみると，ｚムラの食生活は健康的であり豊かである。

◣ 災　害

　しかし，山地の自然は住民の生活に深刻な災難ももたらす。とりわけ台風は，ｚムラに土砂崩れや鉄砲水などの甚大な災害を何度も引き起こした。そのために，ｚムラでは伝統的に消防団が災害時の防備や避難誘導を担当し，戦後には水防団も組織された。『郷土史』（1997年）では，台風による，高度経済成長期（1960年代）以前の当地の災害が次のように記されている。

　　……ひとたび台風の直撃を受けると山林は各所で崩落，大木を巻き込んだ
　　土石流が川幅一杯にうねり，轟音とともに濁流が道路，田畑，宅地まで飲
　　み込んでしまう。川沿いの道路はえぐり取られ，木橋は一瞬に押し流され，
　　人は恐怖におののくのみである。台風の過ぎ去った跡は見るに堪えない惨
　　状を呈する。田畑は崩壊し，水路は消滅し，稲は倒伏，大木が流れ込み，
　　土砂が丘を築いている。家は瓦が跳び，杉皮屋根が剥げ，土砂が入り，塀
　　は飛んでいる。電線が切れて何日も停電が続く。……昭和20［1945］年代
　　まで災害の復旧はすべて自力であったから，苦労は並大抵ではない。かつ
　　てのｖ［地区］は年に１度や２度，こんな被害を受けていた。(p. 176)

　高度経済成長期から，山村振興政策の一環の公共事業として，砂防堰堤の建設，護岸工事，道路整備などが着手され，ｚムラにおける洪水の災害は次第に減少した。また，「田畑の復旧工事，居宅背後の急傾斜地対策工事についても政府補助が交付されるようになって住民の負担が軽減された」(p. 178)。

　しかし，砂防堰堤の整備後にも，いくつかの大型台風の襲来が，ｚムラに甚大な災禍をもたらした。とりわけ1959（昭和34）年の伊勢湾台風の被害によって，ｚムラからの転出者が続出したため，過疎化に拍車が駆けられた。

　現在のｚムラ住民も，自然災害を被った経験をもつ。ｐ垣内（かいと）のＧｍ（81）は，1953（昭和28）年・台風13号で，県道の峠を下って隣接する１町の営林署に勤務し，山林の伐採をしていた実兄（当時19歳）を亡くした。実兄は，信州から訪れた父親の知人２人（父子）と営林署官舎付近の川縁にいたさい，鉄砲水で流

された山の木々に巻き込まれた。Gm(81)にとって，突然に訪れた，いまだ心
の傷が癒えない不幸である。

◢ 山 の 神

　かくして，山という自然は，住民にとって恩恵と脅威のいずれの源泉でもあ
る。そうした山にたいする住民の情緒的傾性は，zムラをはじめv地区全体の
垣内や組ごとに祀られる「山の神」に表象されている[11]。山の神の由来につい
てはzムラの住民自身にもわからないが，毎年冬季の定日に「山の神祭」がそ
れぞれの垣内<ruby>垣内<rt>かいと</rt></ruby>や組で伝統的に挙行されてきた。山の神祭には，山にたいする住
民の畏怖や感謝などの複雑な情緒が投影されている。v地区各町が限界集落化
した現在では，多くの垣内や組で「山の神祭」の挙行が途絶えたが，住民の山
にたいする心情は今でも確かに強いと印象づけられる。

2-3　周 辺 化

　資本主義経済が地理的−空間的に拡大する不均等発展の過程から生じる，社
会の「中心―周辺」構造において，＜ある地域社会が高度近代化社会の「周辺」
に位置づけられる現実＞を，「周辺化」とよぶ。周辺化した山村における経済
活動の特性は，地域住民の生業において顕著に現れる。山村の生業には，一般
に，個人が複数の異なる職業を掛けもつ兼業型が多い（→第4章2）。その主た
る理由として，単一職業で生計を成り立たせる生業が山村に存在しない，とい
う「周辺化」の本質を反映する状況がある。

　しかも，「周辺」地域における生業の業種は，「中心」を支える食糧や原材料
の供給などといった領域に限定されがちとなる。こうして，「中心」の社会的
経済的状況が山村の複数型生業の存続を翻弄するため，たとえば「中心」の産
業構造が転換したり，「中心」が深刻な不況に陥ったりすると，山村では複数
の生業のうちいずれか，あるいは場合によってはすべてが，しばしば突然に消
滅する。また一般的に，「周辺」は，「中心」の景気が活況となる時期には，「中
心」の労働市場にたいして労働力を供給する。

　周辺化した山村ｚムラにおける生業も伝統的に複数型である。ｚムラの多く
の世帯は，生計を立てるために第二次大戦前までは稲作を主とする農業と，薪
炭や養蚕などの兼業，さらに山務労働にも従事した。その後，高度経済成長期
になると，「中心」経済に木材需要が急増し，同時に木炭需要が消滅したため，
ｚムラの生業は山務労働を兼ねた零細農業となった。大戦後の木材需要に応じ
て，政府の奨励もあり，「山持ち」の住民は誰もが「雑木林を切り払い，水田や
畑を潰して，スギやヒノキを植えた」（Am(89)談）。当時には，所有する山を高
値で売り，離村する世帯も少なくなかった。大戦直後に住民が所有するｚムラ
の森林面積は７割であったが，現在（2012年12月），ｚムラ住民が所有する森林
面積は１割足らずで，ｚムラではほぼすべての森林が，企業や不在地主の所有
となっている。

　高度経済成長期におけるｖ地区の林業景気の隆盛によって，高度近代化の影
響は，大戦前に山中で孤立しがちだったｖ地区にも波及して，この地域の「周
辺化」を加速した。この事態によって，ｚムラ住民の生業が転変した。近代化
以来，ｚムラの生業は，資本主義経済が国内外で変転するそのたびに翻弄され
た。ただし，その生業が自然を基盤とする農業と林業であり続けた状況は変わ
らず，戦前から戦後を通して，ｚムラの生業は「自給的稲作農業＋林業・製炭
＋林業賃労働」という典型的な山村の生業形態どおりに変遷した（→第４章２）。
したがって，ｚムラ住民の生業の転変とは，農業と林業における内容や職業間
の比重の変化である。そして，1980年代後半以降，ｚムラの限界集落化ととも
に，その生業は，農業も林業も，消滅した。こうしたｚムラの「周辺化」に伴
う生業の転変を農業と林業について，次にそれぞれを概観する。

◢ 自給農業

　ｚムラ住民の主たる生業は歴史的に，自家消費と僅かな余剰を市場に出す
「自給的」農業であり[12]，主たる作物は稲作であった。ｚムラは典型的な山村で
はあるが，その標高は350メートルから450メートルと比較的低く，気候も比較
的温暖であるので，そこでは深奥の山村よりも比較的早く「山村の農村化」（柳

田 1931) がなされた。Am(89)によれば，「このあたりは，全部水田だった。畑
に変えたのは，30年前か，40年前 (1970〜80年頃)。所有者がいなくなって，田
圃をやめた。ここには，江戸時代から水田があった」。

　もともとv地区では，住民が苦心を重ね，山間部の悪条件のなかで小規模な
水田が至る所に開発された。v地区では全体的に耕地面積の小さい零細農家が
多く，zムラもその例外ではない。v地区全体が戦前から耕地面積の小さい在
村地主ばかりだったので，戦後の農地改革 (1947年) においても，影響は軽微
であった (p. 103)。そして，zムラでは各世帯の耕地面積が狭いために，平和
時となっても専業農家で生計を立てるのはむずかしかった。敗戦後の1950年代
のzムラにおける農家と農業の実情について，Am(89)はいう，「170軒あった
けど，農業で暮らしを立てていたのは，10軒ありませんでな。1町歩田圃を
もっていた人がいなかった。山5町歩以上もっている山地主が10人くらい。
170軒あって，約1割。ほとんどは山の仕事で生活。山もない持ち家もないで
すわ」。

　このように零細農業の多かったv地区では，自給稲作の副業に木炭生産や養
蚕が営まれた[13]。木炭生産は，v地区全体で盛んであった。v地区の木炭生産
は，高度経済成長期に灯油やガスが燃料として使用されはじめてその需要が急
減すると，廃業となった。現在 (2012年12月)，z町で炭焼き窯の跡は，1カ所
だけ確認される。それは観光客の誘致目的で復元されたものだが，いまでは観
光にも用いられず，放置されている。また養蚕は，1929年の世界恐慌で絹の輸
出が減少して衰退した (p. 102)。さらに戦時中には，食糧供給のため桑がすべ
て伐根され，その後，zムラの養蚕も消滅した (Pm(80)談)。

　戦時中には米の増産が進められたが，収穫された米はすべて国に供出され，
zムラで収穫された米は，住民にはまったく食されなかった。戦時中の全国的
な食糧難は，食料生産地のzムラでも同様であり，当時にはサツマイモ，ジャ
ガイモ，カボチャ (カボチャ団子)，クキなどが主食であった。戦時中のz小学
校では，Pm(80)によれば，校庭の全面をサツマイモの畑にした。Nf(72)は，
あの頃は「とにかく白いご飯をお腹いっぱい食べることが夢だった」と述懐す

る。Nf(72)の夢は，戦後のzムラで稲作が再開され，夫Nm(80)が米づくりに専心して適えられた[14]。

◢ 林　　業

　戦後から高度経済成長以前まで建築用木材の需要で林業が活性化し，zムラの生業に林業が，農業と並んで大きな位置を占めるようになった。山持ちでない多くのzムラ住民は，自給農業とともに山林労務の賃金労働に従事した。木挽も多くいた（p. 102）。「この［戦後から1950年代前半までの］時期〈山師〉，または〈親方〉といわれる素材業者が乱立し，一時はこれらの素材業者が［v村］村会議員の大半を占めたこともあった」（p. 104）。zムラにおける材木ブームの盛況ぶりを伝える話として，「毎晩，芸者を街から家に呼び，宴会を開く山持ちがいた」という（Ff(42)談）。またz町には，林業関係者や行商人が宿泊するための旅館が2軒あった。v地区の「製材工場の数も最盛期には，z［町］7，x［町］1が稼働し，製材をトラックで市内の材木店に盛大に出荷していた」（pp. 127-28）。

　大戦後にzムラで農業に成功したN家やM家をふくむ数世帯の住民でさえ，農業とともに林業を生業とした。そうしなければ，それらの世帯も生計を立てられなかった。数少ない「山持ち」は，拡大造林の国策を背景とする植林ブームに，国の補助を受け（国の補助はなかった，という人もいるが）耕地をつぶしてスギやヒノキを植えた。しかし，「山から木を持ってくるだけでいいカネになった」（Nm(80)談）林業の景気は，農業と同様に，「中心」の経済的政治的状況に応じて変転した。

　v地区全体を席巻した材木ブームと植林ブームは，1960年代半ば頃に最初の転機を迎えた。この頃から，「製材工場は製品輸送に便利な市街地に移ってv［地区］から姿を消した」（p. 128）。同時期に，zムラの数少ない大規模な山林経営者も，当地を離れ都市部に移った。「製造工場は村の青年が就労し得る唯一の近代産業」であったが，その工場がすべて閉鎖になり，ムラの若者は仕事を求めてz町から流出した（p. 128）。木挽も姿を消した。v地区の過疎化は進行し，

とりわけｚムラの過疎化は急激であった。

　そして，材木ブームや植林ブームは，木材輸入が1957（昭和32）年から段階的に自由化され，1964（昭和39）年には完全自由化となって，外材が大量に流入したため，その影響で次第に衰退した。当時の様子を振り返りCf(74)はいう，「昭和36，7年（1961，2年）に［ｚムラに］お嫁に来た。ここに来たときは，にぎやかだった。山がよろしかった。そやもんで，みんな山の仕事やった。それから段々とマチへ出て行くようになった」。若者や大規模山林経営者が都市部に移住した後に，ｚムラ在住の山林労務者も，60年代後半には次第に流出し，70年代前半にｚムラの活気はなくなった。Mm(79)がいう，「材木や山林労務もなくなり，ムラは昭和40（1965）年頃から衰退し始めた」。

　ところが，1970年代初めに日本列島改造論を契機とした土地投機バブルが発生し，山林投機のバブルも発生した。「バブルの主因は土地ブローカーが山林素材の買い付けではなく山林そのものを盛んに売買したことにあり，その結果，ｖ地区には大量の不在地主が発生した」(p. 104)。現在（2012年），ｚムラの山林の8割は，不在地主の所有である。またｚムラの宅地や耕地についても，不在地主の問題がいま深刻化している。

　山林投機後の1980年代半ばに，ｚ町をはじめｖ地区の山林経営は破綻し，いよいよ「山の仕事がなくなって，大勢がここを出ていった」(Lf(82)談)。この頃に，「間伐材も切りすてたまま放置されるようになった」(p. 104)。1950年代後半から60年代前半までの植林ブームでｚムラに育成された，特に個人所有の山林におけるスギやヒノキは，この間，一時的に投機の対象となっただけで，その後には現在まで採算が取れず，ほとんど放置されたままとなっている。つまり，1960年代の植林による投資は，いまだ回収されていない状況なのだ。そして1980年代後半以降にｚムラの少子高齢化が急速に進んだため，限界集落となった。1988年には，ｚ小学校が「107年の歴史に幕を下ろし」(p. 45)，廃校となっている。

◢ 文明の後進性

　このように「周辺」産業が住民全体の生業となるような，資本主義経済の「周辺」地域では，近代化が遅れて都市化せず，そのために近代文明の効率的・利便的な物的環境が部分的にしか実現しない。高度近代社会においては，都市化した「中心」の社会状況が「発展」と評価され，逆に，「周辺」の社会状況は「未発展」や「停滞」と評価される。近頃は，＜高度近代化の弊害である自然・生態系の破壊や対面的社会関係の切断＞が一般的に問題視されはじめた状況から，自然の基盤において生活を営み，密接な対面的社会関係を保つ「周辺」地域の社会状況がときに再評価されるが，それでも，「周辺」地域社会は衰退し消滅すると一般的に認識されている。

　典型的な山村であるｚムラは，前述のように，主に山地の地理的−物理的条件によって孤立化し，個人の生活の物的状況に効率性・利便性・快適性をもたらす近代化を十分に享受できなかった。この状況は，ｚムラ住民がしばしば口にする「なんにもないとこやもん」という言葉に象徴される。もちろん，食・住・衣をはじめとして日常生活にかかわる近代化は，第二次大戦後になるとｚムラにも急速に普及したが，ｚムラにおける近代化の質や量は，都市部に比べて全般的に限定的である。こうして，高度経済成長期以降のｚムラにおける社会構造と住民の生活は，高度近代化の「周辺」部の末端でつながりながら，文明の恩恵をなかなかえられず，かえって文明の変動に翻弄され，都市「中心」部から搾取さえ受けるような社会状況が生みだされた。そして，周辺化という構造は固定化される。

　現在（2012年12月）の住民にとって，ｚムラが本格的に近代化したと感じた出来事は，1932（昭和7）年に都市部とつながる県道の開通であり，**自動車の普及**であった。ｖ地区住民が作成した『郷土誌』（1997年）には，県道の開通で，「これまで陸の孤島であった当地区へ初めて自動車乗入れが実現し，ようやく文明の恩恵に浴することができるようになった」（p. 155）と記されている（傍点は筆者）。しかし，その県道には，ｚムラに至る峠の勾配が急なためにカーブが

多く，道幅も狭かったので，林業景気で交通量が増えると不便であった。そこで，ｖ地区が峠のカーブの緩和と道路の拡張を求めて陳情を重ねた結果，1971（昭和46）年にその工事が着工され，1988（昭和63）年に竣工した。

　県道の開通で，都市部とｚムラ間に自動車が往来するようになったが，第二次大戦前にｚムラで自動車を所有する住民はいなかった。現在，ｚムラの再生活動を担う昭和ヒトケタ生まれ世代が自動車の免許を取得し，オートバイや自家用車を購入し始めたのは，1950（昭和20）年代前半頃からである。p-q垣内における山の神の準備で男性住民が集まったさいに，初めてオートバイや自動車を購入した話題で会話がはずむ。現在は，ほとんどの住民が，男性も女性も1人1台ずつ自家用車を所有し，その自家用車でｚムラ内やｖ地区内を移動する。もちろん，市街地へも出かけてゆく。それらの車種は，軽トラックが多い。

　戦前から高度経済成長期まで木材の運搬などに使用されたのは，木炭車であった。木炭車のバスについて，その思い出をEm(74)は次のように語る。「僕が小学校の頃やから，昭和20（1945）年から24，5（1949，50）年。炭をおこすやろ，いわゆる蒸気機関車やな。お湯を湧かすのやわ，その勢いで進むのやな。台数はけっこうあった。峠，向こうから距離が長いやろ，頂上の200，300メートル手前になると乗客がみな降りて，みんなで押す。そして上まで行くと，もう1度みんな乗って走る。バス停は，Um(78)さんのたばこ屋さんのところ。そこに一晩おいておく。朝起きると，ガーガーいっていた。運転手が一生懸命火をおこしていた。自家用車がなかったので，みんなそれで買い物に行った。ここはね，材木景気がよかったもんでね，余所で走っとらんようなものでも走っていた。」

　また，小学生の頃から自動車が大好きだったGm(81)も，木炭車の思い出を語る。Gm(81)は，戦時中にｚムラから木材を運ぶ木炭車の後を追いかけ，運転手に頼んで積んだ材木の上に乗せてもらった。中学卒業後には「材木屋さんに頼み込んで，木炭車の助手になって，炭を熾したり何かしていた」。さらに木炭車の運転手から自動車の運転を習い，18歳のとき（昭和24（1949）年）に自動車免許試験に合格した。Gm(81)はｚムラで最初の自動車免許取得者である。

免許取得後に，Gm(81)はa市内の運送会社の自動車運転手として就職し，木炭車で木炭の配送をした。「木炭車でいくとな，大阪いくのさ，トラックに燃料で炭をドカッと積んでさ，そいで木炭を運んでゆきよった。このあたりでは，炭焼きをやっとった」。高度経済成長期を迎える昭和30 (1955) 年代後半には，ガソリン車のトラックで材木や木炭を運搬するようになったが，やがてzムラの林業が衰退し「山の仕事がなくなってきた」。

　交通の便が開けた他に，住民が近代文明の恩恵を感じた出来事は，**電気や通信**などの敷設や開設であった。電気の家庭照明がv地区に整備されたのは，1920年代後半頃（大正末期から昭和初期）にかけてである。「v［村］の家庭照明は，明治まで種油を燃やす行灯であった。明治から大正にかけては石油を燃やすカンテラ，次いでランプに代わった。電気照明は大正14 (1925) 年，z［大字］，y［大字］に電灯が点り，昭和3 (1928) 年にx［大字］，w［大字］に点灯したのが始まりである」(p. 174)。東京市内の電灯は1912（大正1）年にほぼ完全に普及したが，全国の電灯普及率が87％となったのは1927（昭和2）年であるから（電気事業連合会），zムラをはじめv地区の電気の敷設は全国的な普及の最終期であった。そして，zムラのr集落（垣内）は他の集落から2 kmほど離れて山中にあったため，そこでは電線の敷設が遅れ，1960（昭和35）年に初めて電灯が点った（r垣内は，今そこに人家はまったくなく，1980年に消滅した）。

　また，v地区の**郵便電報**は，明治・大正期に隣接郡の配達区域で取り扱われたため，郵便局へは徒歩で往復6時間を要し，郵便は遅配しがちであった。電報は用をなさないこともあった（Wm(86)談）。しかし，1921（大正10）年に電報が，後に併合される隣接a市内局となったので，配達の遅延がかなり緩和された (p. 173)。そして，1927（昭和2）年にはzムラにv郵便取扱所が開設され，その後の1931（昭和6）年にはzムラの名士が運営するv特定郵便局に昇格した。v特定郵便局は，1993（平成3）年にv地区の過疎化による不採算で廃局となったが，a市が過疎地域対策として運営するaz簡易郵便局が設置された。そして，この簡易郵便局も2007（平成19）年に郵政公社の民営化に伴い廃止となった。しかし，その後にz町自治会がaz簡易郵便局の運営を受託したので，郵便局は

zムラに存続し，今日に至っている（→第 6 章 1 - 2）。

　電話については，他地域よりも比較的早くzムラ住民が活用できるようにな
り，当時としては最新の技術でzムラに導入された。z簡易郵便局第三代郵便
局長であり，現在（2012年），v公民館長とz町自治会長を兼務するEm(74)はい
う，「電話はね，共電式といってね，受話器を上げると郵便局がジーと鳴る。
普通の磁石式は自分のところでダイヤル回して，そうじゃないと電話ができな
いという電話だった。ここらのは昭和16（1941）年に入ってきた。これは全国
的にめずらしくて，ここらが合理化されたときに[15]，明治村と通信博物館に
1 台ずつ入れた」。

　『郷土誌』によれば，共電式電話交換機は，1940（昭和15）年にv村z大字のv
郵便局に設置され，そこから村役場，産業組合，個人家庭などに12台の電話機
が架設された，とある。zムラ住民はそれらの電話機を借用した。高度経済成
長期には，公衆電話が小学校に設置された。そして，1972（昭和47）年には公
衆電話が廃止され，農村地域集団電話が設置されて，zムラのほとんどの家庭
が電話機を所有するようになった。農村地域集団電話は，1978（昭和53）年に
自動電話に代わっている[16]。また，隣接地域から延びる 2 本の電話幹線ケー
ブルは，1982（昭和57）年の台風災害を契機に，断線事故を防ぐために地中化
された。

　このように，電気や通信がzムラにおいて他の山間地域よりも比較的早く普
及した理由は，それらの技術の普及期がzムラにおける林業の盛況期と重なっ
ていた，という経済的状況にあると考えられる。すなわち，高度経済成長期に
zムラの林業にたいする都市事業者の需要に合わせて，都市とzムラをつなぐ
交通が整備され，電気や通信の供給も比較的速やかに設置された。

　しかし，そうした電気や通信の設置に比べて，住民の生活に死活的要件とな
るライフラインの**医療施設**や**上下水道**は，zムラを含むv地区において，いま
なお整備されていない。大戦前までv村は無医村で，村人は軽症であれば，富
山の薬売の常備薬や地元の薬草などで病気を治療した（Am(89)談）。重傷の場
合には，医師のいる隣接の町村から医師をムラによんで診療を受けた。このと

きに医師を迎える施設がzムラのo垣内にあり，「医者家」とよばれた（いまは
Iターン者Rm(71)の住居となっている）。重病で入院が必要なときには，病人を
戸板や籠に乗せ，組の協同作業である「デアイ」（出合）によって山中を徒歩で
運び，籠の隣接地域から馬車でa市街地まで運んだ。Nm(80)の話では，戦時
中に父親が重病となり，組の人がデアイで父親を籠に乗せて5㎞の山中を隣村
まで運搬し，そこから馬車で移動してa市の病院に入院した。

　その後，県道が開通した1932（昭和7）年から，それまでの「医者家」を診療
所として，近隣にある村の医師がオートバイのサイドカーに乗って，週に1度，
診察に訪れるようになった（p. 198）。その後，1959（昭和34）年に診療所がv地
区のzムラとxムラに設置されたが，1980年代後半には無医療地区となり現在
に至る。

　また，zムラには，**上下水道**は敷設されておらず，zムラの山中を水源とす
るz川が北上して用水とされている。v地区がa市に合併後，上下水道の施設
が計画されたが，v地区各世帯の負担が大きいなどの理由で設置準備が難航し，
結局は実施に至らなかった。それでも，zムラをはじめv地区の水質は前述の
通り良好であり，その評判は近隣市街地にも広がっていて，多くの市民が市街
地から山の湧き水を給水するためにv地区を訪れる。しかし，水道普及率（2014
年）は全国で97.8％であるから（厚生労働省健康局水道課），v地区の水道未整備
は都市化の遅れとみなされる。また，下水道処理人口普及率（2016年）は，全
国平均が77.8％であるものの，「中心」都市部で90％を超え，地方都市部では
50％に満たないケースも多く，最「周辺」部地域では，ほとんどが20％から
30％という状況である（公益社会法人下水道協会）。現時点（2016年12月）で下水
道の未整備は，一般的に，「周辺化」の社会状況を表象している。

2-4　自 立 化

　自立化とは，ある地域社会が＜二重の意味で独自に成立しうる力動性＞を
意味する。それは，ひとつに，＜住民の経済的・物質的需要について地域内の
自給度が相対的に高まる力動性＞という「地域自給による経済的自立」であり，

そしてもうひとつには，＜地域における住民自治の実践が国や地方自治体から比較的独立している力動性＞という「住民自治による政治的自立」である。完全に自立化する地域社会は，資本主義経済と主権国家の体制に組み込まれた高度近代社会ではむろん存在しえないが，山村や島嶼のように孤立化し周辺化した地域社会では都市に比べて自立化の度合いが高い。たとえば，多くの山村や島嶼おいては，個人の生活に不可欠な基本物資である食・住・衣についての需要が，地域社会内で比較的高い割合で供給され，また水やエネルギーなどの生命線も自給される場合が少なくない。そして，そのような山村や島嶼では，とりわけ住民の生活にかかわる地域の運営について，自治組織が主要な役割を果たしている。

◢ 地域自給による経済的自立

　ひとつに，近代化以前の山村や島嶼では，基本物資や社会基盤を自給せざるをえない，という状況があった。産業資本主義経済が高度化する以前の，農業人口が大半を占める社会では，農山村に商品経済が部分的に進入しながらも，互酬と相互扶助による自給経済が成立した。とりわけ山村においては，平地部から地理的－物理的に孤立化していたため，商品経済の浸透度が低く，換言すれば商品経済から自立していたので，地域自給度が高かった。このように，＜孤立化ゆえに周辺化した山村＞は，集中・分配型市場経済における基本物資の供給や，中央統制的な社会基盤の整備から取り残されたために，それらをできるだけ自前で運営し，＜小規模・分散型の自立化した集落社会＞を形成しなければならなかった。

　ｚムラで伝統的に自給自足であった食・住・衣などの基本物資については，商品経済が大戦後にｚムラに浸透すると，ｚムラ住民はそれらの多くを「商品」として購入するようになった。しかし，とくに食料については近代化以降もかなり自給で賄い，現在もその慣行はつづいている。ｚムラの食卓には，「自然の基盤化」で触れたように，地元の山で採集される山菜などの食材，自家の収穫作物や他家との交換物など，無農薬や減農薬の新鮮な農作物が豊富にならぶ。

　また，zムラでは，上下水道が整備されておらず，飲料水を含む生活用水は
ムラが立地する山地の川や地下水から給水する。エネルギーについては，電気
とプロパンガスが使用されるが，多くの世帯で自前の薪が様々な用途でかなり
使用される。とくに冬の暖房には，薪ストーヴが多くの家で利用されている。
炭焼きが途絶えたため，囲炉裏をなくした世帯が多く，木炭はほとんど使用さ
れていない。

◾ 住民自治による政治的自立

　もうひとつに，典型的な山村であるzムラは，おそらく自然村（鈴木 1968a：
56-59）の自立化した村落社会として形成された。zムラは，近代化以降におい
ても，社会変動の状況に応じて，個人の生活や社会制度に自立化の特徴を多く
残している。zムラの住民自治は，1889（明治22）年の町村制の施行でz集落が
v村に編入されて以来，基本的な組織形態は実質的にほぼ変更なく，今日まで
継続してきた（Am(89)談）。

　zムラ自治活動の運営にかかわる意思決定は，村落社会の構造において，
＜イエ→組→垣内＞（→本章3）という縦断的経路を通ってなされる。その手
順は，次のとおりである。まず，ムラにおける各世帯の「イエ」を基礎単位と
して，各イエの意見が，近隣数世帯のイエが集合する「組」の総意として集約
される。次に，組の代表である「組長」は，自治会の定例会議である「寄合」に
おいて，「組」の総意を伝達する[17]。そして最終的に，各「組」の総意が自治会
役員を交えて議論されたうえで，ムラ全体の運営策は，住民全体が出席する総
会で決定される。このようにムラの自治会における意思決定の経路は，ボト
ム－アップ型であり，形態的に間接的民主制となる。そして，決定された自治
組織の運営策は，自治会長や自治会執行部の指揮によって，「組」や「垣内」に
おいて実践される。

　また，zムラの自治会には，「組」と「垣内」という縦断的な組織系統にくわ
えて，「部会」や「団」という横断的な組織系統が存在する。限界集落化する以
前のzムラでは，多くの成人住民は，自治会の「委員会」や，併設された青年部，

女性（婦人）部，消防団といった「部会」や「団」に所属して自治活動に参加した（zムラの自治組織の限界集落再生活動については，次章（第6章1-2）でみる）。すなわち，自治会では，zムラ成人住民の全体が自治活動に何かしら関与する形態が成立している。また，如上の自治組織は，自然発生的な社会集団からなり，ムラの社会関係を規定する構造を有する。その詳細については，次節（本章3）で議論したい。

　こうして，現在（2012年12月），小規模（49世帯・人口83人）な集落社会のzムラは，住民全体の総意をできるだけ反映する形態で運営され，「孤立化」と「周辺化」した結果として，資本主義経済から相対的に「自立化」する状況にある。ただし，zムラの自治組織は近代行政機関にしばしば統制されてきた[18]。実際に，zムラの自治会は，戦時中，軍事統制国家によって僻地山村の模範的な末端組織として認知されようと努力した（Am(89)談）。しかし，それでも伝統的に行政機関と対峙する自治組織があり，zムラと行政機関との関係に関する決定事項は，つねに——ときに形式的であるにせよ——地域内で合議された。すなわち，zムラでは自治組織の決定と実践がつねに機能してきたのだ。

　そして，現在zムラが1990年代以降に限界集落化した状況で，自治組織の活動にみられる主たる変化は，女性やIターン居住者の比較的年齢の若い（40歳代）住民さえも，自治組織の決定に影響力をもちはじめた状況である。かつて，村落共同体の特徴として，村落内の合議があったにせよ，最終的決定権と実際の権力は，年長の男性集団の手にあった。ムラの最小単位であるイエにおいても，その代表者は家長の男性である。こうした状況はムラの様々な組織に形式的に残るが，実質的に女性や比較的若い住民が自治活動における発言権や，ときに主導権さえもえている。

　そうした状況が生まれた契機は，1980年代末における再生活動の実績であった。それは，自治会女性部の有志が始めたムラの再生活動である。その活動が成功して，さらに拡大するとムラ全体を巻き込むようになった。以来，ムラの再生行事にかんする協議の過程において，女性や若手の発言権や主導権が発揮されはじめた。（この状況についても，第6章1-1において議論する。）

　かくして，ｚムラのような山村は，孤立化と周辺化によって，一般的に，高度近代社会の中で貧しい未開発地域と評価されがちだが，山村は，住民自治によって自立化する集落社会＝ムラ社会を形成している。そうした山村は，商品経済に巻き込まれて，それに翻弄されながらも，万が一商品経済が破局するような不測の事態となったとしても，そこから＜自立する可能性の高い集落社会＞である，とみなされる。

2-5 山村の力動性から構成されるムラの特性

　以上でみたように，典型的な山村であるｚムラの現実は，山村が成立する４つの力動性によって生みだされる。ｚムラは，山地という自然の中に「孤立化」するので，高度近代化から取り残されて「周辺化」したが，その「孤立化」と「周辺化」のゆえに，ｚムラ住民の生活とムラ社会は，「自然の基盤化」において成り立ち，住民が主体的にムラ社会を運営して，伝統的に「自立化」してきた。このようなｚムラ社会は，高度近代化の尺度で評価すると，都市と比較して生活が不便で効率的ではない。しかも，若者が都市に流出して，限界集落となったｚムラでは，70歳代以上の高齢者住民が圧倒的に多く暮らし，年少者は皆無という，もはや「社会」の存続が危機的な状況に陥った。

　しかし，それでも，ｚムラ社会における＜住民の生活満足度は全体に高い＞。その生活満足度は測定されたわけではないが，実際に多くのｚムラ住民が「ムラの生活に満足している」と口々に語り，また住民各人の満足度の高さは，住民と頻繁に交流した筆者にも共感される。そして，多くの住民が地域再生の活動に関与し，さらに「生活満足度」を向上させようとしている。このような山村の生活に惹かれてｚムラに住み着こうとする若いＩターン者も，少しずつだが現れ始めた。

　こうしてｚムラは「周辺化」のために限界集落化したが，ｚムラ住民は，「周辺化」に対抗するかのように，高度近代社会とは異なる次元で，「生活満足」を求めて主体的に再生を企てる。このｚムラの現実は，「持続可能な生活空間」を構築する手がかりとならないだろうか。ここで手がかりとなりそうなのは，ｚ

ムラ住民が自らの「生活満足」を志向し，多くの場合に自治体や国の援助を当てにせず，自身のムラ社会を主体的に再生する，山村ムラ社会の「自立化」という点にある。このようなｚムラの「自立化」が可能となる一要因として，＜社会関係と自治組織が主たる役割を果たす＞と考えられる。そこで次に，ｚムラの「社会関係」と「自治組織」に焦点をあて，それらの実態を明らかにしたい。

3　自立化するｚムラの社会関係と自治組織

ｚムラでは，住民個人間で外部に開かれた社会的相互作用も勿論あるが，山村の孤立化によって比較的閉ざされた住民間の「社会関係」と「社会集団」が特有の形態で形成されている。そして，それらには，強い社会的連帯や高い社会関係資本がみられる。そうしたｚムラの日常生活に繰り広げられる「社会関係」と「社会集団」の実態について整理したい。

3−1　ｚムラにおける社会関係の特徴

小規模な集落社会であるｚムラの社会関係において，全住民が互いに顔見知りという個人間のつながりが，編み目のように絡みあう。そうした「対面的社会関係」は，たとえば，自治会や組といった社会集団の諸活動，個人や世帯の日常的な交際などにおいて成立する。全般的にみると，ｚムラ出身の男性住民においては，小学校の同世代間という基礎集団で仲間意識が強く，多くが他地域から嫁いできた女性住民では，女性部という機能集団における仲間意識が強い。とはいえ，男女ともに同郷を問わず，同世代間での交流が日常的に多くみられる。

このような＜対面的社会関係がｚムラの社会構造を構成する＞と，同時に，その「社会構造」が，ひるがえって，ｚムラの「対面的社会関係」を規定する。ここで，「社会構造」とは，ある社会空間において，＜多様に複合する社会関係がパターン化しながら集合した動態的状態＞をいう。そうしたｚムラの社会

構造とは，農村社会学で提示された，農山村の伝統的な地域社会の「組」(有賀 1969 [1948]：176-77) や「講組結合」(福武 1949：34-38) によって基本的に特徴づけられる。ｚムラにおける「組」や「講組結合」の社会構造では，他の農山村と同様に，近隣住民が農作業を協同する「ユイ」(結) や日常生活や公共活動を相互に扶助する「デアイ」(出合) といった，相互扶助の社会関係が伝統的に継承されてきた。「ユイ」は農業の機械化などを契機に衰退したが，「デアイ」は現在もつづいている。

　このように，ｚムラの社会関係は，緊密だが，常に平穏というわけではない。個人間や様々な集団間における人間関係の葛藤が，時折みられる。人間関係の葛藤は，ときにムラ全体に影響を及ぼし，ムラを二分するような深刻な状態を招くこともある。こうした社会関係の対立は，ｚムラ内における社会関係の凝集性が高いがゆえに生起するとも考えられる。一般的に，都市においても，ある集団内に濃密な人間関係の状態があれば，派閥ができたり，排除や敵対などの攻撃的な出来事が生じたりする。逆に，個人間の関係が疎遠な状態であれば，こうした人間関係の葛藤は——異なる形態の対立があるにせよ——起こりにくい。派閥や敵対は，社会関係に本来そなわる必然的な特徴なのかもしれない。

　ｚムラでは，個人間や集団間の深刻な社会的葛藤が生じても，それらの葛藤を修復するような社会構造の機能が作用する (その修復の仕方が，しばしば因習的な集団圧力によってなされ，事態がこじれることもあるのだが)。ｚムラにおける社会的葛藤は，その渦中に巻き込まれた個人にとって深刻な問題となるが，多くの場合，当事者個人はｚムラ全体の協同作業には主体的に参加する。

　こうして，ｚムラでは，社会構造に「社会関係資本」が築かれていて，ムラの社会的凝集性は全体として高く，社会的連帯は強い。一般的に，強固な「社会関係資本」は，地域再生の実践にも効果をあげる (Putnam 2000＝2006)。実際に，ｚムラの協同活動は円滑になされ，活動の生産性も高い。そして，ｚムラの地域再生は，ムラ全体の活動として成果を積み重ねている。これについては，次章 (第6章) でみることにする。

3-2　ｚムラの社会集団

　ｚムラには３つの「基礎集団」が存在する。それらは，＜イエ→組→垣内（かいと）＞である。それぞれの基礎集団は，矢印で示したように，同心円的な地理的空間において，中心から順次に外部へ位置づけられた「社会構造」を形成し，ｚムラの「社会関係」を強固にしている。ｚムラにおけるそれぞれの「基礎集団」を概観しよう。

◢ 基礎集団の最小単位としてのイエ

　「イエ」は，日本の伝統的な最小基礎集団であり，その概念規定には議論の余地もあるが，本書では「夫婦関係――婚姻――を根拠とする生活共同体」（有賀 1969: 164）とみなされる。生活共同体としてのイエは，① 家産を有して家業を営む経営体，② 祖先祭祀の尊重，そして ③ 直系的な永続性の重視，という３つの伝統的な特徴を有する（鳥越 1993: 10-12）。こうした特徴をもつイエは，農作業を中心に相互扶助で成り立つムラ社会の運営に適合した。また，イエは士族の家族制度にも継承された。このように，日本社会において，さらに検証が求められるにせよ，イエは伝統的に基本的な家族制度であった。

　伝統的なイエは近代化において変容しながら，第二次大戦後の日本社会において高度近代化の影響下で希薄化している。イエの形態をモデルとして，明治政府は1871年に民法で家父長的家制度を規定した。その家父長制度は1947年に民法の改正によって廃止された。その後の高度近代化における産業化や都市化の影響によって，現代日本社会におけるイエの実態は衰退した。しかし，都市の家族形態にもイエの断片的な痕跡があり，また孤立化し周辺化した農山村社会には，今もより色濃くイエの特徴が残る。実際に，典型的な山村であるｚムラには，イエの特徴が継承されている。

　ｚムラにおけるイエの一事例として，ｑ垣内のＮ家をみてみよう。Ｎ家は，現在，夫Ｎm（80）と妻Ｎf（72）の２人暮らしである。Ｎm（80）が11歳のときにＮ一家はｖ村ｚ大字に移り住んだ。それは，太平洋戦争の統制経済下で1943（昭

和18）年に不在地主の農地没収が施行された時期である。a市に隣接するc市で
専売公社に勤める会社員であったNm(80)の父は，zムラにある先代の土地が
没収されないように，また市街地の空爆から疎開するためにも，一家でzムラ
への移住を決断した。Nm(80)は長男であり，Nm(80)には4人の姉妹弟がいる。
父親は初めて農業と林業に従事し，「町場育ち」のNm(80)がそれを手伝い，病
弱であった父を助けた。Nm(80)は，その後，農業に専従して家産を築き，N
家の「本家」を守っている。

　N家は，先祖祭祀を尊重しイエの継承を重視する。Nm(80)は常々，「先祖か
ら預かったもん［山や土地］を守らねばならん」と口にする。そして，屋内に
は立派な仏壇を置いて先祖を祀り，そこにはNf(72)が「ある他人から国宝級と
いわれた」という仏像が納められている。親族もN家のイエの存続を重視する。

　N家の直系親族における紐帯は，きわめて強い。Nm(80)とNf(72)の夫妻に
は長女，次女，そして長男の3人の子どもがあり，3人の子どもたちは毎週末
に，N夫妻の孫を連れて両親宅を訪れる。Nm(80)と長男λm(51)の間には，
親子間の些細な心理的葛藤があるようだが，それでも，a市に住むNm(80)の
長男は，家族とともに頻繁に実家のN夫妻宅を訪れる。「将来は，zに戻りた
いか」という筆者の質問にたいして，Nm(80)の長男λm(51)は「そりゃ戻りた
いさ」と即答した。

　また，Nm(80)の姉妹弟との紐帯も強い。現在（2012年時点），姉はv地区内
のw町に，また妹と弟2人がa市街地に居住する。N夫妻と弟2人は，夫を亡
くした姉を頻繁に訪ねている。弟2人は両人ともa市街地に就職し，すでに引
退したが，いまはa市街地に居住する。次男ψm(77)は，zに相続した山林や畑
を所有し，農作業のために頻繁にzムラに通い，必ず長男Nm(80)宅を訪れる。
三男λm(75)も，次男ψm(77)とともに，Nm(80)宅を「本家」といい，週に2，
3度は訪れている。両弟は，zムラの行事や出合には，しばしば家族を伴い，
必ず参加する。zムラを離れて暮らす両弟は，zムラへの郷愁性や帰属意識の
心境を明言している。

　以上のようなN家のイエにかかわる状況は，zムラ全体において同様にみら

れる。筆者の聞き取り調査において，ｚムラのほとんどの住民は，イエについてN家と似通った意識や慣行を口にした。そうしたイエの意識や慣行は日本社会において都市化とともに希薄となったが，ｚムラの家族には，N家の事例と同じく，いまなおイエ志向が強い。

　しかし，限界集落化したｚムラの世帯は，ほとんどが夫婦のみの核家族か配偶者と死別した単独世帯であり，イエの形態を維持できない。ｚムラの拡大家族は，49世帯中の 3 世帯だけである。いまｚムラでイエを守る住民は，再生活動に取り組むほど達者であるが，高齢化している。現在（2012年12月時点），ｚムラの再生活動の主力を担う住民は，おおよそ，昭和ヒトケタ世代の男性と，それよりも 5 歳から10歳ほど年下の女性であり，それらの住民の年齢は，それぞれ男性住民において70歳代後半から80歳代前半，女性住民において60歳代後半から70歳代後半である。これらのｚムラ住民の婚期は1950年代後半から60年代前半頃で，その子どもたちの長男や長女は40歳代後半から60歳代であり，ほとんどの子どもたちはｚムラを離れて都市に暮らす。したがって，イエを守る住民については，現在のｚムラに生活する世代が最後ということになる。したがって，このままであれば，ｚムラにおけるイエの形態は消滅する。

　しかし，ｚムラに暮らす住民世代の別居子と家族の多くは，しばしばｚムラの実家を訪れ，ｚムラにたいする郷愁性を強く抱いている。彼らは，週末になると家族と実家宅を訪れ，また盆休みや年初休暇時には，ｚムラ住民の孫とみられる多くの小学生が，ｚムラの山や川で遊ぶ光景がみられ，ｚムラが普段とは一変したように賑わう。別居子はｚムラの協同作業や行事にも参加し，その援助は，ｚムラの社会機能を維持するのに重要な役割を担っている。現時点（2012年12月）で，ｚムラ住民世代の長男長女は，これから数年で仕事の引退時期を迎え始めるので，今後，ｚムラに戻るかどうかが，ｚムラにおけるイエの存続やその再生活動の継続，さらにはｚムラの持続可能性に影響を及ぼすであろう。

◤ イエ連合としての組

　こうしたｚムラのイエ＝家は，家連合としての「組」という，近隣住区にお
ける地縁集団を形成する。「組」は，一般的に，行政区画の単位ではなく，あ
る村落社会で形成された「区分け」の単位である。山村のようにとりわけ孤立
化する集落社会においては，最小単位の生活集団であるイエは，「その生存を
完（まっと）うするために他の家と生活関係を持たなければならない」（有賀 1969: 176）。
そこで「家が存在すれば必ず何らかの形態の家連合が生ずる」。この「家連合」
の形態について，有賀（1969: 176-77）は，イエが上下関係で結合する「同族団」
と，イエが対等平等の関係で結合する「組」との２つに類型化した。同様に，
福武（1949: 34-46）は，有賀（1969）を援用し，家連合の類型についてイエの上
下関係の結びつきを「同族結合」，またイエの対等関係の結びつきを「講組結
合」と称した（ただし，福武（1959: 31）は，後にその類型を撤回している）[19]。

　ｚムラのイエ連合は，その類型に倣えば，イエ同士が対等な関係で連携し，
西日本に多くみられる「組」ないしは「講組結合」として特徴づけられる。ｚム
ラ住民自身も，その家連合を「組」とよぶ。第二次大戦直後のｚムラは，n，o，
p，q，rという５つの垣内（かいと）に分かれ（図5-2），それぞれの垣内における組の
数は，n垣内に６組，o垣内に１組，p垣内に４組，q垣内に２組，そしてr垣
内に１組であり，ｚムラには５つの垣内に合わせて14「組」があった（その後，
他の４垣内と離れて山中にあったr垣内は，1980年に消滅した）。それらの各「組」
に，限界集落化する1980年代前半までは，およそ10世帯以上のイエがあった。

　そして，1990年代以降に，各組のイエは減少し，またそれらのイエが高齢化
したため，以前のように「組」単位の共同作業が困難となったので，隣接する
「組」同士がいくつか合体した。そして現在（2012年12月）の組の数は，n垣内に
５組，o垣内に１組，p垣内に３組，そしてq垣内に１組という，合計10「組」
となっている。そして，各組の世帯数は，その10「組」において，５世帯ずつ
ほどまでに減った。

　ｚムラの「組」内では，伝統的に様々な協同活動がなされてきたが，1990年
代以降には，組の世帯数が減少すると同時に高齢化し，また住民生活にかかわ

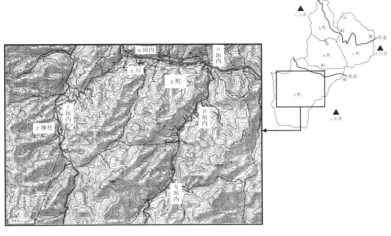

図5-2　zムラ社会の範域
(出所：国土地理院地図より作成)

る公共支援も拡充されたため，組の協同作業は簡略化されたり廃止されたりした。そして，かつて組でなされていた道路清掃などの協同作業が，いまは垣内ごとやムラ全体でなされている。

　農作業については，現在，組の各戸が自身の田畑を管理する。それが所有者の高齢化などで困難となれば，zムラ内の請負者に有償で田畑の作業を委託している。組内の各世帯が田植えなどを順番で協同するユイは，大戦直後までなされていたが，いまではまったくみられない。ユイをやめて各世帯で農作業をし始めたのは，高度経済成長期の1960年代以降の時期である。それでも，q垣内のHf(77)によれば，60年代には「組」内の近隣3戸でカネを出し合い，共有の耕耘機を購入した。いまは，稲作をするほとんどの世帯は，自前の耕耘機を所有する。

　冠婚葬祭は，原則的に今も「組」単位で行なわれる。Hf(77)の話によれば，戦前には「生活の単位は組」だったので，「結婚式も葬式も組で手伝いました」ということだ。しかし，限界集落化したzムラでは，もう結婚式はなく，葬式ばかりとなった。Hf(77)は今から10年以前の苦労を打ち明けていう，「葬式も

2日は必ずやったな。食事の用意もみんなしてもらって……。あんなこと，もうようしませんわ」。不幸があり葬式を出す家は，「組」内の他家にベツビ（別火屋）という宿を借りて料理などもせず，［料理は］組の女性で行った。「そのときの呼び物のメニューは，酢の物で，七色の材料使って，えぇと，……アエマゼといいます。それがご馳走で，不幸の時に悪いけど，呼ばれるのがみんな楽しみでした。」

　このような葬式の相互扶助も，1990年代末頃から簡略化された。その理由は，Hf(77)によれば，「高齢化と，若いもんがおりませんので」ということだ。組にあるイエの数も減った。たとえばH家が所属する組には戦前に9世帯あったが，いまは4世帯しかなく，その組は隣の組と合併した。合併後の組は，現在（2012年12月時点）のところあわせて9世帯である。

　H家の組で葬式の簡素化を提案したのは，同じ「組」に所属する，Am(89)だった。Hf(77)はいう，「組の常会で何とかしようや，となって，Am(89)先生があちこちの情報を集めてくれました。その直後に葬式が出て，楽にしてもらったんやわ」。この組では，葬式の食事は，味御飯と漬け物と味噌汁だけに決められた。「他（の組）では，あんたら簡素化していいなあ，言うてました。」また，簡素化を進めた当人Am(89)はいう，「簡素化というよりも，若い人間がおらん，ということです。なんとか簡素化しなきゃいけないということで，［組の］みんなで相談しながら，実行したわけです。ところが，他のところ（組）では，〈えらい，えらい（大変だ，大変だ）〉と言いながら，その場になると約束を反故にしてしまって，元に戻した。いつまでたってもウザウザしている。この頃の葬式なんかでも，組に連絡せんと，自分とこだけで斎場いきましてな，そこで葬式すると，そんなウチも出てきましたな。それはいけませんけどな」。

　このように，各イエが単位となる近隣集団の「組」は，いまもzムラの自治組織の基礎的な最小単位として存続している。組の協同作業は漸減し，その相互扶助の状況は縮小したが[20]，「組」内の社会的凝集性は依然として高い。しかし，「組」内でイエ間になんらかの仲違いがあると，その葛藤は潜在化しながら増幅しがちだ。現在（2012年12月時点），イエ間の仲違いが原因でz町自治

会を退会したといわれる世帯が4戸ある[21]。それでも，そのうちのほとんどのイエは，組の「寄合」には顔を出している。各イエは，どのような事情があるにせよ，「組」との関係については保持しようと努めるようだ。各イエの「組」への帰属感は強い。

　かくして，「組」内の緊密な人間関係には親和性と拮抗性が混在するが，「組」の様々な協同作業になると，不和の関係は表面的に覆い隠され，「組」は団結してそれを遂行する。

◢ 組の上位基礎集団としての垣内

　各イエの集合である組は，前述のように，隣接するいくつかの「組」同士が集合して「垣内」を構成し，さらにいくつかの垣内の集合全体がムラの範域全体を形成する。「垣内」は，一般的に，「組」と同様に，行政区画の単位ではなく，ある「集落」やその「区分け」を指示する単位であり，その呼称は近畿地方で多く用いられる。zムラは，現在（2012年12月），前述のようにn，o，p，q，という4つの垣内から構成されている。それらの垣内では組同士の連携が緊密であり，垣内における社会関係も組の場合と同様に強固である。

　「zムラの4つの垣内」の間には，伝統的に対抗意識をもちながら緊密な連携関係が成り立っている。たとえば，zムラの運動会は垣内対抗でなされた。その運動会の垣内間の対抗意識は相互に強く，4垣内間の勝負はかなり熱を帯びたようで，いまも多くの住民が愉快そうに当時の白熱ぶりを懐古する。運動会は，参加者の住民が高齢化したため，2005年に廃止された。

　最近のzムラでは，これまで「組」単位で行なわれた清掃などの協同作業が「垣内」単位で行なわれるようになり，また「垣内」単位で催された行事や祭祀などの協同作業が「ムラ全体」で行われるようになっている。これは，ムラの人口と世帯数が減少したため，小規模の基礎集団単位においては，協同作業をするイエの負担が大きすぎるためである。それでも，協同作業の量が減少しないのであれば，イエの負担の量は変わらないので，zムラ住民はときに「しんどい，いつまでやらせてもらえるかわからない」と洩らしながらも，けっこう

和気藹々と協同作業をつづけている。

　このように，ｚムラの「組」や「垣内」の協同作業の活動状況は，住民の高齢化やムラの限界集落化によってかつてよりも低下しているが，それでも基礎集団における社会関係の強固さと集団間の連携の緊密性がいまだに活動の生産性を相対的に高めている。さらに，ｚムラではイエ，組，垣内といった基礎集団が文字通りに基礎となり，それらの集団において網の目のように個人間の親密な社会関係が交錯する。そして，基礎集団の社会関係のうえに，というよりも，その社会関係がそっくりそのままの状態で，機能集団としてのムラの自治組織が編成される[22]。ｚムラの自治組織は，機能集団として形式的・制度的に運営されるが，その実際的な運営はイエ—組—垣内（かいと）の基礎集団によって，不可分に支えられている。

　イエ，組，垣内以外では「子どもたちの遊び仲間」が典型的な基礎集団とみなされるが，それはｚムラにはもはや存在しない。ｚ小学校が1987（昭和62）年3月に廃校となり，それ以降，小中学生はまったくいない。ただし，とりわけ旧ｚ小学校時代の同級生は，高齢者となってもいまだに絆が深い。Zm(75)をはじめ多くの住民は，小学生時代に年長の子どもが大勢の年下の子どもたちを引き連れて田畑や山で遊んだ思い出を，懐かしそうに語る。Em(74)とZm(75)は，小学校の同級生で，70年来の親友である。Lf(82)とXf(82)も，小学校の同級生で，いまも一緒に散歩をしたり連れだって旅行をしたりする。高齢化のために同世代の遊び仲間集団であった住民は減ったが，その絆はいまだに深い。またｚムラ住民の40歳代から60歳代の別居子についても，裏盆の時期などに帰省すると，やはり同世代のかつての遊び仲間集団が夏祭りなどで集まり談笑する様子がみられる。

　また，基礎集団ではないが，相互扶助の組織として，「無尽講」も戦前まであった。これは，ｚムラの主に垣内域内で行われたようで，借金を必要とする者が10人から15人くらい集まって生活資金を融通しあった（pp. 142-43）。無尽講は，戦後に農協金融や農業共済が整備されたため，消滅した。

3-3 機能集団としての自治組織

次にzムラにおける「機能集団としての自治組織」と，それによる「住民自治によるガヴァナンス」の実態を概観したい。zムラにおける自治組織には，「自治会」と「公民館」などがある。現在のz町には議会がないので，zムラの実質的な運営は，主にz町自治会とv公民館によって担われている。z町自治会とv公民館は，そこにzムラ住民全体が参画する自治組織であり，この2つの機能集団によってzムラの住民自治が実践される。

この2つの機能集団の原型となる自治組織は，zムラの社会機能を歴史的に維持してきた。現在 (2012年12月) のzムラでは，地域の再生活動も，「自治会」と「公民館」によって実践されている。「機能集団としての自治会と公民館」は，如上のイエ，組，垣内という基礎集団と結びついた，住民にとって「身近」で，「自分たち」が自主管理する組織である。すなわち，zムラの自治組織は，その基礎集団としてのイエ→組→垣内で合議された意志決定をボトム－アップ型で汲み上げ，それらの意志決定を住民の総意として戦略と方策を決定する。そして，自治組織がその方策を実践するさいには，その方策に応じて，イエ，組，垣内の各基礎集団がそれぞれに実践主体となる。

こうしたz町自治会とv公民館は住民の自治組織だが，中央・地方行政とも直接的・間接的に強い繋がりをもつ。そこで，2つの自治組織は，「官設的集団」として分類される。官設的集団とは，「実質上町村自治機関を通して国家的中央機関の関与・指導・保護のもとにある集団」である (鈴木 1968a: 361)。もちろん，この定義は戦前の軍事中央国家体制の時代に提示されたので，当時と現在とでは地方自治や住民自治の現実がまったく異なり，当時の定義がそのままzムラの現状に当て嵌まるはずはない。しかし，それでも，地方自治体にたいする行政の実質的な「中央集権体制」は，第二次大戦後に改革され，近年にも変革されているとはいえ，いまなお根本的に脱構築されていない。したがって，自治会や公民館が，住民自治組織として，地方自治体を通して中央行政機関と何らかの形態でつながる事態を表すために，ここでは自治会と公民館

を「官設的集団という機能集団」として捉える。

　以上のようなzムラにおける自治組織にかかわる経緯を踏まえて，それぞれの自治組織の特徴と，それらの関係と実態をさらにみる。

◢ z町自治会

　zムラの住民自治は，その詳細な歴史については不明だが，おそらく，中世に成立した惣村（蔵持 2002：185-94；黒田 1985；藤木 2010）として，江戸時代から今日にいたり，住民自治の何らかの形態を形成した。日本の近代化において制度化された一般的な呼称としての「部落会」や「町内会」は，建前で住民自治が謳われたものの，中央政府が地方行政を通してトップ–ダウン型で設置した官制的集団である。それは，伝統的な住民自治が形成されていたzムラにあっても同様であった。

　もともとzムラをはじめv地区の各ムラには，住民が主体的に構築した自治組織があったが，それらはv村の設立という政治的近代化によって，中央政府に統治される官制的な「区会」となった。1889（明治22）年の町村制によってv村が発足したさい，v村のz大字をはじめとする6つの集落社会には，従来あった自治組織に基づき，地域行政と連結する「区会」が編成され，区会の代表者は「区長」と称された。「区会」の名称は1955（昭和30）年に「自治会」と変更され，その代表者は「自治会長」とよばれるようになった。

　町村制の敷設後も，v村は，大字としてのムラが山地に点在して孤立化するがゆえに，ひとつの村としての統合がむずかしく，各大字の区会が独自にそれぞれのムラを統制し運営していた。v村における各ムラの区会は，v村の議会を介さず直接に地方政府に陳情するなど，実質的に自治活動をつづけた（p. 30）。したがって，zムラにおいて，「自治会」という名称は第二次大戦後に用いられたが，実質的に自立したムラ社会が従来からあって，それを運営する自治組織の歴史は古くながい。しかし，第二次大戦時になると，ムラの区会は，軍事的政治体制の中に組み込まれた。こうして，zムラの自治組織である区会も，中央政府の指揮命令系統の末端統制機関として位置づけられた。

　大戦後に日本全国の自治会は，民主的な住民団体となったが，民主化後も日本の中央集権的行政体制下で依然として末端機関化されている。敗戦直後の1947（昭和23）年に，GHQは，官制的団体としての旧町内会や旧部落会が臨戦組織だったとみなし，それらの解散を日本政府に命じた（伊藤 2007：92）。その命令にたいして，町内会や部落会は，「自治会」などと名称を替えて，自治団体として生き残りをはかり存続した。しかし，「自治会」が名目的に民主的団体になったとはいえ，実質的にはいまなお官制的団体として少なからず機能する。

　z町自治会では，ほとんどの住民が「基礎集団としての組」を通して「機能集団としての自治会」活動に関与する。このような自治会の活動状況は，ｖ地区各町のムラにも同様にみられる。それらの自治会は，自身でムラ社会全体を運営する政策を立案し，自治会成員である住民の総意によって，その立案にもとづいた支援を地方自治体行政にたいして能動的に働きかける。

　こうしたz町自治会には，その内実に様々な旧弊の諸問題を抱えるにせよ，本来の住民自治の理念型が少なくとも形式的に実践されている。z町自治会は，伝統的に，つねにそれ自体の政策をもちつつ，地方自治体と妥協や葛藤を織り交ぜ，せめぎあいを演じてきた。限界集落化した現在も，自治会は住民を代表してそのムラ社会の存続と再生に取り組んでいる。

　このように，z町自治会と，都市部における多くの自治会や町内会とでは，自治活動の次元が異なり，それらの自治活動による住民自治の次元も異なる。すなわち，大都市部では自治活動は部分的・表面的であり，地域全体の住民自治がほとんど実践されないのにたいして，zムラでは，イエ―組―垣内という社会構造に支えられた「自治会」を通して，「住民の自治活動」が，住民の総意を反映しながらムラ全体を運営し，その結果として，ムラの住民による本来の自治が実践されている。このような住民自治を実現するz町自治会は，組織上，ｖ公民館と切り離せない関係にある。そこで次に，ｖ公民館の成立，そしてｖ公民館とz町自治会の関係をみよう。

◾ z公民館からv公民館へ

　zムラで自治会とともに自治組織の活動を推進するのは，「公民館」である。「公民館」は，その形態や内容が自治会の場合と同様に多様だが，一般的に，戦後に市民の社会教育を目的として，各地の教育委員会によって設置された。それは，住民が自発的に形成した団体ではないが，敗戦直後に町内会が「公民館」と名称を変えて存続した例もある（伊藤 2007: 92）。現在でも自治公民館運動などがみられ，公民館も広義に住民自治組織とみなされる（伊藤 2007: 93-96）。自治会と公民館は，ときに混同されながら，一般にいまも自治組織のひとつとして認識される。

　v村時代のz公民館も，社会教育施設として設置された。「戦後のv村では各大字で青年団，婦人会，PTAなどの地域団体が活躍していたが，それぞれの団体の間に連携がなかった。そこで青年団が村教育委員会に働きかけて，これらの個別団体の活動を総合指導する組織を設立するように要望した。1953（昭和28）年，当時の村教育委員長はz［大字］とx［大字］の学区ごとに公民館分館を設置し，それぞれの学区の実情にあわせて活動することとした。分館長，主事（小学校長が兼務）が任命されたものの，発足当初は建物も施設もない「青空公民館」であった。その後，各大字の集会所が部落公民館として供用され，地域の行事はほとんど公民館によって主催されるようになり，v［村］の公民館は次第に地域文化活動の推進母体として成長していった」（p. 65）。このように，zムラには住民自治の「青空公民館」を出発点として，z公民館が1953（昭和28）年に創設された。そしてz公民館は，1955（昭和30）年の分村合併後にa市中央公民館の管轄下に置かれた。

　住民自治の色彩が濃かった「青空公民館」が，a市教育委員会管轄の官制的「公民館」になる過程について，現在（2013年12月），v地区市民センター所長・v公民館主事γm(46)は，次のように説明する。「どの地域も独自に自主運営の公民館というものをもっとったんですよ。名称はバラバラです。この地域は〈公民館〉と呼んでますよね。（現在の公民館の住民による自主活動は）名残なんですね。公民館というのは，館長さえおればですね，館がなくても公民館活動

ができるんですよ。戦後ね，公民館というのは，国が要するにやったわけですけど，館長はとにかくいるんです。館長と主事がおって，館はいらないから，館長の家であったり，地元の集会所であったり，地元に馬力があればですね，地元が館も造ると，というようなことで，様々なんです。」

　その後a市は，1970年代から80年代にかけて，公民館と住民センターの設置による住民自治を推進した。1980年代にzムラをはじめv地区の人口・世帯が激減すると，1985（昭和60）年にz町とx町の両公民館は統合され，z町にv地区市民センターが設立され，「センター内にv公民館が新たに発足した」（p. 65-66）。「小学校が廃校（1986（昭和61）年）後は公民館が地区住民結合の中心として重要な役割を果たすようになった」（p. 66）。v地区市民センターは，a市のv地区を管轄する行政機関であるが，z町の公民館や自治会の自治組織と緊密に結びついている。

▨ v公民館とv地区市民センター

　このようにa市が公民館と市民センターを合わせて設置した経緯についても，γm(46)が次のように説明する。「公設民営というんですけど，公がつくって地元で運営すると，まあ住民自治のようなもんですよね。それをa市は昭和50（1985）年代に，全地区ですね，21地区全部に館を造ったわけです。そのときに社会教育の拠点である公民館と，住民サービスの支所であるセンターを合体させて，コンプレックスの施設としてつくるというのが，a市の昭和50年代の花形やったんですね。」

　こうしてできたv公民館は，名称どおりv地区全体を所轄する団体であり，本来はv地区全体の福祉に貢献するはずである。実際に，それは，v地区全体の自治事業や行事を実施している。ところが，v公民館の事務局は，z公民館の事務局に引き継がれた，という歴史的経緯もあるため，zムラ住民は，v地区の様々な公民館活動において，v地区の住民全体と協同しながらも，実質的に中心的な役割を担うようになった。そして，z町が多くの公民館活動の実施場所となってきた。

　ｖ公民館とｖ地区市民センターの設置によって，ｚムラの自治活動がｖ地区全体の自治活動と結びつくとともに，そこにａ市の地域行政が絡む状況となった。ｖ公民館とｖ地区市民センターの関係は同公民館主事・センター所長γm(46)による「公設民営」の説明によって明らかだが，それでも実態は外部からみるとなかなかわかりにくい。『郷土誌』(1997年)には公民館と市民センターの仕組みが次のように説明されている。「ｖ公民館は地区市民センター運営委員会が運営する。同委員会は，自治会を初めとして地域の諸団体から選ばれた委員によって構成する。さらにこの運営委員の中から選ばれた常任委員が日常の公民館事業を推進する中核となる。常任委員会は，女性，高齢者，体育保健衛生，青少年文化，レクリエーション，緑化，交通安全の各専門部のいずれかに所属して業務を分担する。常任委員は毎月20日，定例委員会を開き事業内容を検討して実行に移す。公民館の運営費はａ市教育委員会から地域振興事業補助金，生涯学習補助金，地区体育祭補助金（平成8［1996］年度計340,000円）を受けるほか，自治会から公民会費（同［1996］年度一戸当り1,000円）を収入とする」(p. 66)。

　2013年において，公民館専門部では，女性，高齢者，レクリエーションに変更はないが，その他の文化緑化，青少年，交通安全対策・保健衛生で多少の入れ替えがある。さらに，いまは体育指導員と人権啓発推進委員が公民館活動をしている。

　『郷土誌』(1997年)に示されたｖ公民館とｖ地区市民センターの仕組みは，γm(46)の説明と逆のようだ。すなわち，γm(46)によれば，ｖ公民館の運営委員会がｖ地区市民センターを運営するが，『郷土史』(1997年)によれば，地区市民センター運営委員会がｖ公民館を運営する。γm(46)はいう，「市民センターの運営委員会というのはないんですよ。これ［市民センター］は，あくまでも行政の支所であるから，住民さんとは1つ線を引かなあかんということですね。そんで，公民館は，運営委員会というのをつくってまして，これは住民と，公民館主事ですよね，公民館の職員とが一緒になって組織して，地域づくりをしよう，というのがその目的です。公民館ありきで地域づくりをして，市役所と共同してゆこう，と……」。こうした公民館と市民センターの関係や仕組みに

ついて，ほとんどの住民はまったく関心をもっていない。

▧ 公民館と自治会の関係

　v公民館とz町自治会の関係も複雑で曖昧である。その関係について，元公民館館長だったAm(89)は，「公民館と自治会とは全く別の組織」と指摘したうえで次のように説明する。「公民館長を選ぶには，自治会で推薦をすると，そしてその推薦状を出して，それによって市役所の教育委員会が任命する，ということになりました。そいで，2月一杯くらいで選考を終わって，3月初め頃に推薦書を教育委員会に出して，そして教育委員会が決定したのが新しい公民館長。4月1日からはじまって2年間の任期で，公民館長が推薦される。だから自治会と公民館はまったく無関係ではないわけです。自治会が推薦した人が公民館長になるというのが原則なんです。」

　このとき，v公民館長を推薦するのはv連合自治会であるが，慣例としてz町自治会長が推薦される。v連合自治会長はv地区各町の自治会長から選出され，z町以外の自治会長がv連合自治会長となる場合もあるが，その場合にもv公民館長となるのはz町自治会長である[23]。

　さらに，自治会と公民館の役割分担について，Am(89)は次のように続ける。「たとえば，敬老会にしても公民館が全部やる。ただし自治会はカネを出す仕事です。公民館には1銭もカネがありませんから，だからそんなことはやめだ，自治会がカネを出すから，仕事は公民館がやる。それで自治会から全部経費を負担します。そして公民館の役員がすべて運営をやったわけです。カネは全部自治会からもらう。カネはなるべく使わないようにするのを原則としています」。ここでの「自治会」について，Am(89)の念頭にあるのは，v連合自治会ではなく，z町自治会である。

　如上のように，zムラの住民自治活動において，v公民館とv地区市民センターとz町自治会は，実際上は渾然一体となっている。それらの関係について，ym(46)によれば，「市民センターのつながりは，どちらかというと自治会なんですよ，自治連合会があって，自治会長さんとセンター長がいろいろ交渉事

をしたり，持ちつ持たれつの関係がある。で，公民館が一番，錦の旗というか，皆さんが集うとこなんですよね。それで，公民館長を頭にして，ガッと祭りをしたり，いろんな行事をしたりする……」。ただし，公民館と自治会，そして市民センター運営委員会の構成員は，ほとんど兼務である。「役目をほぼ兼ねているもんで，これをまあ，組織上はどうしても管轄が違うもんで分けてますけど，もう会議は合同，福祉会というのもあるんですけど，いうたらそれも合同でガチャッとくっつけてやっている」。まさにzムラの自治組織において，公民館と市民センターとz町自治会が一体化している。ただし当然，v公民館とv地区市民センターは，v地区全体の公民館であり，市民センターなのである。

　このように，zムラでは主に自治会と公民館が，それらの歴史的な創設の経緯から自治組織として今も併置されている。その両組織の活動における主たる目的はいまやほとんど一致し，両組織の構成員も重複するので，それらを統合すれば省力化して効率的に諸活動が運営されそうだが，それらが統廃合される様子はない。しかも，自治会と公民館が統合すれば，自治活動をめぐりz町とv地区他3町との関係における矛盾が表面化して，v地区はその問題をあらためて議論せざるをえない[24]。いまのところは，zムラの住民はごく「当然」に従来の組織を継続している。そして，zムラは，状況に応じて都合よく両組織を運営することによって行政との関係を処理しながら，zムラの自治活動を遂行する。たとえば，自治組織が行政から特に財政面の支援をうけるさいには，それぞれの団体を使い分けたり，相互に業務を融通したりするようだ。

　結局，zムラにおいて，実際の自治組織による活動は，v公民館にある専門部によってなされる。すなわち，v公民館には，先述の通り，女性，高齢者，レクリエーション，文化緑化，青少年，交通安全対策，保健衛生という7つの専門部があり，それらの専門部がそれぞれの目的について各町の自治会活動を行う。そうした専門部の活動は，地区内では相対的に世帯数が多いzムラとxムラで活発である。それらの活動によっては，zムラはyムラと，またxムラはwムラと共同でなされる場合がある。

　このように，z町自治会の町内自治活動は，町内の基礎集団が活動単位となり，公民館専門部分科会によって実践される。その公民館専門部には，かつてv地区の各ムラ社会で地縁集団として形成されていた青年団や婦人会などが包含された。

　zムラでは，1970年代末いらい自治会婦人部（2000年から「女性部」に改称）の活動がめざましい。「v公民館女性部」の実質的な活動は，v地区各町の「自治会女性部」が担う。そして，「v公民館女性部」には，各町自治会女性部の部長と副部長が所属する。現在（2012年12月），「z町自治会女性部」は，自治会活動で重要な役割を担うだけでなく，zムラの地域再生活動において中心的な役割を果たしている。zムラの女性住民が地域再生活動の主役となって以来，ムラにおける女性の社会的立場は全般的に向上した（→第6章1-1）。

◢ 地域再生活動に取り組むz町自治会女性部

　z町自治会女性部は，組の冠婚葬祭の互助，町内の伝統的な地域奉仕活動，地区全体と町内の行事における準備から運営まで，といったように，自治組織の重要な役割を担ってきた。とりわけzムラにおける行事などの飲食関係の支度には，z町自治会女性部が総出で取り組む。

　このような女性部の前身は，消防団や青年団とともに，農山村の伝統的な機能集団の自治組織である「婦人会」であった[25]。v地区でも，伝統的に「女性が近隣互助のため労力を提供する慣習があり」，その慣行が婦人会に受け継がれた（p. 67）。戦時下の1937（昭和11）年は，婦人会も，青年団と同様に，村落の枠を越えて国防婦人会vに統合化された。敗戦後の1947（昭和22）年には，「婦人会」は，v村の各村落で農村女性の文化活動団体を実践する「婦人部」として自治会の下部組織に編入され再出発した。そして，1990年頃に「婦人部」は，「女性部」に解消された。

　z町女性部では，公民館や自治会の定期的な行事ばかりでなく，前述のように，その有志が1970年代末から地域の再生や活性化を目的とした行事などを企画し運営もしてきた。そうしたz町女性部の地域再生活動は，紆余曲折をへて，

現在（2012年12月）まで継続され，その活動の勢力はz町自治会全体の活動として拡大し，その実績はzムラの外部からも高く評価されるようになった。そうしたzムラ自治組織による地域再生活動ついては，次章（第6章）で詳述する。

このように，zムラの地域再生におけるzムラ女性住民有志による活動の実績は目覚ましいが，自治会や公民館における執行部の顔ぶれをみると，いまも全員が男性である。zムラをはじめv地区では，日本社会全体で一般的にみられるように，地域社会の運営が伝統的に男性の年長者集団によって統制された。zムラで男女の社会的不平等が改善されてきた状況はごく最近であるというが，現時点（2012年12月）では，zムラの自治活動における女性の活躍が実際に看取され，少なくとも自治組織活動における男女間の社会的不平等は，筆者には感じられない。

3-4　zムラにおける自治活動の力学

◢ ムラの素封家と住民自治

zムラの運営は，以上でみたように，いまはzムラの住民の主体的な参加と協働によって運営されるが，少数の有力者が支配的に自治組織を運営する状況が，かつてはあったのかもしれない。しかし，その実態は不明である。というのも，zムラ関連の歴史資料が地元で散逸していて，関連施設にも存在しないため，入手したり閲覧したりできない状況だからだ。数少ない資料や住民の言い伝えによると，zムラでは，江戸期から1889（明治22）年のv村設置まで，ある門閥家が庄屋を代々務めていた。その門閥分家5代目Bmは，1891（明治24）年から1895（明治28）年まで，v村の2代目村長を務めている。Bmは，「各種の事業を経営して郡内屈指の富豪となったが，同家は大正（1912年から26年）の初めに離村してd［市］に移った。現在ではz町にB姓の家は残っていない」（p. 25）。Am(89)によれば，B家は，大正期（1910年代頃）までzムラに大邸宅を構え，山を200町歩もっていた。大邸宅は今はなく，その蔵だけが現在のv地区市民センター（旧z小学校校舎）横に残っている。その他には，広大な家屋や土地は，現在のzムラにまったくみられない。

　山中に孤立化する寒村であったｚムラに，近代化いこう専制支配の門閥富豪はいなかった。Am(89)はいう，「たいした素封家というものは，ここ［ｚムラ］にはいない。山の中で生活ズーッとして，なんとかうまく儲けた人が，いい家を建てて，山を買い，田圃を買いして，まあ財産家になったわけですわ。そんな人が1割，7，8人くらい」。

　これらの「財産家」がｚムラの自治組織に家父長主義的な支援をする事例は，あった。たとえば，前述のＢは，1880（明治13）年に同家の長屋を校舎にして小学校を開いた。Ｂの事例以外にも，私財を投じてｚムラの公民館，診療所，郵便局といった社会基盤の整備に貢献した富者による寄付の事例もある。

◤ 自治組織によるガヴァナンス

　しかし，ｚムラの自治活動の体制が，Am(89)が挙げたような「素封家」によって専制的に支配されたという事実は，いまのところ見あたらない。伝統的なｚムラの自治活動の方針は，「組」の寄合における結果を汲み上げた「自治会」の合議で決定された。勿論，富豪が自治組織の実際的な決定と実践を牛耳っていた可能性はあるが，少なくとも「組」の合議を積み上げるムラの寄合は伝統的に開かれていた。現在のｚムラの住民自治においても，住民の意志が＜イエから組の寄合を通して＞自治組織による実践に反映され，そしてその自治組織の活動には，住民全体が関与する[26]。こうして，伝統的な自治活動の形態や内容は，戦後日本の民主化で変容しながら，「組」の合議を通した自治組織の運営という体制は，今日まで保持された。

　このように，ｚムラにおける現在（2015年12月）の住民自治のガヴァナンスは，その伝統的な仕組みに由来する，と考えられる。ｚムラ社会は，明治期から第二次大戦まで，経済成長に取り残されたが，その間にも，100数十世帯・人口700人前後という村落の規模を保ち，社会的政治的に安定したムラ社会を築いていた。安定したｚムラ社会が成立していたのは，ｚムラにおける住民自治の仕組みと，それを支える凝集性の高い社会関係とに帰する。ｚムラの社会関係は，血縁や地縁による，基礎集団としてのイエや組に特徴づけられる社会構造

の高度な社会的凝集性から形成される。そして，その基礎集団における協同や相互扶助を土台として，住民の総意が反映され，住民が主体的に活動する自治会や公民館といった，機能集団としての自治組織が伝統的に構築されてきた。

　大戦後，zムラが諸問題に直面したさいには，住民が自治組織を通して，ムラ全体で諸問題に対処した。これまでに，v村の創設，県道の敷設，v村の分村，a市との合併といった，zムラの存亡にかかわる課題が，ムラを挙げて議論され対処された。そして，1980年代後半に顕在化したzムラの限界集落化にたいしても，その再生活動が住民自治運営の一環として，2000年代初めからムラ全体で取り組みはじめられた。

　zムラの住民自治とそのガヴァナンスの仕組みは，完璧な直接民主制ではないにせよ，そこに住民の意志が汲み取られるので，住民の合意形成過程が円滑に機能する。こうした住民自治がzムラ社会に機能しているため，その小規模性も一因となって，ムラにおけるz住民の帰属意識は高く，その自治組織の活動に関与するz住民の主体性も高まる。同時に，zムラは，相対的に社会的葛藤が少なく，安定した社会関係を保持している。

　とはいえ，zムラ住民の社会関係にも，日常的に拮抗する状況が部分的にあったり，ときに葛藤が個人間に生じたりもするのだが，どのような事態であっても，住民は自治活動において——たとえ個人が集団圧力に順応した結果であるにせよ——全般的に連帯して取り組む状況がみられる。そして，住民自治の活動における観察から看取されるのは，zムラの集団的な結束力，つまり住民組織の高度な社会的凝集性が，再生活動の原動力となり，活動の成果に結びつく，という現実である。

◤ 住民自治と社会関係資本

　こうした現実，集団の社会的凝集性が集団行動の生産性を高めるという事実は，1990年代以降に社会科学の主題として議論され，その研究結果が「社会関係資本」という概念において検証された（Bourdieu 1986; Coleman 1990＝2000; Putnum 2000＝2006）。すなわち，zムラの再生活動の成果については，ある集

団の「社会関係資本」とその活動の生産性との関連性を追究する見解によって説明される。その見解によれば，集団や組織において構成員の連帯が強固であるほど，つまり「社会関係資本」が強度であるほど，集団や組織における活動の生産性が高い。この見解には様々な視点から反論もあるが（たとえば，Skocpol 2003＝2007），少なくとも本章の事例は，＜社会関係資本の強固さと地域再生の業績としての生産性とにおける正の相関関係＞を物語っている。

◤ 社会関係資本の結合型と架橋型

　日本農山村における高度な社会的凝集性は，一般的にみると，集団圧力によって各自の主体性が集団内に発現せず，そのために構成員個人が集団内に埋没する形態で集団全体の連帯が統制されるという，「運命共同体論の因習的性質」として特徴づけられる。そうした特徴ゆえに，ムラ社会の連帯については，否定的な側面が強調されがちである。すなわち，日本の農山村において，歴史的に形成された「社会関係資本」は，ムラ社会内部における血縁や地縁の強固な集団圧力と外部の支配権力の強力な統制とによって成り立つ，個人の主体性が集団に埋没した社会的連帯であった。

　こうした社会関係資本の構成的特徴に関連して，パットナム（2000: 22-23＝2006: 19-20）は，個人と集団の関係性から，社会関係資本の「結合型」と「架橋型」という 2 つの類型を指摘する。一方の「結合型」では，ある集団の構成員個人に集団圧力が働き，その集団の構成員個人の主体性が小さく，個人が集団に埋没するような状況において閉鎖的closed・排他的exclusiveな連帯性が形成され，他方の「架橋型」では，ある集団の構成員個人が大きな主体性をもち，各個人間の強固なネットワークによって開放的open・包含的inclusiveな連帯性が形成される。もとより，個別の社会関係資本の実態は，2 つの類型を両極として相対的に特徴づけられるが，＜日本農山村の村落共同体における社会関係資本の実態＞は，農山村研究に集積された成果をみれば（たとえば，有賀1966; 鈴木 1968a, 1968b; 鳥越 1993），＜地縁や血縁による結合型社会関係資本が形成された＞と特徴づけられよう。

▨ zムラ再生活動における架橋型社会関係資本

　ところが, zムラでは, 「地域再生活動」を通して, ＜住民個人の主体性が発揮される場面＞が多く見受けられる。そしてまた, 歴史的にみても, 従来の通説で否定的に特徴づけられた村落共同体の社会関係や社会集団について, それとは異なる特徴を表出する事実が, 多くの研究によって発見されている (市井 1971: 109-120; 佐藤・大石 1995; 藤木 2010; 渡辺 2005: 273-275)。そこで, zムラでは, ムラ社会の堅固な「結合型社会関係資本」が自治組織の運営を通して保持されてきた伝統のうえに, 1970年代末から現在に至るまで, 紆余曲折をへて継続された「地域再生活動」によって, ＜住民個人の主体性や自立性がzムラの変革的実践を推進する＞ような, 「架橋型社会関係資本」が形成された, と推察される。

　そのさい, zムラの＜社会関係資本が結合型から架橋型に転換した契機＞は, zムラの女性住民が組織的に取り組んだ「地域再生活動の尽力と成功」であった。zムラにおいて, 当然ながら, 個人の自立と集団帰属との間には葛藤があるものの, 「地域再生活動」を通して, 住民個人が自治活動のあらゆる局面で自己主張をする機会は拡大してきた。これについては, 現在 (2014年12月) のzムラ住民の多くが振り返り自覚している (→第6章1)。

▨ おわりに

　zムラは, 明治期以来の近代化から, 第二次大戦後の高度近代化を通して, その趨勢に翻弄されながら急激に変容したが, 山村であるがゆえに徹底的な近代化を免れた。つまり, zムラは都市化していない。それゆえに, z町にはムラ社会の原理が部分的にせよ遺った。ムラ社会の原理とは, 歴史的－地理的状況の影響に規定されながらも, 基本的に, 住民の生活が「自然・生態系」と「対面的社会関係」の基盤のうえに成り立つという機構である。そもそも日本のムラ社会は, 農民が人口の大半を占めた第二次大戦直後まで, 日本における人口の大多数派が暮らす社会形態であったので, そこに日本社会の構成原理が存在

した。

　ところが，高度近代化をへて急速に「都市化」が進んだため，ムラ社会の暮らしは，人口の少数派における生活形態となった。いまや，日本社会において大多数派となった賃金労働者が暮らすのは，都市社会である。そもそも近代都市は，資本主義経済を原動力とする近代化の産物とみなされる。その結果として，都市社会では，生活空間の利便性や快適性といった合理的機能性を追求するために「自然・生態系」が制御され，ときに人為的環境に置換された。また，都市社会では，私事権や個人の欲求全般が市場交換を通して充足されるので，相互扶助のための「対面的社会関係」はほとんど無用となった。こうして，都市社会の「自然・生態系」と「対面的社会関係」の基盤は，近代化とともに喪失した。

　自然・生態系と対面的社会関係の基盤が，本書の主張するように，人間社会成立の根本的要件だとすれば，都市社会は，その2つの要件を欠いているので，将来的に「持続不可能」となるはずだ。そして，人間社会成立の根本的要件を欠くために発生する問題――「自然・生態系の破壊」や「対面的社会関係の切断」といった問題――は，すでに世界中の都市社会に発生していて，とくに自然環境の破壊は地球規模の問題となった。こうして，日本の大多数の住民は，都市社会の深刻な「持続不可能性問題」を認識しながらも，都市社会を成り立たせる高度近代化が停止しても「持続不可能」となるような，どちらに転んでも行き場のない日常生活を送っている。

　ただし，現時点で「持続不可能」の危機が喧伝されるのは，高度近代化によって成り立つ都市社会よりも，高度近代化から取り残されたムラである。ムラ社会の原理で特徴づけられる多くの山村は，限界集落となって消滅の危機に瀕している。ある調査報告書によれば，2006年から「10年以内に消滅のおそれがある」集落が400以上あり，「いずれ消滅するおそれがある」集落が約2300にのぼる（国土交通省 2006『平成18年度　国土形成計画策定のための集落の状況に関する現況把握調査最終報告』）。また別の調査報告書では，1999年から2010年までの11年間に消滅した集落は283であった（総務省・国土交通省 2011『平成23年　過

疎地域等における集落の状況に関する現状把握調査』）。こうしたムラ社会が消滅する根本的原因は，ムラ社会から都市社会への人口移動であり，その人口移動の主要因は都市社会の労働力需要である。すなわち，資本主義経済の趨勢によって，ムラ社会は消滅の危機に陥った。

しかし，「限界集落の内発的再生」が，1980年代初め頃から散見され，いまや全国的に実践されている。それは，むろん，ムラ社会を都市化する実践ではない。むしろ，限界集落の再生は，ムラ社会の都市化とは逆方向に，地域固有の伝統や文化を見直し，自然や生態系を守ろうとする実践である。「自然・生態系」と「対面的社会関係」の基盤にもとづいた限界集落の再生は，実践の主体者が無自覚であるにせよ，高度近代化に対抗するムラ社会の「持続可能な」再興であるかもしれない。それは，地域自給と協同自助を基礎とする「持続可能生活空間」を具現する実践であると期待される。そうした限界集落の再生にみられる現実と，そこから見いだされる「持続可能な生活空間」の統整的理念像については，再びzムラを事例として，次章（第6章）で改めて考察する。

● 第5章 注 ●

1）本章で用いる「ムラ」の概念とは，日本の中世期に形成された，社会科学において「惣村」（蔵持 2002: 185-94; 黒田 1985; 藤木 2010）や「自然村」（鈴木 1968a: 56-59）として特徴づけられる社会形態を表す理念型である。ムラは，イエ（有賀 1966: 32-33, 1969: 164-175）やイエ連合（有賀 1969: 175-185; 福武 1949: 34-38）の「対面的社会関係」にもとづく社会的連帯と，構成員の社会生活に不可分にかかわる「自然・生態系」との基盤のうえに成立する，小規模な社会的統一体として特徴づけられる。

2）小規模な地域を綿密に調査研究する「集中的現地調査」の手法や結果については，今西（1952），Dore（1978），Embree（1939），Redfield（1953）などの古典的調査に倣った。なお，大戦後の日本農山村における集中的調査は，日本占領下で欧米研究者によってなされた（Beardsley et al. 1959; Cornell and Smith 1956; Dore 1978; Embree 1939）。そのさい，谷口（2010）によれば，米国研究者は，「調査対象地域の人々の心理や彼らと分析者との交流についての記述」を捨象して，調査対象地の「社会構造」を描出するような，構造機能主義的アプローチにもとづく調査研究の手法や，コンタクト・ゾーンとしてのフィールドの記述法などを用いた。そうした構造機能主義的手法の弱点を補うアプローチとして，1980年代になると「人物中心的

民族誌」person centered ethnography といった手法が登場した（谷口 2010: 90）。本書の集中的現地調査は，この「人物中心的民族誌」の手法を用いている。また，第二次大戦後の農山村ムラ社会において，「人物中心的民族誌」手法による集中的調査によって，高度近代社会に対抗する社会像に言及して，農山村ムラ社会を再評価する，日本人研究者による業績は少なくない（小田切 2013, 2014; 坪井・大内・小田切 2009; 徳野 2007; 松永 2012）。

3）『郷土誌』を作成した経緯について，発起人の1人であるAm(89)は，次のように語る。

　　[z] ムラは戦前とものすごく変わりました。山なんか90％不在地主のもので，……昭和30年頃までは70％地元の人がもっていました。わずか30年くらいの間にほとんど余所の人のものになってしまった。これはえらいこっちゃな，ものの様子がだいぶ変わったで，こんなことを分からんで，若い者が歳とったらつまらんことになるなあと思って，そこで郷土史を書かなあかんなと思って，無我夢中で[v地区連合自治会に]やるかって言ってやった。自治会長が皆賛成してくれて，いくらかかる，ということになった。カネ集めてできなかったら大変だから，カネが足りなくなったら集めよう，と。むちゃくちゃやりました。

　　最初は，誰も積極的にやりません。それで，皆の家を[郷土誌に]載せる，と言ったんです。「お前さんの家が出るよ」と言ったら，態度がコロッと変わりましたな。それから，原稿，1週間くらいでくれと言うと，3日くらいで，すっと持ってくる。えらいもんやな，と思いました。

　　本屋が，ワープロでやったら安く上がると教えてくれて，ムラにはワープロできるもんがおらんで，余所から来た人がボランティアでやってくれた。原稿は地元の人が書いて，わしは原稿を集める当番，印刷屋に行ったり，a［市］の図書館に行ったりしただけです。1冊，700円余りでできました。

　　[この郷土誌は]ないよりましですな。明治から大正を経て，こう変わったのはよく分かりました。

このように語るAm(89)は，z町q垣内出身の元中学校長で，現在（2012年）はa市街地に居住するが，毎日zムラの住居に自ら自動車を運転して通い，晴耕雨読の生活をしている。『郷土誌』の作成当時にはv公民館館長であり，現在もv地区住民の間で信頼が厚く，z町ではご意見番のような存在である。Am(89)が語るように，『郷土誌』の発刊は，v地区の大きな変化を目の当たりにした住民が，地区の歴史を振り返りながら現状を記録しようと決心して始まった。そして，それは＜住民の手作りによる郷土誌＞である。

4）ただし，主要な道の他に，山を突っ切って近道をする林道や生活道が戦前まで多くあり，往来も多かった。それらの道は，通学にも使われた。今は，それらの道は使われておらず，古道となった。v地区の古道を発掘・記録して，実際に「歩く会」を実践するv地区市民センターの市職員γm(46)はいう，「名前だけで，僕が調べ

たのは，8箇所くらい。でも，あとから出てくる，いっぱい。忘れられた峠が。小さいのも入れると，2桁は超しますね。全部，生活道です」。これらの生活道は，自家用車の普及によって利用されなくなり廃れた。

5）現在，地域再生活動にかかわる女性住民9名中，6名がz町外部から嫁いできた。それらの住民は，全員70歳代で，第二次大戦直後にzムラの住民となった。

6）zムラ住民にとって，近年の悩みのタネは，獣害である。獣害は2010年頃から頻発し始めた。Df(70)はいう，「畑もつくってますやに。けどいけませんわ，イノシシとシカとなあ，あとはお猿さんもたまに回って来ますし。ほんとにもう，畑つくんの好きやけど，つくれんようになってきましたわ。そんでもなあ，その合間に採れるものもありますで，また採れるかもと……。ここまでイノシシがでるようになって，なんともしょうがないですわ。畑はみんな囲いをしてますんやわ。そやけどな，その囲いを破ってきますんや。なんとしても入りますんやわ」。

7）農業の健康効果は，しばしば学術的に議論され，研究もなされている。たとえば，エヌ・ティ・ティ・データ経営研究所（2013）『農林水産省委託調査　平成24年度農作業と健康についてのエビデンス把握手法等調査』をみられたい。

8）もちろん，健康な高齢者だけがzムラに残っている可能性はある。実際に，Ff(42)によれば，この10年間に，zムラ出身で都会に暮らす別居子が，親の高齢化を心配してzムラ居住の高齢者を都会に引き取った事例が3件あるという。しかし，それらの高齢者はzムラを離れたくなかった。その中のある高齢者は，都会で暮らして体調を崩したという。

9）新制中学校の通学には，男子は地下足袋，女子は草鞋を履いていた。Hf(77)は回想していう，「草履で通った。それも藁草履。ゴム草履ができて，これ便利でいいなあ，って言って」。女子の中には，男子の歩きやすい地下足袋をみて，それを履く子もいたという。

10）zムラの山中で採れる山菜は，zムラへのIターン居住者であるFf(42)とKm(49)から聞いたものを列挙すれば，春にはユキノシタ，フキノトウ，タラ，ワラビ，葉ワラビ，ゼンマイ，コゴミ，タケ，イタドリ（最近は，シカが食べてしまい，採れなくなった），ウド，ツクシ，など，また秋には，スギタケ，ヒラタケ，クソ［ヘクソカズラ］，アケビ，ムカゴなどである。多くの住民は，山菜採りの特定の場所を山中に見つけ，慣例で，わが子にさえ教えず家族内でも各自の秘密の採集場所とするらしい。

11）zムラの山の神の祠は，たいてい，かつての村の共有林付近にあり，現在はa市が所有する山である。z町の山の神祭は，5垣内毎（1980年に1垣内が消滅）に，伝統的には正月7日に行われたが，第二次大戦後には12月7日に催されるようになった。現在では，z町4垣内のうち，山の神祭を執行するのはp-q垣内だけである。

　山の神について，柳田（1989b［1909］：541-42）はいう，「……全国を通じて最も単純でかつ最も由緒を知りにくいのは，荒神，サイノ神，山ノ神であります。仏教

でも神道でも相応に理由を付けてわが領分へ引き入れようとしますが，いまだ十分なる根拠はありませぬ。それだけにまたこの神々の起源の新しくないことが想像せられます。山ノ神は今日でも猟夫が猟に入り木樵が伐木に入り石工が新たに山道を拓く際に必ず祭る神で，村によってはその持山内に数十の祠がある。思うにこれは山口の神であって，祖先の日本人が自分の占有する土地といまだ占有せぬ土地との境に立てて祀ったものでありましょう」。

　　また，「村に住む者が山神を祀り始めた動機」について，柳田（1989a［1917］：246）によれば，「近世には鉱山の繁栄を願うもの，あるいはまた狩猟のためというのもありますが，大多数は採樵と開墾の障碍なきを禱るもので，すなわち山の神に木を乞う祭を行なうのが，これらの社の最初の目的でありました」。

12) 農林水産省によれば，「自給的農家」とは，「経営耕地面積が30a未満かつ農産物販売金額が50万円未満の農家」であり，農産物の商品生産を主目的とするよりも，その自給生産を主目的とする農家をいう。

13) 『郷土誌』には養蚕が次のように記載されている。「養蚕収入が貧困にあえぐ当時の農家経済をどれほど潤したか，計り知れないものがあった。このため，養蚕農家では蚕のことを〈おかいこうさん〉と呼んで尊重していた。農家の中には例外として専用の蚕室を持つ家もあったが，たいていの家は蚕を居室で飼って人間は土間で寝た」（p. 115）。

14) Nm（80）は，稲作を学ぶために，1949（昭和24）年から隣接するc市の4Hクラブ［20世紀初めに米国で発祥し世界に普及した，農村の生活向上や農業技術の改良などを目的とする農村青年組織。4Hは，Head, Heart, Hand, Healthの頭文字］にオートバイで通い，その後に3年ほどで米づくりに成功した。米づくりに一生懸命だったNm（80）は，自分がムラから「米キチ」とよばれていた，と当時を回顧して笑う。

15) ここで，Em（74）が説明する「合理化されたとき」とは，日本電信電話公社が一般家庭にレンタルしたパルスダイヤル式電話機が普及したときを指す。それがzムラに導入された時期は，Em（74）の説明と『郷土史』の記述とで少し異なっている。

16) なお，パーソナルコンピューターによるインターネット利用者は，zムラにおける全49世帯のうち8世帯であるが，携帯電話や多機能携帯電話については，ほとんどの住民が利用している（2016年現在）。

17) 「組長」は，組内世帯において1年ごとの輪番で交代する。かつて組長は世帯主の男性に限られたが，2010年以降になって女性が組長となるケースも通常となった。

18) 国家の政策的な近代農山村「自治」の史的展開については，村落社会研究会編（1979）において特集されている。この特集における農山村自治における研究の焦点は，「町村行政担当者が，国家官僚が思惟（イメージ）し法規範化された〈地方自治〉と，末端町村の〈自治〉あるいは共同体的性格を，どのように矛盾なくまた矛盾しつつ接合・統制して両者の利害関心を充足していったか，またいかんとしたか

という過程（プロセス）」（高木 1979：40）に集約される。ただし，とりわけ独立化した山村では，この「過程」において「町村行政担当者」ばかりでなく，「住民自治会」が関与した。

19）柳田（1931）もまた，同様のムラの社会構造を類型化している。柳田（1931：30）は，日本の歴史的な土地の開発に，2通りの経営方法とそれぞれに応じた2通りの労働組織が併存したと指摘し，それらを「単一支配式」と「組合式」とよんだ。一方で「単一支配式」は，有力な付近の豪農などが多くの百姓下人を引き連れて指揮を執り，開墾した田畑を支配する方式であり，他方の「組合式」は，各自が入費と労力を持ち寄って共同で開発し，開墾した土地を適当に分割する方式である。

20）zムラでは，「組」ごとに伊勢神宮を参詣する伊勢講も，伝統的に行われたが，いまは全くなされていない。伊勢講は，戦前に縮小されてz大字の代表者による参代となり，戦後しばらくして消滅した（p. 90）。「昭和59（1984）年zでは次のように取決め，参宮講に事実上の終止符を打った。すなわち，参宮講は毎年4月第1日曜日，自治会全員（1家1名以上）が参加するレクリエーションとし，参拝を省略，講として子どもへの土産は買わないことにした」（p. 91）。

21）z町自治会を4戸の世帯が退会したきっかけには，ある出来事があった。それは，2007年にz町自治会が設立し運営をはじめた雑貨店「みんなの店」で起きた出来事である（→第6章1-2）。なお，自治会に加入していないのは，z町全49世帯中8戸である（2012年12月時点）。10年以内にz町に流入したIターン4世帯のうち，「組」の寄合に出席していないのは1世帯である。

22）ただし，このような派生集団＝機能集団の社会関係が，少なくとも日本の伝統的な農山村地域では，基礎集団と構成員や範域において重複し，ときに一体化して，機能集団の実際に基礎集団の特性が影響しがちである，という状況は，銘記されるべきである。

23）2010年4月から2011年3月のv連合自治会長は，x町自治会長であった。v地区市民センターでv連合自治会の会合があった折に，筆者とx町の地域再生について話していたx町自治会長は，「これ［v公民館］がここ［z町］にあるのが，どうにもならん」と呟いた。v地区の4町は，共同で多くの事業や行事を行い，各町自治会長同士も親密であるが，それぞれに競争意識も強いようだ。v地区でz町と並んで地域再生の実績が評価されているx町では，v公民館の運営形態が気になるらしい。

24）2011（平成23）年6月には，v地区に「a市v住民協議会」が設置された。その実際は，地方自治法や市町村の合併の特例に関する法律に定められた，「地域自治区」に設置される「地域協議会」の理念に相当する。a市住民協議会規則によれば，「住民協議会」とは，a市内の「おおむね小学校区の範囲で区域」を定めて，他の住民協議会と区域を重複せずに，地域住民が自主的・自立的にまちづくりを目的として設立する団体である。a市は「住民協議会の設立と運営にあたって，必要な支援措置を講ずる」。v住民協議会の事務局は，z町の市民センターにある。こうして，v地

区には連合自治会と公民館にくわえて，さらに住民協議会が併置されたことになる。住民協議会の会長には，v公民館とv連合自治会長を兼務するzムラのEm(74)が就任した。現時点ではv地区連合自治会もv公民館も存続しており，端からみると，住民協議会の設置は＜屋上屋を架す＞の感が強い。しかしEm(74)は，将来的に住民自治組織を住民協議会に統一化したいと期待している。

25）婦人会の他にも，かつて自治組織として活躍した団体はいろいろとあった。なかでも，「青年団」の活動が盛んであった。青年団は，消防団と同様に日本農山村の典型的な自治団体である。zムラをはじめv地区の村落には，江戸時代まで「若者組」という青年団の原型となる自治団体があり，若者組は「独自の規律，集会を持ち，部落の共同作業を行なっていた」(p. 67)。それは「明治維新の後，青年会と改称したが，その実態は昔ながらの部落に所属する若者組と変わらなかった。日露戦争後，政府は農村青年の国家意識を高めるため青年会を再編成し政府の統制下に置こうとした。このため1915（大正4）年，政府は部落の青年会を解体して町村単位の青年団に統合し，小学校を卒業した20才未満の青年男女に青年団加入を強制した」(p. 67)。v村の各村落は広範囲に点在したので青年会は統合されなかったが，戦時統制下の1931（昭和16）年に各ムラの青年会が統合され，村長を団長とするv［村］青年団が結成された (p. 67)。敗戦とともに占領政策によって青年団は改組され，団員の自由参加，役員選挙などの改革が行なわれて再発足した。戦後，v［村］の青年団は地区の復興運動を活発に推進していた。

　現在のz町の自治会や公民館で中心的役割を担う男性住民は，ほとんど30歳代に青年団団長を経験している。いま70歳代後半から80歳代前半になったzムラ男性住民が青年団長であった1950年代中頃に，v村青年団は，v村公民館の設立を要望した (p. 65)。しかし，現在，限界集落化したz町をはじめv地区各町に，青年団は存在しない。高度経済成長期に若者が就職を求めて離村したため，その後に青年団は自然消滅した (p. 67)。zムラを離れるさいに多くの若者は，ムラに残る住民に「よいムラにしてくれ」と言い残したという。

　また「消防団」も，伝統的にムラ社会の重要な自治組織かつ官制的集団であり，いまも自治会とともにv地区各町に存在する。ただし，z町が限界集落化した現在では，他のv地区各町と同様に，自警団や水防団は，規定上「70歳以下の男子全員」で組織されるが，実質的に全員参加の体制である。

　そして，高齢化したv地区では，いま「老人会」の活動が盛んである。「老人会」は75歳以上のv地区住民によって構成される。実際の老人福祉推進活動は，地域老人会の上部団体であるa市老人クラブ連合会に委ねられるが，v地区の「老人会」は主として公民館の行う文化活動や地域の福祉運動に協力し，地域再生活動にも参加している。

26）ただし，zムラでは組の寄合の回数が減少して，住民の意向が自治組織に反映されていない，という意見も，住民の中にみられる。

第6章

ある山村の再生

はじめに

　本章は，ある山村における限界集落再生の実践事例から，＜生活満足度の高い持続可能な生活空間が実現する力学の剔出＞を試みる。多くの山村は，高度近代化によって周辺化した帰結として，限界集落化という現実に直面しているが，それもかかわらず，本書が提起する「持続可能な社会」の成立要件——「自然・生態系」と「対面的社会関係」の基盤という要件——を充たしている（→第5章）。そして，いくつかの限界集落では，住民が主体的に限界集落の再生に取り組み，その結果として，住民の生活満足度が高まるような生活空間を創出した。

　こうした限界集落再生の実践は，高度近代化に抗する現実であり，＜持続可能な生活空間を新たに構成する徴候＞にさえみえる。そこで，山村再生の実態ついて，前章（第5章）に続き，ｚムラの事例を考察して，そこに「持続可能な生活空間」が形成される力学を探究する。山村ｚムラにおける限界集落再生は，1970年代末から自治会婦人部の有志によって着手され，その後の変遷をへて，いまではｚ町自治会活動として住民全体によって主体的に実践されている。これまでのｚムラにおける再生活動の成果は，メディアで何度か取り上げられ，中央政府や地方自治体から地域振興関連の賞も受けた。そうした状況から，多くの外部団体が頻繁にｚムラの地域再生の実態を視察に訪れている。

　ただし，ｚムラにおける再生活動の実態は錯綜していて，容易に理解できな

い状況も少なくない。そうした状況のなかでも，筆者がｚムラにおいて再生活動を身近にみるにつけ印象づけられたのは，住民がムラに＜賑わいを取り戻す＞ために，自身の生活を＜より楽しくしよう＞とする，その発想であった。こういうと，再生活動の「目的」と「手段」が逆転するように聞こえるが，ｚムラ住民は，外部から多くの人が限界集落化したムラを訪れて，ムラが賑やかになることを目標としたが，この目標をムラの皆で楽しんで達成しようと決めた。

　さらに，そうした発想をｚムラの住民全体で共有したうえで，ムラ全体が強固な社会的連帯を発揮して再生活動に取り組んだ。すると実際に，楽しく賑わいをもたらした結果として，住民の日常生活も楽しくなった。とはいえ，ｚムラの社会関係には，綺麗事で片づけられない事態も少なからず発生している。それでも，ｚムラの社会関係資本は強固であり，その再生活動はムラ社会になんらかの変化をもたらした。本章は，ｚムラの社会関係と住民自治組織などに焦点をあてながら，その山村再生活動の実態と，それが生起する力学を探究する。

1　限界集落化と再生活動の歴史

　ｚムラ住民が限界集落化したムラを住民自身で再生する活動は，ｚ町自治会婦人会（2000（平成12）年よりｚ町自治会女性部）有志によって1979（昭和54）年に開始され，その後の1990年代初めからは，ｚ町自治会活動としても，公共施設を拠点として，ｚムラ住民全体によって現在まで実行されている（図6-1）。その限界集落再生活動（以下，再生活動）が展開された経緯を以下にみる（表6-1）。

1-1　再生活動の始まりとその後の経緯

■「山菜クラブ」の創設から「ささゆり会」の再編成へ

　ｚ町婦人会有志23名は，1979（昭和54）年に，林業が廃止され少子高齢化で衰退したムラに少しでも活気を取り戻すため，「山菜クラブ」を設立した。この

① 旧ｖ村役場
② ｖ地区市民センター
③ ｖ゛むらお休み処
④ az簡易郵便局
⑤ コミュニティーｖ゛
　　みんなの店

図6-1　ｚムラ再生活動の関連施設

（出所：国土地理院地図より作成）

　再生活動の提案者は，当時の婦人会会長Mf(77)であり，活動の中心となった
のはMf(77)と同世代の当時40歳代半ばの女性たちである。Mf(77)は，住民が
楽しみながら活動できる団体の創設を提案した。山菜クラブの創設と運営に
リーダーシップを発揮したMf(77)は，当時を次のように振り返る。「休耕地が
増えて，畑では年寄りがこしらえた野菜を畑にそのまま腐らせてしまってい
た。」「これはなんとかしたい」と思い，当時のｚ小学校校長δfに相談して，「手
始めに休耕地を生き返らせよう，と決めた」。

　そこで，山菜クラブは，ｚムラの休耕地利用で栽培した作物や，当地に自生
する山菜などをa市街地の野外市場や寺院の大祭に出品した。それらの売上金
は，婦人会の旅行や会食に充てられて親睦がはかられた。山菜クラブの活動は
順調になされたが，結果的にみると，その活動は，再生活動というよりも，婦
人会の親睦活動といえる。しかし，山菜クラブの活動は，確かにｚムラ再生活
動の端緒となった。

　山菜クラブは，再生活動を拡充するため，1985（昭和60）年に「ささゆり会」
と名称を変更して改組された。ささゆり会の運営には，山菜クラブから８名が

表6-1　限界集落再生の主な活動

1979年	z町自治会婦人会有志23名によって「山菜クラブ」が活動開始。
1985年	山菜クラブが「ささゆり会」に改組。
1986年	ささゆり会が毎月第3日曜日に早起き市を開催。
1987年	ささゆり会が簡易宿泊工房「v'クラフト館」の運営委託。
○1991年	ささゆり会「食アメニティコンテスト会長賞」（農林水産省）。
1992年	ささゆり会の活動を土台として，自治会の財政的支援を受けて「v'むら運営協議会」創設。
1994年	v'むら運営協議会が「第1回v'むらジャンボ七草粥祭り」を開催（〜現在）。
1995年	v'むら運営協議会が多目的交流施設「v'むら お休み処」建設の要望書をa市に提出。
○1995年	v'運営協議会「婦人・高齢者グループの生活・生産活動に関する表彰」（一般社団法人 農山漁村女性・生活活動支援協会）。
1996年	v'むら運営協議会が「第1回v'むら夏祭りを開催」（〜現在）。
1997年	中山間地域活性化リフレッシュ事業の助成を受けて，多目的交流施設「v'むら お休み処」を設置。
○2000年	v'むら運営協議会「第25回山崎記念農業賞」（山崎農業研究所）
○2003年	v'むら運営協議会「第19回h県産業功労者表彰」
2004年	a市農業公園ベルファームに「v'むら」を出店（2012年に閉店）。
○2004年	v'むら運営協議会「全国農林水産祭豊かなむらづくり表彰農林水産大臣賞」（農林水産省）
2007年	z町自治会が「az簡易郵便局」と「みんなの店」の運営を開始。
2008年	v公民館女性部有志による「雛クラブ」が「v山里ひなまつり」を開催。
○2009年	v公民館女性部雛クラブ「第3回山村力コンクール全国山村振興連盟会長賞」（林野庁）。

＊　○印は受賞歴

参加し，代表にはMf(77)が就任した。会の名称となった「ささゆり」は，現在では少なくなったが，かつてzムラに群生していた当地自慢の花であり，その名称には＜山の中でも力強く生きよう＞という意気込みが込められた。ささゆり会に改組されたひとつの契機は，1985（昭和60）年にz町において開設されたv地区市民センター（以下，市民センター）において，z町再生活動の一環として「a木綿」復興活動（以下，復興活動）をz町内に普及するためであった。

　ささゆり会が活動の場を申請した市民センターは，v地区のa市出張所が廃止されて，v地区の行政業務窓口がa市本庁にすべて移管された後に，v地区

の主に公民館や連合自治会の業務を支援するために設置された a 市の行政機関である（→第 5 章 3 - 3）。当初，市民センターは，旧 v 村役場の建物に設置された。その建物は，1955（昭和30）年に v 村の分村合併がなされて以来，a 市の支所や出張所であった。市民センターが開設された翌年の1986（昭和61）年に z 小学校が廃校になると，旧 v 村役場の建物が老朽化したため，市民センター事務所を旧 z 小学校舎に移転することが決定された。そこで，旧 v 村役場の施設は未使用となった。このとき，ささゆり会が積極的に行政や自治会の関係者に働きかけ，その旧施設の運営を a 市から任された。これについて，Mf(77) は，「女性グループがようやく活動拠点を手に入れた」と振り返る。

　こうして，旧 v 村役場の建物は，ささゆり会が「a 木綿」復興を実践する施設として，手織り，染め物，こんにゃくづくり，などの体験ができる簡易宿泊施設「v'クラフト宿」となった。この簡易宿泊施設が設置された機会に，Cf(74)，Df(70)，Mf(77)，Qf(78) のささゆり会員 4 人が調理師免許を取得し，ささゆり会は復興活動を通して「観光事業の推進」に軸足を置くと決定した。しかし，このときに実施した復興活動や体験イヴェントなどはどれも継続せず，現在（2012年12月），簡易宿泊施設は稼働していない。この旧 v 村役場であった 2 階建て施設は，その後，後述する「v'むらお休み処」の付帯施設として，1 階を休憩室と倉庫，2 階を厨房・作業室として使用されている。

◢ 早起き市の開催

　ささゆり会は，1986（昭和61）年から復興活動とともに，地元の農産物を毎月第 3 日曜日に z 町旧 v 村役場建物前で販売する「早起き市」（以下，朝市）の開催に着手した。朝市を実施した理由は，市街地と v 地区間における路線バスの廃止案が提示されたことであった。そこで，朝市に訪れる客が市街地からバスに乗車することで，当区間のバス利用客を増やして路線バスを存続させようと考えた。バスの廃止を免れるには，1 日 5 往復として 1 日のべ30人以上の乗客数の確保が求められた。Mf(77) によれば，「資金ゼロで出発したため，つまようじ 1 本用意するのも大変だった」が，「毎月朝市の前に手作りのチラシを

3,000枚，a市内の団地や商店街のポストに入れた」。その効果などもあり，Mf (77)によれば，「毎回，200から300の人が朝市に来て」，朝市は成功を収めた。

　しかし，朝市の客足は，4カ月目になって減少し始めた。ささゆり会は，「もっと暖かみのある場にしないと人は来てくれない」と考え，朝市を「物売りだけでなく心がふれあう場」にしようと決めた（Mf(77)談）。そこで，朝市の接客には，客に粥を振る舞いながら，「会話を大切にする，客とのふれあい」が心がけられた（Mf(77)談）。こうした交流から，朝市の来訪者数はやがて多くの固定客をえられるまで回復した。朝市の常連客の中には，ささゆり会による活動の支援を申し出る人も10人近く現れた。それらの支援者は，ささゆり会のなかで「サポーター」とよばれ，後に「v'むら運営協議会」の活動においても重要な役割を担うようになってゆく。また，ささゆり会以外のzムラ住民のなかには，農作物の栽培を再開して，その農作物を朝市で販売しながら来訪者と交流をする人も現れ始めた。

　かくして，朝市は固定客との交流を通して定着して，その実績は外部からも評価されるようになった。朝市が開始されたそもそもの理由であった路線バスの廃止は見送られ，バスの便が当時1日6往復から1日4往復へと減らされたものの，路線バスは現時点（2012年12月）でも存続している。

　このようにバスの廃線を阻止した朝市の成功は，zムラ内でささゆり会の評価を高め，住民全体の間に再生活動の気運を醸成した。従来，zムラ女性有志が実践した山菜クラブやささゆり会の再生活動にたいして，zムラ男性住民の態度は冷ややかであった。当時（1980年代後半頃）を知る元v地区市民センター所長・v公民館主事θm(41)は，「たしかに，ムラには男尊女卑の風潮があった」という。Mf(77)をはじめささゆり会の会員たちは，その活動にたいして「たかが女のやること」という男性住民の陰口や嘲弄をたびたび耳にしていた。しかし，ささゆり会は「なにくそ」と逆に奮起した。その結果，女性住民の活躍がzムラ全体に認知されて，現在では，男性住民から「zムラではオカアサンたちが元気だ」とか「オカアサンたちの意見を聞かねば」とかいう言葉がしばしば耳にされる。

◢ vʼむら運営協議会の創設と「vʼむら」の活動

　実際に，朝市の成功で醸成された再生活動の気運は，1992（平成 4 ）年に z 町住民が全体で取り組むことを志向する「vʼむら運営協議会」（以下，vʼ協議会）の設立によって実践の端緒を拓いた。このとき（1992年）に，ささゆり会の実質的な活動拠点であった簡易宿泊所「vʼむらクラフト宿」の施設が，a 市から v 地区連合自治会に移管されたのをひとつの契機に，v 連合自治会がささゆり会の再生活動方針を z 町全体で共有したのだ。協議会会長には，Mm（79）が就任した。Mm（79）は，ささゆり会代表 Mf（77）の夫である。協議会理事には，連合自治会長，公民館長，市民センター所長（a 市職員），老人会会長など，当時の v 地区の重鎮が名前を連ね，そのなかにささゆり会代表も加えられた。公民館や市民センターは，v 地区全体の組織であるが，その施設が z 町にあるため，実質的に vʼ協議会は z 町の限界集落再生組織として運営されている，といってよい（第 5 章 3 - 3 ）。

　vʼ協議会の理事には v 地区自治組織の長老が名前を連ねたが，両者の実質的な運営関係については明確な規定もなく曖昧であった。それでも，vʼ協議会は，発足当初においては，会長の Mm（79）とささゆり会とが荷う，再生活動の自称「実働部隊」によって運営され，その運営に z ムラ住民が全面的に協力する体制をとった。そして，v 地区や z 町の自治組織が催す定例祭事，体育祭，カラオケ大会などの定期的行事では，vʼ協議会「実働部隊」が朝市などで培った経験を活かし，準備，設営，出店などの運営に先導的な役割を担った。vʼ協議会「実働部隊」の再生活動に関連する運営手法は，こうして多くの住民が再生活動にかかわる事業経営の手法を習得することにつながった。

　その後，z 町住民全体に再生活動の意識が次第に浸透するにつれ，自治組織の活動は vʼ協議会「実働部隊」に依存する度合いが減少し，vʼ協議会「実働部隊」は独自に再生活動を推進し始める。当初から vʼ協議会はその「実働部隊」が再生活動を企画して運営し，理事会はその運営にほとんど関与していない。そこで，本書では vʼ協議会を，以下では，その「実働部隊」が自称する「vʼむら」とよぶことにする。z 町をはじめ v 地区では，公式的な名称の「vʼむら運営

協議会」(v'協議会)が，創設当初から住民の間でも「v'むら」と称されていた。

「v'むら」が独自に展開した再生活動は，地域部外者との交流を広げ，それらのサポーターの協力をえた，まずは2つのイヴェントの開催であった。それらは，「v'むらジャンボ七草粥祭り」と「v'むら夏祭り」である。七草粥祭りは1994(平成6)年に，夏祭りは1996(平成8)年に，それぞれ第1回が旧v村役場前の敷地で開催された。一方の七草粥祭りは，ささゆり会の発案で，z町の廃屋にあった，直系1メートルの大釜で七草粥を焚き，それを竹の器によそって来訪者に振る舞うイヴェントである。

また他方の夏祭りでは，Mm(79)が和太鼓の愛好グループから「野外で和太鼓を思う存分に叩きたい」という要望を受け，その演奏をプログラムの一部に挿入して夏祭りを開催した。「v'むらジャンボ七草粥祭り」と「v'むら夏祭り」の両イヴェントには，地域にちなんだ食や工芸などの屋台が並び，いずれの開催時にも1,000人から1,500人の来訪者があり，盛況である。それ以降，どちらのイヴェントも，現在(2014年12月時点)まで盛況のうちにつづけられている[1]。

■「v'むら」活動拠点の創設と活動の変容

「v'むら」が七草粥祭りと夏祭りを成功裏に終えた後の1997(平成9)年に，訪問者との交流の場であり，食堂・物産販売店などの機能をもつ「v'むらお休み処」(以下，お休み処)が，旧v村役場に隣接して設置された。これは，ささゆり会が建設を熱望し，1995(平成7)年にv'協議会がa市に設置要望書を提出した施設である。結局，ささゆり会の活動が評価されて「中山間地域活性化事業」の採択を受けたうえで，建設費の負担は，h県50％，a市35％，そしてv地区連合自治会15％で分担された。そのさい，施設の整備に，ささゆり会の会員8名は20万円ずつ出資したという。Mm(79)も出資を申し出たが，Mf(77)に「男はだめ」と断わられた(Mm(79)談)。

「v'むら」の事業は，「お休み処」が活動拠点となってから，活動の比重がその経営におかれた。「お休み処」では，山菜天ぷら，若鶏バーベキュー，モロヘイヤうどんといった，郷土料理が提供され，ふところ餅や草餅などの手作り

加工品が販売されている。「お休み処」には，多くの来客があり，七草粥祭り
と夏祭りについても，毎年盛況がつづいた。そうした再生活動の様子は，山村
ｚムラの「豊かな自然の情景」とともに，口コミで次第に広域に広がり，やが
てメディアでも頻繁に取り上げられた。その知名度は国内全体にまで拡大し，
地域再生の成功事例としてしばしば取り上げられて，その活動を視察する団体
も頻繁に訪れるようになった（表 6 - 1 ）。

　こうした「ｖ'むら」の再生活動は，当初，ｚムラ住民と外部サポーターによっ
て支援されていた。サポーターをｚムラの活性化に誘引したのは，前述のよう
に，ささゆり会の活動であった。同時に，Mf(77)と Mm(79)の再生活動にたい
する理念や情熱が，多くの人びとをｚムラに惹きつけた。 2 人は部外者との
ネットワーク構築に専心し，またメディアや講演会などを通して「ｖ'むら」の
活動を広報した。Mm(79)は「ｖ'むら」の再生活動と並行して部外者と間伐作
業ボランティア関連NPOを1998（平成10）年に設立し，「ｖ'むら」の再生活動と
の連携を試みた。間伐NPOには，多くのｚムラ住民も出資し加入した。さらに，
Mm(79)を頼って10人近くのＩターン者も，1990年代中頃から前後してｚ町に
居住し始めた。現在（2012年12月），当該NPOの活動は休止状態であり，事実上，
解散している。

　「ｖ'むら」の再生活動においては，その拠点となる「お休み処」を設置して以
来，多くの試みが精力的になされたが，次第に「お休み処」の経営と， 2 大イ
ヴェント（七草粥祭りと夏祭り）の開催とが集中的に運営されるようになった。
「お休み処」が建設された1997年から2005年頃まで，「ｖ'むら」は外部サポーター
などの支援をうけ，コンニャクづくり，アマゴつかみ，藍染め，炭焼き，陶芸
などの体験教室，また間伐による里山保全に関連するハイキング・コースの設
置など，様々な企画を実践してきた。

　しかし，筆者には，その後の「ｖ'むら」が，「お休み処」事業の運営と， 2 つ
のイヴェントの経営に腐心し，山村ｚムラの「地域再生」という当初の目標が
後退して，商業主義化したような印象を受ける。「お休み処」の経営には，一
時のように混雑を呈する活気はないが，それでも外部からの来客は安定してい

て，また七草粥祭りと夏祭りについては，依然として毎回とも盛況である。それにもかかわらず，こうした印象が浮かび上がる状況は，聞き取り調査のさいに，この間の「v'むら」の「お休み処」と祭りの運営に関して，数人のzムラ住民が言い難そうに回答した，曖昧ながらも懐疑的な感想に窺われる。なかには，「v'むら」を「M商店」と揶揄する発言も聞かれた。

◩◸ 「v'むら」の後継者問題

「v'むら」の活動が商業主義的となり，その再生活動が後退した原因の解明は，その活動の経緯が複雑に錯綜するのでむずかしい。だが，実際に，サポーターの参加が次第に減少しただけでなく，zムラ住民の協力もやがて遠退いた。「v'むら」の母体ともいえるささゆり会の会員も，その詳細な事情は不明だが，「v'ムラ」の再生活動から次第に遠ざかり，現在，「お休み処」ではCf(74)，Df(70)，Mf(77)，Qf(78)の4名の会員のみが専従者としてその業務にあたっている。現時点（2012年12月）で，「ささゆり会」は実質的に解消され，その呼称は用いられていない。

実質的にMm(79)と4名の専従者で営まれる「v'むら」は，その主要業務である「お休み処」の後継者を育成するために，a市農業公園において2004年に「お休み処2号店」を開店して[2]，その2号店をv地区出身の女性3人が運営することにした。3人の女性は，いずれも当時40歳代であり，そのうち2人はz町出身でa市街地に居住するN家長女πfとM家長女τf，そしてもう1人はv地区x町に居住するμfであり，3人は現在（2012年12月）40歳代後半から50歳代前半の女性である。「お休み処2号店」が出店された当初は，「v'むら」の活動が盛んにメディアで紹介された時期で，「お休み処」本店の知名度があがった影響などもあって盛況であった。「お休み処2号店」の活況は，2号店で「v'むら」の活動状況を知った顧客が，z町の「お休み処」本店を訪れるようになり，入込み客増加の相乗効果ももたらした。

しかし，「お休み処2号店」は2012（平成24）年に閉鎖された。閉鎖の理由は，a市農業公園の入込み客数が創設時にくらべると減少したので，「お休み処2

号店」の来客数も減少して，経営がむずかしくなったためであった。「お休み
処2号店」を運営してきた3名の女性のうち，2号店の閉店後に τf と μf の2
人が，z町「お休み処」本店の運営に従事している（τf は，2012年から a 市街地か
ら z 町に引っ越した）。また，「お休み処」本店に従事するささゆり会の4人のう
ち，Cf(74) は2012年から腰痛のために「v'むら」の仕事を離れている。「v'む
ら」運営者の4名も70歳代後半となり高齢化するなかで，50歳代前半となった
2人の後継者がいよいよ本格的な再生活動に従事し始めた。しかし，「v'むら」
の後継者は，2人「だけ」しかいないという見方もできよう。

　そもそも，山菜クラブが1979（昭和54）年に40歳代の女性有志で創設された
時点で，後継者世代は z ムラにいなかった。後継者となるはずだった，当時30
歳代以下の女性住民世代は，すでに市街地や外部に職を求めて流出した。これ
は，限界集落の深刻な実態の一端とみなせよう。以来，山菜クラブ世代の z ム
ラ女性住民は，再生活動の開始から現在（2012年12月）に至るまで，30数年にわ
たり常にその第一線で奮闘しつづけた。しかし，山菜クラブ創設世代の年齢も
70歳代後半と高齢化し，限界集落化のために後継者世代はいない。こうしてみ
ると，「v'むら」の再生活動参加者が減少するなかで，その再生活動域が縮減し，
「v'むら」の経営活動に専念されるのは必然となる。

　こうして，観光事業に精を出す「v'むら」は，v連合自治会や z 町自治会から
実質的に独立しているが，「v'むら」会員も，自治組織の一員として，その自
治活動や再生活動には主体的に参加する。そして，ささゆり会や「v'むら」が
再生活動によってえた実績は，＜z ムラの全住民が関与する自治会が再生活動
を自治活動の一環として実践する段階＞まで展開させた。そして，z ムラ自治
組織の活動は，前章（第5章3-3）でみたとおり，z ムラ住民の生活と直結し
ているので，再生活動が z ムラ住民の生活における「慣習的実践」（安村 2012a）
の一部になった，とみなされる。

1-2　z町自治会の再生活動

　z町自治会は，2000年代以降から再生活動として，「az 簡易郵便局」，「v'コ

ミュニティーみんなの店」，そして「v山里のひなまつり」という３つの事業を
実践している。それぞれの事業について，以下で概観する。

◢ 簡易郵便局の受託と運営

　第一に，z町自治会が実践した再生事業は，「az簡易郵便局」の自主経営であ
る[3]。z町自治会は，2007（平成19）年５月から法人化して，az簡易郵便局の運
営を受託した。山間部で周辺化したv地区の郵便事情は，前章（第５章）でみた
ように，近代郵便制度が日本全国に普及した後も不便であったが，1927（昭和
２）年にv郵便取扱所がzムラに開設された。その後，現在のaz簡易郵便局長
Em(74)の曾祖父が，1931（昭和６）年に私設局舎を提供して初代局長となり，
郵便取扱所は特定郵便局に昇格した。この特定v郵便局は大戦後からしばらく
して，1993（平成５）年にv地区の戸数が300以下に減少して赤字経営に陥った
ため，a市が過疎地域対策の一環として受託してaz簡易郵便局となった。そして，
その施設は市民センター内に移設された。その後，2007（平成19）年の郵政公
社民営化の影響で地方自治体や農協による郵便局事業の受託が，全国的に減少
するなかで，az簡易郵便局も廃局を余儀なくされた。

　そこで，z町自治会は，az簡易郵便局の自主運営を決定し，a市の支援をえ
て，苦労の末にその存続を実現した。z町自治会が運営する簡易郵便局の施設
は，従来の市民センターから，a農協v出張所が2007（平成19）年４月に撤退し
た後，同年５月に農協が自治会に貸与した建物へと移転した。この簡易郵便局
の建物に併設された元農協の屋舎は，同時期に，次にみる「コミュニティーv'
みんなの店」の施設としても借用された。これらの元農協所有の店舗と土地は，
2010（平成22）年にz町自治会によって買い取られている。

　az簡易郵便局の廃止は，z町にとって13キロ圏内に金融機関がなくなり，年
金受給者が人口の大半を占めるz町住民にとって，深刻な不便をきたす事態で
あった。郵政民営化当時のv地区市民センター所長・v公民館主事であった
θm(41)は，z町自治会がaz簡易郵便局の経営を選択した発端を振り返って語
る。θm(41)が郵便局の存続方法をいろいろと調べた結果，廃止期限を迎える

１カ月前に，＜自治会が受託して簡易郵便局を存続できる＞という情報を入手した。そこで，「v'むら」を熱心にサポートしていたθm(41)は，v'協議会会長のMm(79)に「郵便局やる？」と持ちかけた。Mm(79)は「そんなこと，やるに決まってるやん。説明会してくれ」と答えたという。その後，ｚムラ住民が一堂に会した説明会をへて，当時にｚ町自治会長であったVm(74)の強力なリーダーシップによって，簡易郵便局の自治会運営が実現した。

　ｚ町自治会による経営のaz簡易郵便局は，a市の運営時と同じく，局長と職員という２名の要員配置で存続する。簡易郵便局の局長には，前述のEm(74)が着任した。Em(74)は，ｚムラ出身で東京の大学を卒業して旧郵政省に入省し，引退後の2007年からaz簡易郵便局局長を務めてきたＵターン者である（Em(74)は，本宅がa市街地にあるが，現在は私有の旧特定v'郵便局舎をｚ町における住まいとする）。Em(74)は，1931年に設置された特定v郵便局の初代局長から３代目にあたる世襲の──郵政民営化で廃止されたが──特定局長であり，現在（2012年12月），局長の役職の他に自治会長と公民館長も務める。多くのｚムラ住民は，Em(74)を「局長」と呼ぶ。また，簡易郵便局の職員には，a市の経営時から引き続きFf(42)が務める。Ff(42)は、東京都出身で名古屋の夜間大学を卒業し，東海地方の児童福祉施設で勤務した後，2003年にｚ町に移住したＩターン者である。az簡易郵便局は，規約上，ｚ町自治会運営委員会よって管理されるが，実質的にこの２人で運営されている。

◤ コミュニティー v'みんなの店の開店と運営

　第二のｚ町自治会による再生事業は，「コミュニティー v'みんなの店」（以下，みんなの店）の設置である。ｚ町自治会は，az簡易郵便局の自主経営の開始と同時の2007年５月に，前述の通り，元a農協出張所の施設に簡易郵便局と隣接して，日用雑貨店を設置し，これを自治会で運営することを決定した。このときにも，簡易郵便局の設置と同様に，当時のｚ町自治会長Vm(74)が強力なリーダーシップで自治会を牽引し，ｚ町自治会に加入する全51世帯の賛同を得ることによって，「みんなの店」は2007年７月に開店した。

　開店の資金には，z町自治会会員の各世帯が1万円，z町自治会が100万円を出資した．また，林業で成功した後にa市へ転居した，あるzムラ出身者が，「みんなの店」の開設資金として200万円を寄付した．

　「みんなの店」の経営は，z町自治会運営委員会によってなされ，店長には自治会長が兼任する．店番については，z町自治会女性部18人が土日休日を除く毎日，2人ずつ輪番で務めた（その後，2008年に6名が辞退した）．

　このように実現したみんなの店の設置は，限界集落化したzムラがいわゆる「買物難民」問題に直面したさいに，その問題にたいしてzムラ住民が積極的に対処した事業の成果である．第二次大戦前から高度経済成長期まで，zムラには「煙草屋，酒屋，魚屋，洋品店，よろず屋，菓子屋などがあって，とてもにぎやかだった」（Hf(77)談）．また，「自転車屋さんも床屋さんもあったし，薬とかチリ紙とか，いろいろな行商も来た．宿屋まであった」（Cf(74)談）．「林業で栄えた時期のzムラでは」，山村として孤立した状況下でも，「にぎわい，買い物に困らなかった」が，林業が衰退して廃止され，さらに少子高齢化が進むにつれ，「にぎわいは消え，店舗もなくなった」（Hf(77)談）．a農協出張所による金融と日用雑貨販売の事業が，2003（平成15）年に撤退したため，日常生活に欠かせない商店がzムラになくなった．こうして，zムラに「買物難民」問題が浮上し，z町自治会は自主運営の「みんなの店」の開設を実践した．

　zムラ住民が協同して熱心に着手した「みんなの店」の運営であったが，開店の当初（2007年7月）から店当番の女性住民の間で噂話を発端とした確執が生じた．その事件は，zムラ全体の社会的連帯が揺るぎかねないほどに拡大して，zムラの社会関係に不協和が生じた．この事件をきっかけに，z町内の3世帯がz町自治会から脱会している．この事件について，zムラ住民はあまり語りたがらない．

　簡易郵便局とみんなの店の創設を先導した，当時の自治会長Vm(74)は，2008年8月に事件当事者間の悶着に関与したために，自治会長職を辞した．その後，自治会長が不在となってz町自治会執行部は混乱したが，2008年11月にAm(89)が会長に就任した．そして，2010年にMm(79)が自治会長となり，「み

んなの店」の店長を兼任した。その後も事件の葛藤は完全に修復されていないが，zムラの社会関係はようやく平穏を取り戻したようにみえる。現在（2012年12月），みんなの店の店番には，7人の女性住民が1日1人ずつ輪番で務めている。

　現時点（2012年12月）でも「みんなの店」にzムラ住民の「みんな」が来る状況ではないが，それでも「みんなの店」は，次第に，zムラ住民や近隣住民が茶飲み話で集う場となっている。住民が三々五々に出入りする。ときに，zムラを訪れた部外者も談笑にくわわる。テーブルには茶菓子が置かれ，店番の人から茶が振る舞われ，店に置かれたテーブルと折りたたみ式の椅子で車座になって会話がはずむ。

　こうした雰囲気の形成には，郵便局員のFf(42)の人柄と，交流の場づくりの労苦が大いに貢献した。Ff(42)は，みんなの店において，住民間の不協和事件以来，みんなの店を住民が歓談できる場にしようと，少しずつ工夫を重ねてきた。Ff(42)は，自身が勤務する簡易郵便局の隣にある「みんなの店」に，店当番と協力して談話のスペースをつくった。そして，zムラやv地区の住民が年金の受け取りなどのために郵便局を訪れると，Ff(42)は「みんなの店」に誘導する。そうしたFf(42)の思惑と実行力とが実を結んで，「みんなの店」は歓談の場となりつつある。あるとき，みんなの店で7人の住民が歓談中に，女性部の中心的な人物であるGf(71)が発言した，「[みんなの店が]ほんとにいい雰囲気になったね。Ff(42)ちゃんのおかげだ」。歓談の輪の中にいたFf(42)は，「いやいや，みんなのおかげだがね」と，笑顔で応じた。

◢ 山里のひなまつりの開催

　最後に，z町自治会が実践した第三の再生事業は，2008（平成20）年から毎年開催されているv山里のひなまつり（以下，ひなまつり）である。「ひなまつり」は，z町自治会女性部が中心となってv公民館女性部有志15人が「雛クラブ」を結成し，3月末から4月初めの9日間にわたり，z町とその近隣の住宅域を会場として開催される。この行事を提案したのは，当時h県職員（2012年現在，県

嘱託職員）φm(61)である。φm(61)は，全国の観光まちづくりの事例を多く調査しながら，h県南部の農山漁村の地域振興に精力的に携わってきた。足助などのひな祭りを調査したφm(61)は，当初に足助の協力もえて，z町でひな祭りを開催することを提案した。それに応えたのが，元ささゆり会の会員などを含めたz町自治会女性部の住民である。「ひなまつり」を企画し準備する雛クラブには，「v'むら」の会員も参加している。「ひなまつり」の実施には，男女住民全体が関与する。それは大規模な運営となるが，業者に委託せず，住民だけですべてが実施されている。

「ひなまつり」の開催時には，各家庭や公共施設の約50箇所でひな人形などが飾られ，住民によって野点やぜんざいなどが企画され販売される。「v'むら」も，祭りの当日には会場の一施設となる。ひなまつりの2008年の開始以来における来客者は，天候に左右されるが，毎年9日間で延べ2,200人を超え，当日には，住民自身も会場を回って住民同士や訪問客との交流を楽しむ。こうした「ひなまつり」の運営には，確かに，zムラ女性住民がささゆり会や「v'むら」の活動を通して培った経験や経営手法が，様々な形で活用されている。

雛クラブは，2008年に「第3回山村力コンクール全国山村振興連盟会長賞」（林野庁）を受賞した。こうした雛クラブの活動には，2009年に故人となったXf（享年75）が世話役となり，リーダーシップを発揮した。Xf(75)は，ささゆり会においても，Mf(77)とともに再生活動のリーダー的存在であった。zムラのIターン者Rm(71)が発行する「v'通信」（2009年1月号）には，Xf(75)の次のような言葉がある，「［ひなまつりで］村が明るくなり，若返る。みんな生き生きする。何もかも忘れて1つの輪になれる」。

◢ 住民の生活満足をめざす再生活動

かくして，外部からみると，zムラの再生活動は，zムラ住民の日常生活において，住民が共有する生活空間の組織や文化を通して，各自の生活満足度を向上させる協同を実践している。それらの再生活動が，地域振興やまちづくりと称されるのかどうかについて，筆者には判断しかねるが，筆者を含めて外部

からzムラを訪れた人々が同様に感じられる印象は，zムラ住民が「助け合って，生き生きと暮らしている」（ひなまつりに訪れた，ある訪問者談）ようで，＜住民の生活満足度は高い＞という状態だ。そして，zムラの生活は，確かに，「自然・生態系」と「対面的社会関係」の基盤のうえに成り立ち，その基盤の大切さはzムラ住民自身によって自覚されている。

　孤立化し周辺化した山村zムラには，これまでみたように，高度近代化に翻弄されながらも，その社会関係と社会組織においてムラ社会＝村落共同体の遺制がある。そこでは，都市の生活に欠落する「自然・生態系」の基盤が，zムラ住民の生活をあらゆる面で規定し，また「対面的社会関係」の基盤が，ムラ社会を再生する原動力となっている（→第5章3）。そこで次に，zムラの再生活動にかかわる，住民の「対面的社会関係」に焦点をあてて，その実態を考察したい。

◢◢ 2　限界集落再生活動のキー・パーソン

　本節は，これまでみた再生活動ついて，zムラにおける再生活動のリーダーと自治会とのつながりに着目し，あらためてzムラの再生活動の実態をとらえる。一般に，成功する再生活動では，それを先導するリーダーの存在と，再生活動の実践主体となる地域住民の団体とが，重要な役割を果たす。

　たとえば，生活空間再生の典型的な一形態とみなされる「観光まちづくり」には，そのあらゆる成功事例において，＜まちづくりを主導した強烈な個性をもつリーダーの存在＞と，その＜リーダーを支えてまちづくりを実践する住民集団＞とが確認された（安村 2006）。そして，観光まちづくりの一事例であるzムラの再生活動にもまた，前述の通り，その再生活動においてリーダーと住民集団の存在がみられる。そこで，以下では，zムラの再生活動におけるリーダーと住民集団の実態に焦点を当てながら，これまでとは別な角度からzムラの再生活動をとらえ直す。

2-1　再生活動の先駆者としてのキー・パーソン

◢ 地域再生の実践におけるリーダーの意味

　1990年代後半に地域再生が成功したと評価された「観光まちづくり」の事例には，例外なく，それぞれの実践を先導したリーダー（たち）の活躍がみられた。それらの地域再生は，あらゆる点で強力な影響力を発揮するリーダーが住民のなかから現れ，その再生活動の理念に呼応した住民たちがリーダーとともに実践した事例である。当時，それらのリーダーのうち100名弱が，国土交通省から地域振興を主導した功績で表彰され，「観光カリスマ」と命名された[4]。

　このように1990年代後半に一般に注目を集めた地域再生の実践は，実は1980年代前半頃から着手されていた。日本全国各地の「周辺」地域において，同時期に，個性的なリーダーが率先した地域再生が一斉に開始されたのだ。こうした歴史的－地理的背景を有する地域再生の事実は，「持続可能な観光」の活用という特性から，一般的に「観光まちづくり」と称される（第1章3）。「観光まちづくり」の事実は，「周辺」地域から，高度近代社会に対抗するかのように発現した。それは，新時代につながるささやかな社会変動の徴候であるかもしれない。

　「観光まちづくり」研究では，そこに必ず登場するリーダーが，しばしば「キー・パーソン」とよばれる。「キー・パーソン」という用語は，哲学者の市井三郎（1963, 1978）によって命名された。市井（1963, 1978）は，新時代の転換を切り拓く歴史上の変革者を「キー・パーソン」と名づけ，その用語を鶴見和子（1996）が援用して，＜地域社会の内発的変革を先導するリーダー＞を「キー・パーソン」とよんだ。本書もこれに倣い，「観光まちづくり」による内発的地域再生の現実が新時代に向かう変革の徴候であると想定したうえで，そのリーダーを「キー・パーソン」と特徴づける。

　そしてzムラの限界集落再生の実践もまた，地理的－歴史的特性と力動的特性の両視点からみて（安村 2011），「観光まちづくり」の一事例とみなされるので，それを先導した「キー・パーソン」の存在が仮想される。実際に，前節（本

章1）で記録した，ｚムラの再生活動の経緯から明らかなように，そこに2人の「キー・パーソン」の活躍が浮かびあがる。

◢ 再生活動の先駆者

　ｚムラの再生活動におけるキー・パーソンとしてまず着目されるのは，上述のとおり，Mm(79)とMf(77)の夫妻である。2人は，ともにｚムラq垣内に出生し，ｚムラがa市と合併した1959（昭和34）年に結婚した。当時，ｚムラの冠婚葬祭は，ムラの組内で執り行なわれる慣行であったが，Mf(77)の強い希望で，2人はa市街地の式場で結婚式を挙行した。こうした行動様式は，2人が旧い仕来りにとらわれず，外部に開放的な再生活動をその後に実践するような革新的態度の一端とみられるのかもしれない。M夫妻は，1970年代後半から，ときに助け合いながら，それぞれにｚムラの再生活動に着手した。

　夫のMm(79)は，結婚と同時に養鶏業を営みはじめ，さらに青年団長として活動した。養鶏業が軌道に乗り順調に収益をあげはじめた1970年代末から，Mm(79)はｚムラの再生活動を開始する。後の再生活動につながる最初の出来事は，1978（昭和53）年当時のｚ小学校長δfがｚ小学校の児童で「緑の少年団」を結成し，その指導をMm(79)に依頼したことであった。δfは，1976（昭和51）年4月から79（昭和54）年3月までｚ小学校長に就任し，前述のように，Mf(77)が山菜クラブの創立について相談を持ちかけた人物である。緑の少年団の指導を引き受けたMm(79)は，その後の90年代にかけて，間伐作業ボランティア団体や山村の芸術村の設立を画策し実践した。

　Mm(79)が再生活動に動機づけられたもうひとつの契機は，青年団長だった時期に，当時のｖ公民館長εm（1921年生－2009年没）との邂逅であった。いま，当時を振り返ってMm(79)はいう，「εm先生のものの考え方が若いときに私に染みついた。あの人の影響があったんかなあ，つねに新しいことをやりたがる。80［歳］になっても新しいことがやりたい」。εmは，歴史家であり，ｖ公民館長を務めた後にh県資料館館長となって，1980年代初めに「a木綿」の復興運動を提唱した。その復興振興会を設立したεmは，Mm(79)にｚ町における

復興運動への協力を依頼した。そして，Mm(79)の仲介で，前述の通り，ささゆり会がzムラにおける「a木綿」復興を実践することになった。

　Mm(79)が1980年代から90年代に手がけた再生活動は継続せず，またzムラの「a木綿」復興活動もうまく展開できなかったが，それらの活動を通して，Mm(79)の再生活動に取り組む姿勢に共感した多くの部外者が，zムラの再生活動にボランティアとして参加するようになった。それらの部外者は，後に「v'むら」の活動にも引き続き関与し，ささゆり会の場合と同様に，「サポーター」とよばれている。

　zムラの本格的な再生活動を主導した妻のMf(77)は，幼い頃から家業の農業を手伝い，中学校を卒業した後には結婚するまで，h県最大の工業都市であるe市で，夜間高校に通いながら事務員をしていた。Mm(79)との結婚後は，家業の養鶏などの仕事をして，後に自治会婦人部でリーダーになると，zムラの再生活動に着手し，前述のように，「v'むら」の活動に専心した。

　Mm(79)とMf(77)は，それぞれに再生活動に従事したが，ささゆり会が活動をはじめた1980年代末頃から次第に，Mm(79)が運搬などの作業でささゆり会に助力するようになった。また，ささゆり会が「a木綿」復興活動への関与を決定したさい，その復興活動の提唱者とささゆり会とを結びつけたのは，繰り返すが，Mm(79)であった。そして，1992（平成2）年にv'協議会が設立すると，Mm(79)が会長となり，M夫妻が共同してリーダーシップをとって，飲食業とイヴェントを中心とする再生活動が，「v'むら」の施設と土地を拠点として営まれた。こうして，Mm(79)とMf(77)は，ともに地域再生のリーダーとして広く名を馳せるようになり，「v'むら」による再生活動に協力して専心した[5]。そして，「v'むら」は，春と夏のイヴェントで盛況をえて，「お休み処」の経営も軌道に乗ると，山村再生活動の成功事例として，近隣ばかりでなく，全国的にも注目を集め，メディアにもしばしば取りあげられるようになった。

　このように，Mm(79)とMf(77)は，状況にそつなく対応して，広報活動にも力を注いだ。とくにMf(77)は，話術が巧みで，弁舌もさわやかであり，その話しぶりが人を惹きつけるので，関連の講演やシンポジウムにしばしば招待さ

れ，そこで「v′むら」の広報に尽力した。「v′むらのお休み処」は，Mf(77)を含めた4人の女性とMm(79)で運営していて，午前6時の仕込みから午後9時頃の片付けまで忙しい。そのような中で，Mf(77)は依頼があると「v′むら」の活動について講演などをした。Mm(79)はいう，「うちの母ちゃん，県の産業功労賞を受けて，農業大臣賞の審査員になった。東京によばれて，〈えらい，えらい［大変だ，大変だ］〉と言ったけど，〈行け，行け〉と言った」。このように講演の経験を積んで，Mf(77)の演説には，a市のある職員によると，「ますます磨きがかかった」ようだ。Mm(79)も，ときどき講演の依頼を受けている。Mm(79)は滑舌がよいとは言い難く，独特の語り口であるが，地域への思いを語るMm(79)の話振りはやはり聞き手の共感をよぶ。Mm(79)は，主にzムラの再生活動の視察に訪れる人たちに，その説明をして人気を博している。

　M夫妻によるzムラの再生活動は，2人が「v′むら」の事業に力を注ぎ始めた2000年頃から，前述のように，zムラの再生活動よりも，「v′むら」の経営活動に力点が移った。こうした状況は，「v′むら」の活動方針が営利目的に転換したわけではないが，外部からみると，「v′むら」の事業の存続が第一義となって，zムラの再生活動という当初の目標が薄らいだようだ。

　ただし，Mm(79)が「v′むら」の存続にかける熱意は，以前から変わっていない。Mm(79)とMf(77)がzムラの再生活動のために必須と考える要件は，「［zムラの］外部とのつながり，人と人のつながり」である。Mm(79)はいう，「ここ［zムラ］では外とのつながりがない。［外部とは］v′むらでつながっている。それが私の生き甲斐。カネのつながりではなく，心と心のつながり。カネはありませんよ。人間って，カネとちがう」。M夫妻の再生活動の目標は，まず＜v′むらを人が集い賑わう拠点＞にすることであった。

◪ キー・パーソンと若手Ｉターン者の確執

　しかし，その後の「v′むら」の活動において，「人のつながり，心と心のつながり」を強調するMm(79)の理想には，少しずつMm(79)の思惑とは異なる出来事が現われ始めた。そのひとつは，サポーターの減少である。「v′むら」や

「ささゆり会」当時からの数人のサポーターは，七草粥や夏祭りのイヴェント などを支援するため，今も遠方からも駆けつけるが，近年では，サポーターが 全体的に足りず，イヴェントのつどに新たにボランティアの参加を求める状況 となっている。

　サポーターが減少した理由について，Mf(77)は「ボランティアについての変 化の兆し」を分析する。それによれば，「10年前のボランティア希望者は都市 生活のストレス解消で，ゆとりややすらぎを求めて遠路をはるばるやってき た」が，「どうもこの頃は都市生活者に余暇を楽しむ余裕がなくなってきた」。 さらには「多くの地域で環境改善やスローライフの活動があって，ボランティ アが分散したのかもしれない」。長年活動したサポーターが，高齢化を理由に 参加できなくなる状況も考えられた。

　もうひとつ，「人のつながり」を強調するMm(79)の理想に反する事態は， Mm(79)を頼ってzムラに移住したIターン者とMm(79)との確執である。Mm (79)の再生活動の理念に共感し，Mm(79)を頼ってzムラに移住したIターン 者は少なくないが，現在（2012年12月）でzムラに居住するのは，40歳代後半の 3世帯4名だけである[6]。この4名は，Mm(79)との関わりからzムラに移住し， v'協議会の活動にかかわったが，その後，活動への関わり方などをめぐって， Mm(79)との間に感情的な確執が生じた。この4名以外にも，Iターン住民と Mm(79)の同様な確執は，以前にもあった。それらのIターン者は，zムラを 離れた。

　そうした確執が生じた経緯は，両者に多くの言い分があり，食い違いも大き いので，判然としない。Mm(79)には，「人のつながり」を求めてボランティア で再生活動に取り組みつづけてきた信念があり，同様な心構えで皆がボラン ティア活動に専心すべきだ，という思いが強い。それに対してIターン者たち は，Mm(79)の理念に共鳴してzムラに居住を決めたものの，各自に山村での 生活や再生活動についての思惑があり，zムラでMm(79)の信念に「縛られる」 ような気持ちになった状況もあるらしい。いずれにせよ，両者の葛藤は，次第 に増幅して，4名の当該Iターン者たちは，zムラに居住しながら「v'むら」の

活動から離れた。

◤ キー・パーソンと離別する I ターン者

　Mm(79)を頼ってzムラに来た，これら 4 名の40代後半の I ターン者は，「v'むら」の活動に関与しなくなったが，zムラの社会関係には溶け込んで，z町自治会活動に主体的に参加し，それぞれに自治会の職務にも就いている。 4 名のうち，zムラ居住の最古参はzムラに暮らして10年になるFf(42)である。Ff(42)は，前述のように，zムラに居住した当初からaz簡易郵便局の業務を 1 人で任された。そして，Ff(42)から 5 年後のほぼ同時期に，Km(49)，Jm(49)とJf(46)の夫妻がzムラに定住し始めた。Km(49)は，当初，Mm(79)の勧誘もあってzムラで民宿を手がけるつもりであったが，うまくゆかず，このことも一因となってMm(79)との間に軋轢が生じた。またJm(49)は，f 市で務めていた会社を辞職し，Mm(79)の紹介で家屋を賃借してzムラに夫婦で暮らし始めたが，「v'むら」の手伝いをめぐってMm(79)と対立するようになった。

　これら 4 名の I ターン者は，Mm(79)との葛藤が深まった当初には，同世代の I ターン同士で相互に情報交換などをして親密な関係をもったが，その後，当の I ターン者の間にも確執が生じた。この 4 名は，zムラに転居してから，郵便局に勤めるFf(42)を除いて無職であった。Km(49)とJ夫妻は，以前の蓄えでしばらく暮らし，主に「v'むら」のボラティアをしたが，Mm(79)と関係が悪化すると， 4 名は高齢化したzムラ住民にとって負担となる作業を有料で補助する任意法人「アイ・愛」を，共同出資で——ただし，蓄えのあったJm(49)がその大半を工面して——Km(49)の家屋を活動拠点として設立した。その案内のチラシには「私たちはみんなの応援団‼／ I ターンの仲間で始めたzサポート」と記載され，「清掃・買い物・草刈り・雑用など」を請け負うと広告された。しかし，この任意法人は，運営の方針が 4 人の間で共有されないままに，半年ほどで解体した。その原因は，拠点となっていたKm(49)の家屋が立ち退かざるをえなくなった事情もあるが，主には，Jm(49)とKm(49)との間の性格的・感情的な葛藤だった。

　その後，Jm(49)はa市街地の会社に契約社員として勤務するようになった。Km(49)も起業の準備をしたり，自治会関連の臨時職員となったりしたが，しばらく後にa市郊外の食品工場に契約社員として通勤している。現在（2012年12月），4名のIターン者は自治会の再生活動に関与しながら，「v'むら」の活動とは距離を置いて，それぞれ思い思いにムラ社会の生活を楽しんでいる。

2-2　再生活動における継承者のリーダーシップ

◢ zムラの再生活動と自治会長

　以上のように，zムラの再生活動は，Mf(77)をリーダーとする女性集団によって先導され，その後，Mm(79)が加わって「v'むら」の活動として実践されたが（本章1-1），「v'むら」の活動にかかわるzムラ住民は，サポーターとともに，次第に少なくなり，Mm(79)を頼ってzムラに居住するIターン者も「v'むら」から離反した。これらの事態が原因か結果かは判然としないが，以降，「v'むら」の運営は，ムラの再生活動よりも，むしろ食堂やイヴェントの事業活動という傾向を強めた。しかし，M夫妻がキー・パーソンとなり，ささゆり会員の女性住民たちが再生活動を先導した事実によって，zムラに再生活動の気運が醸成された。その後，「v'むら」が事業活動に専念し，その活動が評価され始めた2000年頃から，zムラの地域再生は，z町自治会やその女性部が主体となって，zムラ全体の住民が関わるようになった（→本章1-2）。

　このようにzムラ住民が自治組織を通して実践した再生活動にも，やはりリーダーの存在が色濃く映し出されるのだが，それにしても，最近のzムラの再生活動には，住民の主体性が前面に押し出されていて，リーダーシップの影響はさほど感じられない。実際に，2007年に「簡易郵便局」と「みんなの店」が創設された後，現在（2012年12月）までの5年間に，z町自治会の会長は4人が交代したので，1人のキー・パーソンとよべるリーダーがこの間の自治会による再生活動を先導したわけではない。この期間の自治会長は，順にVm(74)，Am(89)，Mm(79)，そして現在のEm(74)である。いずれも，筆者が話を聞く限りでは，住民の支持を得た有能なリーダーであり[7]，実績もあるのだが，再

生活動におけるキー・パーソンの特徴には当てはまらない。

◾ 自治会長のリーダーシップ

　ｚムラの現実から観察されたのは，リーダーとしての自治会長よるｚムラ再生活動への影響力が，むしろ，フォロアーとしての自治会員＝住民による再生活動がより主体的となるにしたがって縮小したという事実である。すなわち，ｚムラ再生活動におけるリーダーシップは，自治会長が再生活動を指揮する「先導型」から，自治会の集団維持に配慮する「協調型」へと転換した[8]。もちろん，限界集落のｚムラでは自治会長候補が限定されるので，自治会長の選択肢については住民にとって制約がある。また，自治会長候補の選出に役員が影響力を行使する慣行もあるのだが，たしかにｚムラ再生活動の実践において，自治会長のリーダーシップよりも住民全体の意向が反映されるようになった。

　そうしたｚムラ再生活動における2007年以降の経緯を，リーダーとしての自治会長とフォロアーとしての自治会員との関係からみてみよう。2007年に「簡易郵便局」と「みんなの店」が設置された時点のｚ町自治会長は，Vm(74)であった。当時，公民館長であったAm(89)によれば，ｚ町自治会による両施設の創業は，実質的にVm(74)のリーダーシップで実現した。何人かの住民によれば，Vm(74)は「かなり独裁的で強権な自治会長」であったらしい。当時，ｚ町自治会執行部には，自治会による「簡易郵便局」と「みんなの店」の運営に躊躇する役員もいたが，Vm(74)は強力なリーダーシップで執行部の決定を統制し，ｚ町自治会の総会でも住民を説得した。

　ところが，「みんなの店」が開店した翌年の2008年に，前述のとおり，店の当番時における会話が発端となって，関連した住民間に葛藤が生じ，それがｚムラの社会関係全体に波紋をよぶ事件となった。そのとき，Vm(74)は事件後の混乱に関与したので，2008年8月に自治会長を辞任した。この事件をめぐってｚ町自治会執行部の運営が動揺したため，次期自治会長の選任も紛糾した。

　その後，2008年11月に，当時に公民館長であったAm(89)が，ようやくｚ町自治会長に選出された。Am(89)は，ｚムラの出身であり，20歳代にはｚ小学校

の教員を務めた経歴を有する。当時（2008年）の自治会執行部の役員を含め70歳代前半のzムラ出身の住民は，Am(89)の教え子であった。Am(89)は，当時（2008年）の年齢が80歳半ばと高齢であったが，住民の信頼が厚く，そのとき公民館長を引き受けていた。そして，「みんなの店」で発生した事件によって自治会長の選出が難航すると，多くの住民の意向から，Am(89)が自治会長に推され就任した。その就任は，Am(89)自身がいうように，「中継ぎ」であった。

　こうして自治会長の選出が紛擾するなかでも，再生活動が2008年から自治会女性部の主導で実践されていた。自治会女性部が企画・運営した「ひなまつり」では，かつてささゆり会に参加していたGf(71)やZf(72)，そして「v'むら」を実質的に運営するMf(77)らが中心となって活動した。

　Am(89)の後の自治会長には，zムラ再生活動のキー・パーソンであり，当時は「v'むら」事業に尽力していたMm(79)が，2010年4月に自治会長となった。Mm(79)は，自治会長として自治会の慣例行事や祭祀を履行したが，自治会による再生活動においては特段のリーダーシップを発揮しなかった。そして，2011年11月，Mm(79)は，突然に自治会長を辞任した。辞任の理由は明らかでないが，住民の噂では，Vm(74)とMf(77)の確執が遠因にあったという。

　自治会長が再び空席となり混乱するなかでようやく選出されたz町自治会長は，当時の公民館長を務めていた，前述のEm(74)である。Em(74)は，現在（2016年12月），z町自治会長の他にも，v地区連合自治会長，v地区住民協議会長も務める。zムラ出身者として住民に信頼されるEm(74)は，その経歴から外部との人脈が広いので，住民や外部・行政との調整をとりながら，自治会の通常業務から再生活動までをそつなく遂行する。Em(74)のリーダーシップ欠如を批判する住民も一部にみられるが，多くの住民はEm(74)の自治会運営を支持する。zムラの再生活動を含む自治組織活動は，Em(74)の「協調的」リーダーシップにおいて，実質的に住民が実践主体となるボトム－アップ型で運営されている。

　しかし，zムラの再生活動がボトム－アップ型で運営されるとはいえ，自治会全般の公式的運営については，必ずしもそうではない。全住民が公式の場で

自由闊達に意見を交わす状況ではない。たとえば，z町自治会の総会では，会員住民の出席率はきわめて高いものの，発言する住民はかぎられている。それでも，80人余りの全員が顔見知りのムラでは，日常の様々な場面において，女性住民が発言力を有し，Ⅰターン住民も，不平をもらしながら，自由に発言できる雰囲気がつくられてきた。そして，実際に，山村zムラの再生活動は，いま（2016年12月），キー・パーソン不在のなかで，住民主体で日常的に運営されている。

3　ムラ社会における社会関係資本の再構成

　zムラ全体における再生活動の実践主体は，如上のように，山中に孤立し周辺化したムラ社会の自治会という，固有の地理的−歴史的条件において成り立つ「変革的実践集団」（安村 2012a）である。固有の条件において成り立つとはいえ，ムラ社会全体の変革的実践を担う実践主体の出現については，そこに一般的な要件が読み取れそうだ。その要件とは，これまでzムラの再生活動の実際についての記録からみて，＜対面的社会関係を基盤とする社会関係資本の形成＞と，それに支えられて＜住民自治組織が運営するガヴァナンス＞（→第5章3−4）である。本節は，前者の「ムラ社会の再生活動における社会関係資本の要件」について議論をしたい。

対面的社会関係で成り立つムラ社会

　zムラの社会関係は，前章（第5章）でみたように，全住民83人の全員が相互に顔見知りなので，ムラの全域において「対面的社会関係」が日常的に生成する。特に70歳代から80歳代前半の女性住民は，自治会女性部の打合せや様々な活動で頻繁に交流している。また一人暮らしの80歳後半の女性住民については，その多くが毎日，畑仕事に精を出し，その合間や農閑期には，同世代の仲がよい友人と家を行き来したり，連れだって散策をしたりする。70歳以上の男性住民においても，農作業に忙しい時期もあるが，自治会の打合せや作業で互いに

顔を合わせる機会は少なくない。ｚムラでは，住民が普段の生活において，「対面的社会関係」が成り立っている。

　そうしたインフォーマルな場面ばかりでなく，ｚムラでは，これも前章（第５章）でみたように，「組」や「垣内」の自治組織においても，その役割に応じたフォーマルな「対面的社会関係」が頻繁に発生する。もっとも，全住民が相互に顔見知りの「対面的社会関係」では，住民個人にとって，社会関係にフォーマルかインフォーマルかの区別を感じない場面が多い。いずれにせよ，ｚムラでは，ムラ域内のあらゆる場面で「対面的社会関係」が成り立ち，あからさまに不仲な人間関係も少なからずあるが，それが自治組織の日常的な共同活動を滞らせる事態はほとんどない。

　ただし，そうした不仲な人間関係は，自治組織の役職や役割の決定などをめぐって，ときに表面化しがちだ。それでも，自治組織は，あらゆるレベルで円滑に機能する。前述のように，自治会長の選出などをめぐる混乱もときにみられるが，そのときでさえ，通常の自治活動は再生活動も含めて滞りなく行われる。ｚムラ住民がますます高齢化するために，個々の住民にとって自治会活動は負担となりがちだが，それでも多くの住民は自治組織の協同活動に主体的に参加する。

　このように，ｚムラに限らず，ムラ社会が一般的に「対面的社会関係」から構成される特性は，ムラ社会とマチ社会との構成原理が異なる決定的要因のひとつと考えられる。すなわち，「対面的社会関係」で成り立つムラ社会では，個人の生存が当該社会の存亡と不可分に結びつくような，いわば「運命共同体」の仕組みが伝統的に形成されてきた。ｚムラ社会も，その例外ではなく，やはり「運命共同体」の性格を有する。そして，ｚムラ社会の構成員である住民も，無自覚のケースもあるにせよ，運命共同体の一員という「ムラの精神」（鈴木 1968b: 451-45）を共有するようにみえる[9]。

　ムラ社会の対面的社会関係にたいして，都市化したマチ社会の対面的社会関係は，場面によって「フォーマル」と「インフォーマル」に区分されがちである。そして，インフォーマルな対面的社会関係の領域は特定化するため，関係の量

は減少し，質は希薄化する。そしてマチ社会では，個人の生存と，その個人が所属する社会とのかかわりは，個人によってほとんど意識されない。すなわち，資本主義経済＝商品経済が高度に普及した都市社会では，個人の生存と欲望を充足する，あらゆる物資とサーヴィスが商品として供給され，カネさえ支払えば生存と欲望の達成は可能となるので，個人ないしは家族などが形態的に単独で——資本主義経済が成り立つ限りではあるが——生活しうる。そのために，都市社会には「ムラの精神」に相当する文化が生成しえず，都市社会は運命共同体となりえない。

◢ 結合型社会関係資本についての批判

　このように，「対面的社会関係」がムラ社会の成立における土台となるので，ムラ社会では集団の生産性を高める社会関係の凝集性，つまり「社会関係資本」は高度であるのだが，しばしば指摘される見解によれば，ムラ社会における構成員の主体性は，集団の圧力や強制によって，集団全体の凝集性のなかに埋没しがちとなる。こうした集団圧力の支配性と構成員の集団埋没性とによって特徴づけられる「社会関係資本」は，パットナム（2000: 22-23＝2006: 19-20）によって「結合型」とよばれる。

　ｚムラの「結合型社会関係資本」に関連する状況について，都会からｚムラに住み着いて以来，批判しつづけているＩターン住民がいる。その人は，元新聞記者のRm(71)である。Rm(71)は，自身が「このムラで民主化闘争をしている」と，朗らかに笑いながら，とはいえおそらく真剣に，その決意を語る。ｚムラ住民に訴えかけるRm(71)の意見における要諦は，＜個人の自立，人権の擁護，民主的な自治，因習の打破＞といった近代市民社会の理念である。元新聞記者らしく，Rm(71)は2005年からｚムラや，隣接するｙムラを中心に，ｖ地区の出来事やら自らの主張やらについて，Ａ４判２〜４頁程度の「ｖ'通信」をワープロで作成して，ｚムラ全域に配布した。その後，2011年から紙媒体をやめて，インターネットでいまも「ｖ'通信」を配信している[10]。

　ｚムラに移り住んだRm(71)がｚ町自治会にたいして問題点と改善点を最初に

主張したのは，自治会が6月と10月の年に2回実施する県道草刈りについてであった。それは2005年のことである。この県道草刈りは，z町域内の県道において，h県が業者に委託していた草刈り作業をz町自治会が請け負い，県から作業代として77万円の支給金を受け取る自治会活動として実施される。この草刈りは，「出合」とよばれ，zムラ全戸から住民が動員されて，県道両脇の約4キロにおいて草刈りと清掃がなされる。その草刈りにたいしてRm(71)が提言をした当時（2005年），自治会は不参加者について実名を公表し，「出不足［金］」として男1万円・女5千円を徴収した。

　こうしたz町の県道草刈りは，zムラの結合型社会関係資本が強固なので，ほとんどの住民がそれに参加し，外部者からすると，z町にとって有益な成果をあげる生産性の高い共同作業にみえるのだが，そこにRm(71)は多くの問題点を指摘した。この草刈りは，高齢化したzムラの住民にとっては，身体に過重な作業なので負担となるが，z町自治会にとっては，h県から支給金をえられるので，自治会会計の主財源となりうる。草刈り作業に不満をもつzムラ住民もいたようだが，それらの主張は，Rm(71)による訴えがあるまでは表面化しなかった。不満が表面化しなかった主要因は，「v'通信」の主張から読み取れば，出不足の徴収や不参加者の公表といった，自治会から住民にたいする「外的な集団圧力」や，不参加が他の住民に迷惑をかけることの「後ろめたさ」や，自分だけが休むことの「気兼ね」などといった，ムラ社会の住民に共有される「内的な集団圧力」であった。

　そして，Rm(71)が「v'通信」を通してzムラのあり方を追及する基本的目的は，自治会の体制や住民の社会関係に通底した，「運命共同体」がもつ因習性の改善である。Rm(71)は，県道草刈りから派生する問題や，他の出来事から生起する「人権侵害」などの問題にも，「v'通信」において言及する。そして，それらの問題の批判においても，zムラの「因習性」という課題にたいする弾劾が根底にあった。すなわち，zムラの社会関係資本の高度化は，Rm(71)の主張によれば，zムラの運命共同体という「因習性」に由来する。

　こうして，Rm(71)がめざす自治会の民主化や住民個人の自立を訴える背後

には，自称「町者」のRm(71)が信奉する，「近代市民社会の理念や行動規範」が看取される。そうしたRm(71)の理念や行動規範は，「v'通信」などを通して，一部のzムラ住民の共感をえた。とりわけ県道草刈りについては，それにたいする住民の不満が一部に表面化した結果として，z町自治会も少しずつそれらの不満に対応するようになった。自治会は，県道草刈りの出不足について，Rm(71)の主張におおむね沿って，規則は残すが他の仕事に振り替えるなど，弾力的な運営を決定して，その後，2009年に出不足を完全に廃止した。「v'通信」の主張は，zムラ住民の賛同をえて，その程度は明らかではないが，少なくとも県道草刈りについて自己主張をするz住民が現れ，それらの意見に自治会も対処せざるをえなかった。Rm(71)自身も，「v'通信」において，「吹けば飛ぶような[v'通信]創刊号の反響は上々」(2005年8月)と記している。

かくして，zムラにたいするRm(71)の主張は，zムラにおける＜個人の自立と社会関係の民主化＞に帰着する。その主張は，zムラにおける「"つきあい"や"協力"の名のもとに，気乗りしない行事にズルズル参加する」個人の態度や，「一部役員の強引な主導に住民が引きずられ，もの言わぬみせかけ"全員一致"がまかり通っている」，そういう結合型社会関係資本の様態にたいする批判であり(2007年8月)，「[個人が]おもうように本音を吐けない重苦しい閉塞感」(2007年5月)の打破を訴えた。

◢ 新たな社会関係資本のあり方

しかし，Rm(71)が嘆息するzムラの「因習性」を保持する「社会関係資本」にもかかわらず，zムラの女性住民やIターン住民は，いまは主体的に自治会の再生活動に参加して自由に意見を主張し，なおかつ活動の生産性も上がっている。そうした状況は，日常的にもいろいろな場面で見受けられる。たしかに自治会の定期総会などにおける公式の場では，個人は発言を躊躇し，抑制しているかにみえる。ただし，日本社会においては，全般的に，同様な公式的場では，比較的多くの個人が発言を控え，特定の個人が頻繁に主張しがちという傾向がみられるのではないか。だからzムラの住民個人が定期総会で発言しない

のが正当だ，というつもりはない。

　それよりも筆者が問い直したいのは，＜近代市民社会の模範とは別の角度から評価される＞ｚムラの社会関係——その社会関係は，おそらく，日本の伝統的な社会関係の原理だが——が再考されるべきではないか，という問題である。そして，マチ＝都市社会の原理を無批判に受け容れて，マチ社会の観点だけから一方的にムラ社会を批判する態度は，再考されるべきだ，と筆者は考え始めている[11]。ムラ社会は，近代市民社会を模範とするマチ社会とは両者の存立基盤において異なるのだ。

　ｚムラの"民主化"を標榜するRm(71)の「v'通信」（2009年6月）にも，ｚムラの社会関係の一側面を評価する記述がある。Rm(71)が右足の小指を骨折して歩行が困難になったさいに，幾人かのｚムラ住民からいろいろな親切を受けた。そうした厚意に感謝しながら，Rm(71)いわく，「今度のような厚意が受けられたのは，当地が集落だからであろう。町の友人は〈とても考えられない〉と驚いていた。集落には特有の因習があり，それが〈問題〉に化けて住民の暮らしを窮屈にしてもいるのだが，絆を深めるという美質もある」（傍点は筆者）[12]。ここで，「集落」とは「ムラ社会」とも置き換えられる。ムラ社会において，こうした「厚意」は，ｚムラの住民にとって，対面的社会関係における，当然の相互扶助の一端であり，その社会関係資本の所産である。

　Rm(71)があらためてｚムラにおける社会関係資本の一側面を評価した理由は，日本の社会関係の原理を特徴づけた「間人主義」（浜口 1982; 1988）が指摘する＜相互依存主義，相互信頼主義，対人関係の本質視＞という社会関係の基本属性が，ｚムラの社会関係資本に遺っていて，それを体験したからだ，と考えられる。「間人主義」にたいして，西洋の「個人主義」における社会関係の基本属性は，＜自己中心主義，自己依拠主義，対人関係の手段視＞となり，現代日本社会においても，近代市民社会を理想とする都市社会では，個人主義に似通った社会関係が市民に信奉され，浸透している。

　Rm(71)はいう，「世に言う"おたがいさま"こそ，人間社会の真実なのであり，その方が"われこそは"と張り合う世の中よりも暮らしよいはずではない

か」(「vˊ通信」2009年6月)。つまり，これは，相互依存主義のムラ社会のほうが，自己中心主義の都市社会よりも「人間社会本来の社会関係資本」を産みだし，それによって個人が暮らしやすい社会が形成されるのではないか，という自問であろう。

　さらにRm(71)は続けていう，「両者の融和にはどんな手立てがあるのか。何かと異論の多い当方には，そんなことも考えさせられた」(「vˊ通信」2009年6月)。これは，すなわち，ムラ社会とマチ社会におけるそれぞれの社会関係の長所を撚りあわせて，そこから新たな「社会関係資本」はどのように構築されるか，という問題提起であろう。

　その答えは，＜ｚムラの再生活動を通した社会関係資本＞が，＜結合型から架橋型へと変容した過程＞に看取できそうだ。ここで，社会関係資本の「架橋型」とは，ある集団において，個々の構成員がそれぞれに主体性をもちながら，他の構成員と緊密なネットワークを構成し，それによって集団に高い社会的凝集性が形成される状況である。そして，ｚムラの「社会関係資本」は，＜伝統的に集団圧力が強く個人の主体性が体現しづらい相互扶助の結合型＞から，ムラの再生活動にかかわる議論やその実践を契機として，＜個人がときに集団圧力に抗してでもその主体性を発揮する協同の架橋型＞へと次第に転移した。

◢ 社会関係資本の結合型から架橋型への転移

　ｚムラの自治組織における「社会関係資本」は，いまだに「結合型」の要素を多く残すが，それでも，従来には発言が抑制されがちだった女性住民やＩターン住民が，自治組織の様々な場面において自らの意見を自由に主張するようになってきた。他方で，ｚムラの「社会関係資本」を保持するための伝統的な慣習や規範について，女性住民やＩターン住民は，それらに束縛されるというよりも，むしろ進んでそれらの慣習や規範を共有する。すなわち，ｚムラ住民は，＜運命共同体としてのムラ社会のあり方を能動的に受容＞しながら，そのうえで，＜ムラ社会を主体的に運営する＞のだ。これにたいして，「都市社会の社会関係資本」においては，近代市民社会の理念にもとづいた生活空間の「架

橋型社会関係資本」が理想とされるが，そもそも「社会関係資本」が，高度近代化による「対面的社会関係の切断」によって崩壊した（Putnam 2000＝2006）。

　ここで，先にみたRm(71)による＜社会関係についての問いかけ＞，つまり，ムラ社会における「おたがいさま」の相互依存主義と，都市社会における「われこそは」の自己中心主義とをいかに融合するか，という「問い」に戻ると，その「問い」は，両社会の構成次元が異なるので，現状の延長線上では解決不可能である。それを解決するには，新たな構成原理にもとづいて，ムラ社会とマチ社会を揚棄した，「新たな社会」を構築するしかない。そして，社会の構成原理と社会関係は相互連関するので，「新たな社会関係の形成」は，「新たな社会の構築」ともなりうる。このとき，＜社会関係が切断されたマチ社会＞において，＜新たな社会関係を構築する手がかり＞は最早みいだせない。しかし，「ムラ社会」の再生活動に発現した，＜社会関係資本の結合型から架橋型への転移＞は，新たな社会の構成原理に何かしら示唆を与えそうだ。このように「社会関係資本」が転換する状況を，「社会関係資本の再構成」とよぼう。

　ｚムラにおける「社会関係資本の再構成」は，「住民自治の伝統」と結びついて，ｚムラ全体が変革的実践の主体となる状況を生みだした。すなわち，「社会関係資本の再構成」と「自治組織のガヴァナンス」（第5章3-4）とによって，ｚムラの変革的実践が始まった。次に，この点に着目して，限界集落となったｚムラが再生する変革的実践の力学，つまり「限界集落再生の力学」を考察したい。

◢ 4　地域再生の力学と持続可能な生活空間の統整的理念像

　これまでみてきた，ｚムラにおける限界集落再生の経緯や実態を踏まえ，本節は限界集落再生の力学を剔出する。その力学にもとづいて，最終的に，持続可能な生活空間の統整的理念像を構築したい。

　これらの作業において，まずは，ｚムラにおける再生活動の経時的な変化をあらためて遡り，その変革的実践の主体が，有志による再生活動の集団（以下，

有志集団）からムラ全体に転換した経緯と，そこに読み取られるいくつかの要件とに焦点をあて，再生活動の変遷を分析する。これは，zムラにおける変革的実践の現象的な変化を跡づける歴史的－地理的因果性（安村 2011）の分析である。その結果にもとづいて，次に，zムラの変革的実践が生起する諸要因とその力動性を分析する。こちらは，zムラにおいて＜変革的実践がなぜ発現したか＞をとらえる体系的因果性（安村 2011）の分析であり，その力学の導出である。なお，以下ではこれまでの議論と内容がかなり重複するが，確認や強調などを意図して，それらを繰り返し述べることにする。

4-1　地域再生の力学の剔出

◢ 再生活動における変革的実践主体の交代

　zムラにおける再生活動＝変革的実践は，その提案者である「キー・パーソン」が先導した有志集団によって開始された後に，その実践から直接・間接に様々な影響を受けたムラの住民全体によって遂行されるようになった（図6-2）。このように，キー・パーソンの発企から有志集団による変革的実践，

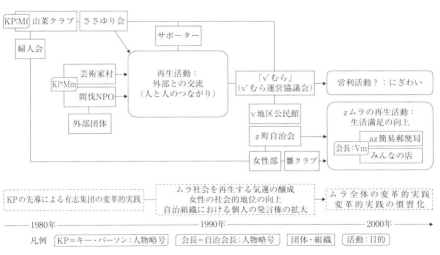

図6-2　zムラ再生活動の経時的変化

さらにムラ全体による変革的実践へと移行した経過を，以下で跡づける。

　ｚムラにおいて限界集落の再生を提言し，それに着手した「キー・パーソン」は，ともに地付のMf(77)とMm(79)の夫妻であった。2人は，＜外部との交流によってムラの賑わいを取り戻す＞という共通の目標を抱いたが，その目標に別々に取り組んだ。Mf(77)は，1979年に当時の自治会婦人会で会長となり，過疎化したｚムラを婦人会で活性化しようと提唱して，ささゆり会を結成した。また，Mm(79)も，Mf(77)と同時期に活動を開始している。Mm(79)は，青年団長時代に築いた人脈を活かして，芸術家村や間伐NPOの創設に奔走した。このように，1970年代末に40歳半ばの夫妻が，ｚムラにおける再生活動の「キー・パーソン」として活動し始めた（→本章2－1）。

　2人のキー・パーソンによって先導された集団的実践の成果が，ムラ再生にかんするｚムラ住民の意識に様々な影響を及ぼした結果として，1990年代初めになると，ｚムラに再生活動の気運が醸成された。とりわけ女性住民のささゆり会によるムラ再生の集団的実践は多大な実績を残して，それがメディアで取りあげられて外部から評価されたので，再生活動の意義は，ｚムラ内部において再認識されるようになった。

　ささゆり会による集団的実践の成果は，ｚムラの社会関係にも影響をもたらした。従来ｚムラには男尊女卑の因習があったため，女性住民の再生活動が一部の男性住民から嘲弄され，ムラ全体でも軽視されがちだった。しかし，ｚムラ住民の回想によれば，女性住民によるｚムラ再生活動の実績が，1990年代後半になって，ムラ全体で次第に認識され始めると，女性住民の社会的地位が向上して，その発言も尊重されるようになった。また，ｚムラ自治組織における再生活動に関連する議論において，女性やＩターン者などを含めて，住民個々人の主張が従来よりも活発となり，ｚムラにおける個人の発言権が拡大した。

　こうしたｚムラにおける社会関係の変容のなかで，ｚムラに醸成されたムラ再生の気運は，1992年に設立されたv'むら運営協議会（v'むら）に具現した。自治会女性部（2000年に婦人会から改称）有志が取り組んだ集団的実践は，形式的に，ムラ全体が関わる実践となった。「v'むら」の管轄は不明確だが，その

理事会役員には形式上にせよ，当時のv地区連合自治会の執行部メンバーが就任した。そして，Mm(79)がその会長となり，Mf(77)の率いるささゆり会の一部会員が「v'むら」の運営にあたった。事実上，「v'むら」は，M夫妻と4名のささゆり会員によって切り盛りされ，現在(2012年12月)に至る。「v'むら」の主たる活動は，外部との交流拠点である食事処の経営，朝市や2つのイヴェント——七草粥祭りと夏祭り——の開催などである。これらの活動は順調に実績をあげ，いまもしばしばメディアで取りあげられている。

　しかし，「v'むら」の再生活動にムラ住民が関与する度合いは，次第に減少した。しかも，ささゆり会からも，「v'むら」の運営から遠ざかる会員が増え始めた。この事態には複雑な理由が交錯するが，現時点(2014年12月)で，「v'むら」はM夫妻と3人のささゆり会員によって経営されている。こうして，キー・パーソンが主導した集団的実践が，「v'むら」の創設によってzムラ全体の変革的実践と直接につながるかにみえたが，実際には，「v'むら」はzムラの自治組織から実質的に独立して有志集団として活動した。

　それでも，zムラの変革的実践は，2000年頃になると，z町自治会とv公民館の住民自治組織による再生活動に転回した(z町自治会とv公民館の関係は，第5章3−3みたように，複雑で曖昧だが，両組織は，実質的にひとつの「zムラ住民の自治組織」とみなされる)。この時期に，zムラの限界集落化が深刻化したため，zムラはa農協出張所の撤退(2003年)とaz簡易郵便局の廃止(2007年)という，zムラ住民の生活を直撃する難題を抱えた。この難題にたいして，zムラ住民は，農協出張所にあった日用品雑貨店(みんなの店)と簡易郵便局を，自治会が運営すると2007年に決定し，その運営を即座に開始した。また，2008年から，女性部有志が主催する「ひなまつり」が，ムラを挙げて開始された。「ひなまつり」には，住民のほぼ全員がかかわる。それが開催される1週間に，約2,000人の来訪者がzムラの「ひなまつり」を楽しみ，主催者の住民自身もそれを楽しむ。

　このように，zムラ再生の気運が醸成された時期は，限界集落化の深刻な現実に直面した時期と重なり，その現実にたいして，zムラ住民は自治組織による変革的実践を開始した。この変革的実践には，「キー・パーソン」に相当す

る人物が見あたらない。「みんなの店」と「az簡易郵便局」の自治会による運営の決定については，当時の自治会長Vm(74)が強力なリーダーシップを発揮したが，それらが創設した直後に，Vm(74)はzムラ内の偶発的な社会的葛藤に関与して自治会長を辞任した。実際に，「みんなの店」と「簡易郵便局」の運営には，住民が主体的に——近頃の運営の実態は，ルーティン化して，あまり革新的ではないようだが——関与した。また，zムラ再生活動の口火を切った「v'むら」を経営する人たちも，ムラ全体の再生活動に一住民として主体的に参画している。

　そして，自治組織によるzムラ再生の変革的実践は，住民自身が，＜各人の生活満足度を高める＞ために，その実践を日常生活のなかに取り込んで，他の住民と自治組織を通して協同しながらなされる。すなわち，zムラの「変革的実践」は，住民の日常生活のなかで「慣習的実践」となりつつある。しかし，その慣習的実践の一部は，生活満足度の向上にむけてなされ，「変革的」である。

◢ 変革的実践の力学

　如上のような，zムラ再生活動の展開を踏まえ，zムラ全体における限界集落再生の変革的実践が生起した「力学」を剔出したい。その再生活動の変化を経時的に辿ると，再生活動＝変革的実践が展開する経緯は，① 有志集団の変革的実践 → ② 住民の意識と社会関係の変容 → ③ ムラ全体の変革的実践，という3段階に区分される（図6-2）。

　その3段階を貫通して，ムラ社会再生における変革的実践の力学を決定する3つの主要因が，これまでの本章の議論から誘導される。すなわち，3つの主要因とは，① キー・パーソンのリーダーシップ，② 住民自治の伝統とガヴァナンス，そして③ 社会関係資本の再構成，である。これらの主要因が，zムラにおける変革的実践の力学を構成する（図6-3）。以下では，これら3つの主要因が誘導される過程と，それらの主要因が「ムラ全体による変革的実践」を生みだす力動性について，あらためて考察したい。

　第一に，キー・パーソンのリーダーシップは，主として，集団の変革的実践

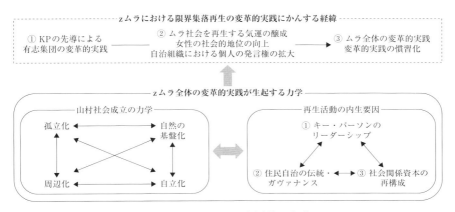

図6-3　ｚムラ再生活動の力学

を起動させ，その実践内容を方向づける要因である。つまり，そのリーダーシップは，変革的実践の発端となる要因であると同時に，その人物が関わる社会の変革的実践の内容と方法を規定する。

　地域再生の成功事例には，キー・パーソンの存在とその影響力がつねに確認されるので，地域再生を発進して履行するには，キー・パーソンのリーダーシップが不可欠とみなされる。勿論，キー・パーソンさえいれば地域再生が成功するわけではないが，キー・パーソンがいなければ，そもそも地域再生は始動しない。キー・パーソンは，地域再生のための必要条件とみなされる。

　キー・パーソンが「地域再生の理念」を主唱することによって，それに共鳴する地域住民が——ときに地域の部外者も含めて——活動拠点に引き寄せられ，そこにキー・パーソンがリーダーとなる地域再生の有志集団が組織化される。こうして，地域の再生活動は，組織化された「集団的実践」となる。組織化された集団的実践において，キー・パーソンの提唱する理念が集団に共有され，その理念にもとづいて地域再生の実践的目標が設定される。ｚムラの地域再生では，キー・パーソンが＜開放的な共同体の理念にもとづいて，外部との交流によってムラの賑わいを取り戻す＞という実践的目標を掲げた。この実践的目標は，ｚムラ全体に浸透して，ｚムラ自治会による地域再生活動にも継承

された。

　かくして，キー・パーソンのリーダーシップは，地域再生の集団的実践を生みだし，集団的実践を通して，地域再生の変革的実践がムラ社会全体に拡大する道筋を拓く。地域再生において，とりわけその「端緒」で，＜キー・パーソンのリーダーシップは不可欠な力動的要因＞とみなされる。

　第二に，**住民自治の伝統とガヴァナンス**は，ある集団が生みだした変革的実践を，伝統的な自治組織を通してムラ社会全体に拡大させ，その実践の偉力を増大させる力動的要因である。山村のように外部地域から孤立するがゆえに「自立化」した地域では，自治組織による住民自治が，現代においてさえも住民の日常的慣行として継承されている事例が，少なくない。山村における住民自治のガヴァナンスは，一般的に，相互扶助や互酬を基礎として成り立つムラ社会において，住民の総意で運営される伝統的制度として特徴づけられる。「孤立化」して「周辺化」する山村では，市場経済や公的機関のサーヴィスを十分に享受できないために，伝統的に「自立化」して，住民自治が慣行化されるため，ムラ社会を運営する階層的な自治組織が今も実動する（→第5章3-4）。

　zムラの事例をみると，ムラ社会の運営にかかわる住民の意向が，＜イエ→組→垣内→自治会・公民館＞という，伝統的な階層的自治組織において「住民自治」に反映すると同時に，住民間の合意と協同が＜自治会・公民館→垣内→組→イエ＞という統制系統で決定され規制される[13]。そして，zムラの住民自治を実践する自治組織では，その最小単位ある「組」から「自治会・公民館」まで，すべての組織過程が住民の日常生活全般と結びつくので，ムラを運営する自治組織によるガヴァナンスが，住民の生活と不可分となる。このような脈絡において，ムラ社会はいまなお「運命共同体」として特徴づけられる。

　こうした自治組織によるガヴァナンスによって，地域再生がムラ社会運営の目標として住民の間に認知され評価されたとき，その目標にたいしてムラ全体が関与する変革的実践が，迅速に開始され確実に履行される。というのも，「運命共同体」として成り立つムラ社会の自治組織によるガヴァナンスは，ムラの「社会関係資本」が強固である状況において編成されるので，自治組織の

もとで住民が一体となって協同できるからである。社会関係資本は，ムラの自治組織が地域再生の変革を実践する基盤となる（→第5章3-4）。

とはいえ，全般的に，山村では，地域再生の気運がムラ全体に醸成され，その変革的実践にほとんどの住民が関与する時期に至るまでは，住民個人が自治組織の会合でムラ社会の運営について意見を述べる状況はほとんどない。それ以前には，自治組織における首長や役職は年長の男性住民で占められ，組の寄合による住民の意向が形式的に配慮されても，自治組織の最終的な意志決定は一部の役職者によってなされるのが一般的である。したがって，地域再生の実践にかかわる最終決定について，住民個人の主張は取りあげられる場や機会があまりない。

こうした伝統的な慣行を変えるのが，第一の要因として取りあげたキー・パーソンによる実践の成果である。zムラの事例をみると，女性有志による集団的実践の成果が内外に評価されたことによって，女性住民の主張がムラ全体から耳を傾けられるようになり，さらには，Iターン住民をはじめ住民個人の主張が，地域再生の議論において取りあげられ始めた。また，地域再生がzムラ自治組織を通したムラ全体の変革的実践になると，この議題について，様々な場面で住民個人が発言する頻度も増大した。

かくして，自治組織のガヴァナンスが地域再生の変革的実践を生みだすひとつの力動的主要因であるが，そこでは同時に，ムラの社会関係を再編成する主要因も不可分に関連してくる。それが，「社会関係資本の再構成」という第三の要因となる。

第三の要因である**社会関係資本の再構成**とは，＜社会関係資本の形態が結合型から架橋型へ転換する＞状況である。すなわち，変革的実践に取り組む，「結合型社会関係資本」の集団において，構成員個々人の主体性を発揮する「架橋型社会関係資本」が，実践を通して集団に形成され，それによって，集団的実践の生産性が向上する（→第5章3-4）。zムラの強固な「社会関係資本」も，運命共同体としてのムラ社会において，とりわけ地縁や血縁にもとづく「対面的社会関係」によって歴史的に形成されてきた。そして，zムラでも，地縁や

血縁による様々な集団圧力がしばしば個人の主張を抑制して，「結合型社会関係資本」が組成された。

　ところが，先にみたように，ｚムラでは，女性住民有志による地域再生の集団的実践を起点として，ムラ全体において，住民個人がムラ運営についての意見をそれぞれに主張する状況が現れた。ｚムラ住民が個人の意見を主張するようになった契機は，ｚムラの自治組織が地域再生の目標を設定し，その変革的実践を推進した過程にあった。すなわち，地域再生の目標について，住民による自治組織内の議論が活性化して，集団における個々人の主体性が形成された。こうしてｚムラの社会関係資本が「結合型」から「架橋型」に変換して，ｚムラにおいて「社会関係資本の再構成」という事実が出現した。

　かくして，ｚムラの全住民が実践する地域再生は，「キー・パーソンのリーダーシップ」が発火点となり，その後に「住民自治のガヴァナンス」と「社会関係資本の再構成」の力学が相俟って生起した。地域再生がｚムラ全体を巻き込んだ展開は，その変革的実践の主体である集団の規模や活動内容が拡充した過程ではなく，実践主体が「女性有志集団」から「住民有志集団」，さらには「住民自治組織」へと転換した過程において生じた。

　このような過程で，地域再生が「自治組織」の実践になると，ｚムラにおける「住民自治組織」は，住民の生活と不可分であるから，住民は日常生活において変革的実践に取り組むようになる。このことを，地域再生活動における「変革的実践の慣習化」とよぼう。

［4-2］　持続可能な生活空間の統整的理念像の構成

　本項は，＜自然・生態系と対面的社会関係を基盤とする持続可能な社会＞の「最単純システム・モデル」を構成したうえで，そのモデルを踏まえて，「持続可能な世界の統整的理念像」を描出する。そのとき，これまでにみたｚムラの再生活動の力学と，それによって再生されたｚムラ社会の現実が勘案される。そして，「持続可能な世界の統整的理念像」は，＜重層社会空間モデルのそれ

ぞれの社会空間において力学的に同型＞であると仮定して，ここでは，如上に議論した「地域再生の力学」を援用するために，例示の社会空間として「生活空間」をとりあげる。

◢ 制度的要因による社会システムの再単純モデル

　社会を「システム」，すなわちその＜構成要素が連関して均衡するひとつの集合体＞とみなすとき，近代社会システムは，＜システム全体の成立に寄与する特殊化した下位システムの分化と連関＞によって構成される。近代社会システムが成立するシステム分析については，パーソンズ（1951, Parsons et al. 1953）のAGIL理論やルーマン（1981）の自己組織化する社会システム論をはじめ，多くの議論が積み重ねられた。それらの業績も念頭におきながら，ここでは，地域再生の事例から誘導された社会システムの「制度的要因」モデルを提示する。

　このモデルは，たとえば，「持続可能な共同体」の分析において，バラケット（Barraket 2005: 77-80）によって用いられた。しかし，本書は，「観光まちづくり」研究（安村 2006）から誘導された筆書の「制度的要因」モデルを呈示する（図6-4）。

　社会システムの「制度的要因モデル」は5つの下位システムとしての「制度的要因」から構成される。それぞれ制度的要因を簡単に特徴づけながら，相互の連関を概観しよう。ここで「制度」とは＜個人の集合的実践によるパターン化された事象の集合体＝システム＞である。そして，「制度的要因」とは，＜社会の成立に作用する制度の力動的特性＞を意味する。社会システムには，① 経済，② 社会関係，③ 文化，④ 人間生態系という4つの制度と，さらにそれらを統合する上位次元の ⑤ 政治という制度が措定される（図6-4）。こうして，5つの制度は，それぞれの力動的特性から次のような制度的要因として特徴づけられる。

　① 「経済」的要因は，社会の構成員である＜個人が生計を立てる行為＞と，その＜行為から派生する事象＞である。

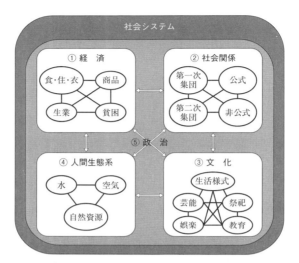

図6-4　社会システムの制度的要因モデル

② 「社会関係」的要因は，＜対面的社会関係によって形成される社会関係
　　資本＞と，その＜社会関係資本から生じる事象＞として捉えられる。

③ 「文化」的要因は，社会－心理学的「場」に形成された＜価値や意味＞と，
　　その＜価値や意味が具現する事物や事象＞から構成される。

④ 「人間生態系」的要因は，＜人間が自然・生態系を加工した結果として，
　　安定的な状況を生成する生態系や自然にかかわる事象＞である。

⑤ 「政治」は，以上の＜４つの制度的要因をカヴァーして統合する権力や
　　権威に関連する機構や規則によって生じる事象＞である。

　こうした，社会システムの「制度的要因論」のモデルにもとづいて，次に「持
続可能な生活空間の統整的理念像」を構築する（図6-5）。

◢ 持続可能な生活空間の統整的理念像

　従来の社会システム論は，自然・生態系をときに環境とみなして部分的に考
慮したが，たいていはそれを看過した。それにたいして，生活空間再生論は，
＜人間社会が自然・生態系の一部である＞とみなすので，その「持続可能な世

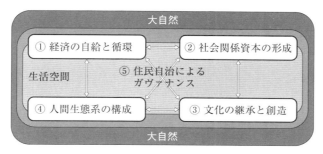

図6-5　持続可能な生活空間の統整的理念像

界の統整的理念像」は，人為的ではなく「そこにあるものとしての自然」，これ
を「大自然」とよび，＜持続可能な生活空間は大自然のうえに初めて成立す
る＞とみなす。

　すると，zムラの実態とその再生活動から浮かび上がる「持続可能な生活空
間の統整的理念像」は，図6-5のように，① 経済の自給と循環，② 架橋型社
会関係資本の形成，③ 文化の継承と創造，④ 人間生態系の遍在的構成，そし
て ⑤ 住民自治によるガヴァナンス，という5つの構成要因から成立すると想
定される。この統整的理念像（図6-5）は，本書がすでに提示した重層社会空
間モデルにおける自然・生態系と，社会空間の全範域について，それらの社会
システムの構成要因を平面図に変換したイメージといえる。つまり，＜重層社
会空間モデルの各次元において統整的理念像は同型＞である。（ただし，持続
可能な生活空間が未来に再生したなら，現状の国家と国際社会の様態と構造は，根
本的に変化するだろう。しかし，この点について，本書は言及しない。）

　「持続可能な生活空間の統整的理念像」における＜5つの制度的要因から生
じる社会状況＞は，それぞれ次のように特徴づけられる。

①　「経済の自給と循環」は，社会構成員の生活において，食・住・衣など
　　の必須物資が地域内で可能なかぎり自給され，地域経済の需要－供給体制
　　が地域内に成立し循環する状況となる。

②　「社会関係資本の形成」については，地縁や外部との交流における対面
　　的社会関係によって，架橋型社会関係資本が形成される。

③　「文化の継承と創造」は，生活空間や地域の「場」に歴史的に形成された価値や意味が継承され，その文化のうえに，社会構成員が中心となって，新たな文化を創造する状況となる。

④　「人間生態系の構成」とは，「大自然」の一部分を加工して築かれる農地や里山といった人為的生態系が，人間社会において遍在的に構築された結果として生じる状況である。

⑤　「住民自治によるガヴァナンス」は，以上の4つの制度を，自治組織がカヴァーして統合する社会状況となる。

持続不可能な高度近代社会システム

　このような「持続可能な生活空間の統整的理念像」をより明瞭にするために，それを「持続不可能な高度近代社会のイメージ」と比較してみよう。図6-6は，高度近代社会としての都市社会システム・モデルである。都市社会システムでは，商品経済の発展とそれに伴う近代文明が普及して，資本主義経済が肥大化する。このような資本主義経済の発展は，高度近代社会における中央政府の第一義的な政策的課題となる。第二次大戦後のそうした政策によって，日本の資本主義「経済」は，やがてグローバル化して——政府の経済政策では制御しえないほどに——肥大化し，社会システム全体を支配する制度的要因となった。そして，① 商品経済の肥大化と近代文明の浸潤は，② 社会関係を切断し，③ 文化を消滅させ，そして地域の ④ 人間生態系を破壊した。すなわち，資本主義経済の優勢による ① 商品経済と近代文明の肥大化が，⑤ 中央政府の権力を——民主的政府であったとしても——拡大しながら，伝統的社会における社会的，文化的，環境的な諸要因を衰退させた。

　このように，図6-6は，高度近代化によって，都市社会システムが「持続不可能」な事態に陥った構図を描き出している。資本主義経済が原動力となる高度近代化は，社会的，文化的，環境的要因を破壊し，とりわけ本書が人間社会の成立要件とする「対面的社会関係」と「自然・生態系」の基盤を破壊して，社会システムを「持続不可能」な状況に陥れた。そのうえ，「永久の成長」を前

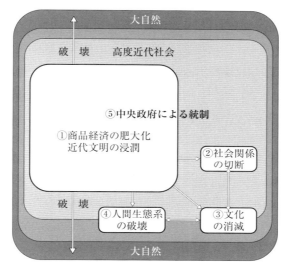

図6-6　持続不可能な高度近代社会のイメージ

提とする資本主義経済と高度近代化の機構そのものが，「持続不可能性」の問題を孕んでいる。

◢ ムラ社会の持続可能な生活空間

　ここで，ムラ社会の再生活動を振り返りながら，「持続可能な生活空間」の構図をあらためてみると，ムラ社会には都市社会とは異なる社会状況が想起され，その社会状況は「持続可能な生活空間の統整的理念像」（図6-5）と重なるようにみえる。ムラ社会は，「大自然」のうえに成り立ち，その影響力を強く受ける。そして，ムラ社会では，① 経済の自給と循環，② 架橋型社会関係資本の形成，③ 文化の継承と創造，④ 人間生態系の遍在的構成，といった制度的要因が相互に連関して均衡する社会状況が浮かびあがる。そして，これらの制度的要因を統制するムラ社会の「政治」は，⑤ 住民自治によるガヴァナンスによって実践される（→本章4-1）。

　こうした制度的要因の連関的構成によって，ムラ社会は，均衡を保持する循

環的なシステムとして成立する。たとえば，経済的要因に焦点をあてて他の要因との連関をみると，ムラ社会住民の生計は，「自然・生態系」の基盤にかかわる生業と，相互扶助の「対面的社会関係」において成り立ち，またその生業と様々に関連する行事や祭祀などはムラの伝統・文化に支えられている。

　ところが，現代ムラ社会では，ムラ社会の構成要因がどうにか機能していても，ムラ社会住民の人口が減少し，残った住民も高齢化したために，システムの均衡維持が困難となってきた。それでも，ムラの社会システムの均衡を新たな次元で再構築しようと試みる住民の変革的実践が現れた。それが「限界集落の地域再生」である。そして，その変革的実践は，ｚムラの事例にもみられたように，住民自治のガヴァナンスを通して可能となる。そこで，本書は，「自然・生態系」と「対面的社会関係」の基盤に成立して，社会システムの構成要素の均衡を具現するムラ社会の変革的実践が，「持続可能な生活空間」を形成する徴候であり，「持続可能な世界」をめざす社会運動につながる可能性を有する，とみなしたい。

　このとき，システムの均衡状態とは，システム内部の循環的・定常的性質であるが，ムラ社会システムにおける構成要素の均衡が，現実的に外部の不確定要因によって攪乱される事態はつねにある。また，ムラ社会システム内部における構成要素の状況もつねに変容しうる。したがって，ムラ社会システムの均衡状態は，実際のところ容易に維持されず，そのためにシステムの「持続可能性」も円滑に管理されそうにない。しかし，ｚムラの再生活動にみられるように，ムラ社会における「住民自治」の伝統によって，「社会関係資本の再構成」を通して，おそらく，＜持続可能な生活空間の持続可能な構築＞が可能となる。

おわりに

　ｚムラは，近代化の趨勢に呑み込まれながら，「中心─周辺」構造の最辺縁部に位置づけられ，高度近代化が始まった高度経済成長期には，一時的に木材景気でムラの景気が潤ったものの，一般的な山村と同様に，過疎化，そして新過

疎化の限界集落化に晒され現在に至っている。ｚムラは，高度近代化に翻弄されつづけ，その経済的恩恵を十分に享受できなかった。

　こうして，ｚムラはその歴史を通して経済的に豊かではないムラ社会だが，「自然・生態系」と「対面的社会関係」の基盤のうえに，住民の生活は全般的に「健全」である。そこには，都市生活のように利便性や快適性を追求する効率のよさ，あるいは欲望を喚起する贅沢さはない。

　それでも，都会に生まれ育った筆者は，2006年いらいｚムラにかかわったこの10年近くの間に，都会では消失したが，人間社会に本来そなわっているはずの何かがｚムラにある，という印象を強く抱くようになった。そうした印象をもつのは，筆者だけではない。実際に，都会からｚムラを訪れ，住民の生活風景に感嘆して，その後にｚムラを繰り返し訪れる人も少なくない。なかには，都会からｚムラに移り住もうとする人も──なかなか決心はつかないのだが──少しずつ現れている。そこには都会の生活とは同一尺度では比較できない，異次元の魅力的な生活の形態が確かにある。

　このようにｚムラ社会が「健全」な人間社会の印象を抱かせるのは，ムラ社会の「自然・生態系」と「対面的社会関係」という基盤から，ムラの社会構造を通して醸し出される雰囲気ではないだろうか。だが，その立証はむずかしい。ｚムラ住民自身は，自らが暮らすムラ社会について語り出すと，いろいろな不満や不便を並べ立てるが，結局，「自然が豊かで，人のつながりが強い」からｚムラは暮らしやすい，と話を締め括る。むろん，綺麗事ばかりでは片づけられない慣習や出来事もいろいろあるが，やはりｚムラ社会は「健全」にみえる。

　また，ｚムラの限界集落化は深刻であるが，それでも，ｚムラには住民が協同でムラを再生する活力がある。限界集落の再生という同様な状況は，限界集落が山地部で広汎に深刻化した，「限界集落」という言葉が生まれた地域である中国地方や四国地方において，少なからずみられる（松永 2012）。そして，このようなムラの再生活動の目標は，高度近代化の趨勢に即した経済の活性化ではなく，むしろそれに対抗して，高度近代化で失われそうな地域の人間生態系や文化を継承しながら，地域住民の「生活満足度」を向上することである。

　いま，zムラは，「限界」集落である自らのムラを，＜元気に開く「元開」集落＞に変えようとする。それが，現在の再生活動の目標だ。いまや70歳以上の住民が人口の7割という，数量的条件では限界集落から消滅集落の事態に陥ったzムラだが，住民は，＜ムラを自らが楽しく元気に暮らせる生活の場＞にしようと行事を催す。すると，住民自身が楽しむことで行事の内容が魅力的になり，その行事が外部者の関心を惹きつける。多くの来訪者がその魅力を語る。

　このように，zムラの再生活動では，住民の生活満足度を向上させる様々な企画が実践されるが，ムラ社会を存続させるために移住者を受け入れる施策は，ほとんど着手されていない。移住者受け入れに積極的な発言をするzムラ住民は，さほど多くない。そうした移住者受け入れ関連の施策がときおり話題にはなるが，ほとんど実践されない。

　どうもzムラ住民は，zムラの存続に関心がないようにもみえる。Gm(81)はいう，「ここももうじき原始時代に返って，切り拓いたところが山になって，また若い子が出てきて切り拓いて，それでまた田んぼをつくって，その繰り返しやな，たぶんそうなると思うけどな」。これは，現在のzムラ住民に共有された思いのようだ。盆踊りの準備をしながら，Zm(75)は，なんら悲壮感もなく，「［祭りを］皆でできるときまで，やるだけだ」と笑顔でいった。かといって，zムラ住民の間に，ムラの消滅について開き直りや諦念が支配的であるわけでもない[14]。

　ところが，そうして住民が楽しんで元気に活動した結果として，zムラは外部から注目を集めるようになり，Iターン者が，細々とではあるが，zムラにやってきそうな徴候がみえる。幼い子どものいる若い夫婦が，時折，zムラの空き家を見て回るような光景がみられる。また現在，80歳を越えたzムラ住民には，そろそろ仕事の定年を迎える別居子があり，そのなかにはUターンを希望する者もある。ともかく，zムラには，もちろん厳しい現実もいろいろとあるにせよ，＜楽しく元気に暮らす＞ことをムラ全体で志向する。

　このようにzムラの再生活動が最終的にめざすのは，＜モノが溢れて贅沢に

暮らす＞のではなく，＜自然のなかで人とふれあいながら暮らす＞といった
生活形態である。そして，こうした生活形態が，ｚムラ住民の価値観に共鳴す
る，外部の人を惹きつけている。

　こうしたムラ社会の暮らしを念頭において，本書が探究するのは，資本主義
経済と高度近代文明が持続不可能である事態を前提として，「自然・生態系」
と「対面的社会関係」の基盤のうえに成り立つ，地球規模に＜持続可能な世界
を構築する青写真としての統制的理念像を描く＞ことである。さて，ここで，
再生活動を実践するｚムラ社会は，「持続可能な世界の統整的理念像」を探る手
がかりとなりうるか。

　ｚムラは，限界や消滅が指摘されるにもかかわらず，しぶとく存続している。
そして，資本主義経済を原動力とする高度近代文明の悪影響が世界中で危ぶま
れる今，その悪影響が致命的とならず，「自然・生態系」と「対面的社会関係」
の基盤が堅固である，ｚムラのような僻地の「生活空間」の健全さが，世界中で，
トランジションタウンやエコ・ヴィレッジなどのように，少しずつ再認識され
始めた。そうしてみると，住民が＜楽しく元気に暮らすｚムラ社会＞は，高
度近代社会に代わる「持続可能な世界」について，何らかの示唆を与えるのか
もしれない。そこで，本章は，ｚムラの事例から誘導される，「持続可能な生
活空間の統制的理念像」を呈示した。

●　第6章　注　●

1）「ｖムらジャンボ七草粥祭り」については，その再生活動の内容が，ある出版社
　の小学校3年生用社会科教科書において掲載された。
2）ａ市農業公園は，2004（平成16）年に，地産地消の創立理念にもとづき，農業関
　連多目的総合施設として設置された。全体の経営は，ａ市指定管理者によってなさ
　れている。それは，ａ市街地に隣接して29ヘクタールの敷地を有し，地元地域の農
　産物や工芸品を販売して，体験観光や食育教育のための施設を提供している。
3）「簡易郵便局」とは，郵政民営化いぜんに郵便局の窓口業務が地方公共団体，組合，
　個人等に委託されていた郵便局であり，郵政民営化後には，その業務が日本郵便か
　ら委託されている。簡易郵便局の件数は，全国に約2万4千局の郵便局があるうち，
　約4千局となる（日本郵便）。

4）国土交通省「観光カリスマ百選委員会」（委員長：島田晴雄）が2002年に設置され，同委員会は，観光による地域振興に強力なリーダーシップを発揮した人物を選定し，その地域振興の概要を紹介した（安村 2006：5-7）。同委員会の関連文書に「観光まちづくり」の言葉はないが，選定された観光カリスマは，すべて「観光まちづくり」の成功事例と一致する。

5）M家の生業である養鶏業には，2000年頃からM夫妻の三男の長子である孫が従事している。M夫婦は，「v'むら」の運営に多忙である。Mm(79)は，Mf(77)の再生活動について筆者に説明した後，次のように打ち明けた。「うちの母ちゃん，百姓一筋の人間だったけど，重労働とか支えてきてんで，あれもえらかった［大変だった］よなあ。感謝しています。」

6）現在（2012年12月），この10年以内にzムラに移住したIターンＩ住民は，5世帯，8人であり，そのうち20歳代男1人，40歳代6人（男3人，女3人），70歳代男1名である。20歳代住民はある40歳代夫婦の子息であり，この家族はMm(79)の活動とは無関係にzムラに移住して，z町自治会に加入せず，zムラの自治会活動にはほとんど関与しない。この家族以外の40歳代移住者の内訳は，単身のFf(42)とKm(49)の2人，そしてJm(49)とJf(46)の夫妻であり，この4人はzムラの自治会活動には主体的に関与している。また，70歳代移住者は，前自治会長Vm(74)の紹介でzムラに暮らすようになった，元新聞記者のRm(71)である。zムラに移住した当初，Rm(71)は自治会活動にも参加していたが，その後Vm(74)と不仲になり，自治会活動にも批判的となった。そして，Rm(71)は，zムラに，とりわけその自治組織のあり方に多くの意見を主張して，様々な点からzムラ住民に影響を与えている。

　さらに，zムラにおいて，20年前から，Mm(79)とは無関係にzムラに来て，当地に暮らすIターン者が3人いる。それらは，京都と神戸で料理人をながく勤め，その後に引退して，20年前からz村に住み着いたOm(81)と，z町にある建設会社の社長に誘われてzムラに引っ越してきたSm(65)とSf(63)の夫妻である。これらのIターン者も，それぞれに個性的である。高齢となったOm(81)は，持病もあり自治会活動からは引退しているが，諸々の行事には参加する。Om(81)は，「みんなの店」に毎日通い，zムラ住民と談笑している。ただし，Om(81)は，zムラ住民の前でも，平気でzムラの風習を嘲弄する――zムラ住民は，嫌な顔もせず，ときに苦笑いをして，普段どおりにそれを聞く。S夫妻は自治会の活動にも積極的に関与して，zムラに溶け込み，Sm(65)は特に祭事の準備を率先して行う。

7）Vm(74)には，十分な聞き取り調査ができなかった。Vm(74)自身が病気のために長期の入院をしたのが一因であった。2014年夏にVm(74)から聞き取り調査の同意をえていたが，同年暮れに癌のために自宅で他界した。

8）「リーダーシップ」研究は社会諸科学で議論されてきたが，ここではそれらの理論に事実をはめ込むよりも，zムラにおいて再生活動を主導した3人の自治会長に

よるリーダーシップの実際に照らして，それぞれの自治会長のリーダーシップの実際を特徴づけて，「先導型」と「協調型」という用語を使った。リーダーシップ研究では，たとえば三隅（1978）のPM理論が主張するように，リーダーの主たる役割として，組織における目標達成（Performance）と集団維持（Maintenance）という2つがある。この2つの役割を「先導型」と「協調型」のリーダーシップに当てはめれば，「先導型」は目標達成に比重をおき，「協調型」は集団維持に比重をおくとみなされる。z町自治会長のリーダーシップをみると，Vm(74)は先導型リーダーとして，強力なリーダーシップを発揮し，「簡易郵便局」と「みんなの店」の創設という自治会の目標を成功裡に達成したが，自治会における人間関係の安定維持には失敗した。その後の自治会長におけるリーダーシップは「協調型」となり，とりわけEm(74)は，住民の意見に耳を傾けてzムラの社会関係に気を配り，自治体行政との連携にも努めて新たな再生活動を進めている。

9 ）鈴木（1968b: 451）は，自然村を「一つの精神体」と捉えた。この「精神体」は，「生活原理の組織的体系を内容とする社会意識の自足作用」から成る（鈴木 1968b: 451）。すなわち，自然村の社会的統一とは，村に累積した集団や組織の基底にある「社会意識作用の自足的統一」である（鈴木 1968b: 451）。そして，村の全集団を規定する社会意識が体現される行動原理を，「村の精神」とよんだ（鈴木 1968b: 453）。これにおおむね倣い，ムラ社会で住民が共有する集団的実践の規範を，本書は「ムラの精神」とよぶ。なお，「村の精神」の概念は，有賀（1969: 210-212）の「生活意識」にも相当する。「生活意識」とは，「生活に存する心持ちとか観念とかいうほどの意味」であり，「社会が持つ組織や各種の生活条件から滲み出て来るもの」である（有賀 1969: 347）。

　　また，ダンバー（2010: 31-41）は，脳進化論・進化人類学の見地から，スコットランドの共同体における，とくに血縁の社会関係資本に焦点をあてた「共同体意識」について論じている。この「共同体意識」も，「村の精神」と符合する。

10）Rm(71)は，紙媒体で発行された「v'通信」について，そのバックナンバーを筆者に送付してくれた。この「v'通信」には，Rm(71)の個人的な見解や主張が多分に反映されているが，その点を考慮しつつ，ここでは，外部出身者がzムラに住み着いて捉えた，zムラの社会関係や自治組織についての特徴を探る手がかりとする。

11）現代農山村のムラ社会をマチ社会と異なる原理で捉え，かつムラ社会の原理をより高く評価する見解は少なくない。たとえば，内山（2005, 2010），徳野（2007），守田（1975, 2003），Dore（1978），などの主張がある。

　　ただし，ここで銘記されるべきは，ムラ社会の評価者が，肯定的であれ否定的であれ，＜ムラ社会の部外者であり都市生活者である＞という「実態」だ。本書の筆者も都市出身の都市生活者である。ムラ社会の研究者は，ほぼ例外なく，都市社会において生活を営み，研究活動に励む。また，その研究者がたとえムラ社会に居住していたり，ムラ社会出身者であったりする場合でも，たいてい，その人は都市の

大学や研究機関に所属してムラ社会の研究に取り組んでいる。つまり，おおよそ，ムラ社会の研究者の生活は，様々な点において都市社会の現実と切り離せない。このような「実態」が＜研究者によるムラ社会についての価値判断にいかに影響を及ぼすか＞という問題は，ムラ社会の研究において複雑な意味と影響を有するにちがいない。この問題について，本書では指摘するだけにとどめたい。

12) Rm(71)自身も，怪我をした以前から，zムラにおいて，何人かの一人暮らしの高齢者宅を訪れ，高齢者の生活状況を見守りながら，話し相手となっている。つまり，Rm(71)もzムラに移住以来，ムラの相互扶助に関与してきた。

13) zムラの住民自治は，依然として階層的組織によって運営されるが，組の寄合は実質的に機能しているものの，その人口が80人余りとなった現在（2015年12月）では，その階層制は形骸化したため，自治会・公民館の運営などは，自治会・公民館の部会などを通して，実質的にほぼ全住民の意向が汲み取られるような，結果的には直接民主制に近い意志決定をしている。

14) zムラ住民が，ムラの存続について時おり口にするのは，「孫の人質作戦」である。それは，zムラ住民の別居子家族が週末や長期休暇にzムラを訪れるさい，「孫を猫かわいがりして，［孫が］ムラに住みたくなるようにする」という，笑い話の戦術らしい。その戦術のためにも，住民は＜楽しく元気に暮らす方法＞を皆で考える。

終　章

　最終章となる本章は，まず持続可能な生活空間の再生にかかわる現代日本社会の課題を概観したうえで，次に持続可能な世界をめざす「生活空間再生論の意図」を呈示して締め括りたい。現代日本社会が直面する課題とは，「中央集権体制による地方分権政策」と「グローバル経済にたいする地方経済」との現実である。この2つの課題を踏まえながら，本書でこれまでに議論した「持続可能な世界の統整的理念像」をあらためて振り返る。

1　地域再生と国民国家とのせめぎあい

脱－高度近代化の徴候とその動向

　日本社会においても，他の先進国社会と同様に，脱－高度近代化の徴候が全体に散見されるものの，高度近代化の趨勢が相変わらず全般的に追求されている。脱－高度近代化の徴候は，「周辺」地域の「住民による地域再生」において，多様な活動の複合的形態で発現するが，都市部においても，NPOや市民ファンドのような形態で出現している。それらの徴候は，民間から発生し，認可や規制などの公的支援が後追いして，いわばボトム－アップ型で漸次的に普及し始めた。

　しかし，高度近代化の趨勢はやはり強大であるため，脱－高度近代化の徴候は，その余勢に呑み込まれてしまい，その徴候がもつ本来の特質は，しばしば消え去りがちである。そうした事態は，たとえば，＜観光まちづくりで地域再

生に成功した地域＞が，その後，＜観光客入込み数や観光収益の増大を追求する観光地＞になった，と評価されるような事例に看取される（須藤 2006）。

◼ 地方自治体による地方分権の提唱と地域再生活動

そして，高度近代化を主導する「中央集権体制」は，大戦後から現時点（2016年）まで，依然として存続する（→第1章1）。そうした状況において，1970年代に，地方自治体が中央集権体制にたいして「地方分権」政策を主唱した。その時期に高度経済成長が石油危機（1973年）を契機に終焉したため，社会構造の転換が不安とともに展望された状況を背景として，主に大都市圏の自治体首長（1978年当時の神奈川県知事長洲一二など）が「地方の時代」を標榜した。それは，地方自治体が地域のニーズを要求しながら，国の政治，行政，財政などに影響力を行使しようとする「地方分権制」の提案であった。

同時期には，地域住民が主体となった「むらおこし」や「まちおこし」とよばれる地域再生活動もみられた。ただし，ボトム－アップ型で実践された周辺の「地域再生」活動の成果は，この時期においても，中央政府からの支援という形態で，しばしばトップ－ダウン型の施行に組み込まれがちであった。このような地方自治体の「地域分権」政策において，その公的施策と地域住民による「地域再生」活動の関係は，大分県の一村一品運動（1979年当時，大分県知事平松守彦）のような数少ない例外を除いて，連携も連動もしなかった（安村 2006）。

◼ バブル景気期の地域再生と地方分権

しかし，1980年代になると，「地方分権」政策も「地域再生」活動も停滞した。1980年代前半に，国際経済が低迷するなかで，日本政府は財政再建と行政改革を推進して，地方交付金を抑制し（財務省ウェブサイト「昭和42年以降主要経費別分類による一般会計歳出予算現額及び決算額」2012年12月閲覧），公共事業費を削減した（内閣府ウェブサイト「国民経済計算確報」2012年12月閲覧）。そのために，地域経済は衰退した。このような経済状況において，地方から大都会への人口流出が急増し，地方が全般的に疲弊した。この時期は「地方試練の時代」（当時

の大分県知事平松守彦）とよばれた。

　そして，1980年代後半には，日本社会全体がバブル景気の経済的繁栄に浮かれた状況となったので，「地方分権」政策や「地域再生」活動にたいする関心は希薄となった。この時期に都市開発やリゾート開発が推進されたため，開発地となった「周辺」の一部地域で地価が高騰し，また「中心」都市部では，不動産や株式などの時価資産価格が急騰した。ただし，「周辺」地域社会においては，都市部への人口流出による社会人口減と高齢化による自然人口減が重なり，とくに山間部などでは少子高齢化の現実が顕著となり始め，やがて限界集落が出現した（→第4章3）。それでも，開発から取り残された「周辺」地域の一部では，1970年代末から全国の地方各地で取り組まれ，後に「観光まちづくり」とよばれる地域再生活動が，1980年代を通して着実に実践されていた。

◢ バブル景気の崩壊と地域再生と地方分権

　その後，バブル景気が崩壊した1990年代になると，中央集権体制の弊害にたいする批判の高まりから，住民による「地域再生」活動と中央政府による「地方分権」政策の動向が，ともに再び注目された（佐々木 2009）。バブル景気が1991年に崩壊し，90年代末に近づくと金融業の破綻などから企業の経営がさらに悪化して，不況がいよいよ日本社会全体で実感されはじめ，「中心」都市部で不況の事態が顕在化した。

　この時期に，1970年代末頃から地域住民が主体となってボトム−アップ型で実践した「地域再生」活動のいくつかの成功事例は，1990年代になって，「観光まちづくり」として衆目をあつめた（安村 2006）。観光まちづくりは，バブル景気の崩壊に社会全体の危機感が募るなかで，中央政府や地方自治体の開発政策にも刺激をもたらし，「地方分権」政策にも影響を与えるようになった。

　しかし，再び注目された「地方分権」政策が住民の「地域再生」活動と連動することは，従来と同様になかった。ただし，中央政府は，「観光まちづくり」などの成功事例をモデルとして，その成功事例を支援したり，新たな「地域再生」の実践を助成したりする形態で，住民による「地域再生」にも関与した。

　そして，バブル景気崩壊後の1993年に衆参両院では，「地方分権の推進に関する決議」がなされ，政府は「国と地方の関係を上下・主従から対等・協力へ」（総務省）転換する目標を掲げた。この「地方分権」政策では，地方の「個性と自立」が謳われ，地方が主体的に改革案を申請する「手挙げ方式」が採用されたが，その実質的な履行は，相変わらずトップ－ダウン型の形態でなされた。

◤ 地方分権政策と平成の大合併

　その後，中央政府は，2000年に地方分権のための法整備として「地方分権一括法」を施行するとともに，地方自治体の広域化によるその行財政基盤の強化を主目的として，1999年から2010年にかけて「平成の大合併」を推進した（佐々木 2002）。そして，2001年には，「小さな政府」論を掲げて成立した小泉純一郎内閣によって，国と地方公共団体における行財政改革を主唱し，「三位一体改革」，つまり ① 国庫補助負担金の廃止・縮減，② 税財源の移譲，③ 地方交付税の見直し，という改革案が提示された。「三位一体改革」において，2006年までに補助金改革と税源移譲の数値目標だけは達成されたが，地方自治体の裁量権拡大は実現されていない。その結果について，全国知事会や地方六団体などの評価は，否定的である。同時期には，さらに，中央集権制を改革する地方分権の受け皿として，「道州制」が広く議論された（佐々木 2010）。

　このように，バブル崩壊から「失われた10年」，さらに「20年」以上と続く経済の低迷を背景に，「中央」政府による「地方分権」政策と，「周辺」地域の住民による「地域再生」活動とが広く認識され，地域社会の課題が次第に一般的な関心を集めるようになった。このとき，「地方分権」政策は，「高度近代化」を前提として，その趨勢に則して履行されたが，それにたいして，「地域再生」活動のなかには，「脱－高度近代化」の徴候を生みだしながら実践された事例がみられる――ただし，その活動主体は，必ずしも「脱－高度近代化」を意図していないのだが。いずれにせよ，「地方分権」政策と「地域再生」活動の間には，いまも接点はない。

地方分権政策の減退

　2009年に民主党政権が自民党政権に代わって誕生すると，その政権は「地方分権」を「地域主権」と呼び変え，その「地域主権」改革を，「一丁目一番地」の重点施策のひとつとして公示した。こうして，自民党の「地方分権」改革は，事実上，民主党の「地域主権」改革に引き継がれたが，民主党が2012年に政権を失うまでの間，「地域主権」改革はほとんど施行されなかった。それでも，2010年に「ひも付き補助金」にかわる「一括交付金」制度が民主党政権下で導入されたが，その制度も，2012年に成立した自民・公明連立政権によって廃止された。

　2012年12月に発足した第二次安倍晋三内閣は，当初から民主党前政権の緊縮財政政策を転換して，アベノミクスと称される経済成長政策を開始した。アベノミクスでは，① 大胆な金融緩和，② 機動的な財政政策，そして ③ 民間投資を喚起する成長戦略，という，いわゆる「三本の矢」の経済政策が提唱された。政府は，当面にはデフレから脱却するためにインフレターゲット政策を導入し，さらに経済成長をめざすリフレーション政策を敢行しようとする。アベノミクスには，＜経済成長を主目標として，高度近代化の趨勢に適応しようとする政権運営の路線＞ が反映された。そして，安倍内閣が民主党政権に代わって以降，「地方分権」はほとんどメディアで話題とならず，一般的な関心も現時点（2016年）で消えうせた。

地方創生と地域再生の葛藤

　さらに，ローカル・アベノミクスとよばれる「地方創生」政策が，安倍内閣によって，2014年に提唱された。2014年９月に設置された「まち・ひと・しごと創生本部」が実施する「地方創生」は，地域経済の活性化によって，人口減少がもたらす経済の衰退を克服しようとする地域の経済成長政策である。このように経済成長政策にもとづく「地方創生」政策の推進は，今後，住民が取り組んできた「地域再生」活動に様々な影響を及ぼす可能性がある。

　その可能性が指摘されはじめた契機は，「まち・ひと・しごと創生会議」の

構成員である増田寛也 (2014) や増田寛也・冨山和彦 (2015) によって,「地方消滅」論とその対応策が公表されたことであった。増田 (2014) は,「最周辺」地域の消滅を受容し, 経済成長の活力を集約できる地方中核都市の形成を提唱した。この提唱にたいしては,「地域再生」活動を見守ってきた研究者から様々な反論が寄せられた (小田切 2014; 山下 2012; 山下・金井 2015)。

「地域創生」政策の基軸となる「地方消滅」論にたいする主な反論は, 小田切ら (2014) が主張する「田園回帰」論にある。これは,「周辺」地域にみられる「地域再生」活動によって,「周辺」地域の多様な魅力に広く関心が向けられるようになるため, 都会から「周辺」地域に移住する人々が増える傾向をいう。この田園回帰論にたいして, 地方消滅論の主唱者である増田・冨山 (2015: ii-v) は, 次のように反論する。

> 896の「消滅可能性都市」リストに対する批判として, 人々の田園回帰を挙げる人たちがいる。田舎に暮らしたい人は増えており, 移住する人も増えている。この流れを維持していけば, 消滅は避けられる, という考え方である。ここでの「田園」とは農山村地帯を指すのか, 県庁所在都市なども含むのかははっきりしない。主として前者の場合が多いように思えるが, いずれにせよ広く地方回帰全体が進むことを私も願っている。……
>
> 　人口減少は当面止まらない。地方は, 安易に「人口増加」や「人口維持」「地域活性化」という言葉を口にするのではなく, 人口が「減る」, さらには「急激に減る」ことを前提に将来を展望し, 住民の生活の質を維持・向上していくための戦略を推進していく必要がある。

たしかに, 田園回帰の動向は, 増田・冨山 (2015) の指摘どおり, 経済成長に貢献せず, 当面は人口増加にも寄与しない。しかし, 田園回帰の出現は, 脱-高度近代化の展望からみれば,「持続可能な世界」の形成につながりそうな徴候のひとつだ (→第6章)。すなわち, <高度近代化を相変わらず追い求める視点> からみれば, 田園回帰は役に立たない些末な動向にすぎないが,

＜脱－高度近代化をめざす視点＞からみれば，それは期待を抱かせるような徴候となる。「地方消滅論」と「田園回帰論」におけるそれぞれの主張は，同じ土俵上では議論されえない。

◢ 地域再生から持続可能な世界へ

　ともかく，中央政府による「地方分権」や「地方創生」の政策は，住民による「地域再生」活動と並行しながらも接点をもつことはなかった。ただし，とくに「地方創生」政策は，「地方再生」活動と将来構想において対立し，「地域再生」活動に否定的な影響を及ぼしそうだ。それでも，生活空間再生論は，「地域再生」活動の動向が，たとえ様々な阻害要因に直面したとしても，いつかは大きな潮流になると予見する。というのも，「地域再生」活動は，「統整的理念像としての持続可能な世界」の形成につながりそうな，いまのところもっとも有効な実践だからである。

◢ 2　持続可能な世界における経済の課題

◢ 持続可能な世界に向かう経済体制の転換

　持続可能な世界に向かう徴候があるとはいえ，生活空間再生論における「持続可能な世界の統整的理念像」にたいして発せられるは，脱－高度近代化も，持続可能な世界の形成も結構だが，＜経済はどうなるのか？＞という素朴な疑問である。当面，脱－高度近代化において懸念されるのは，＜資本主義経済の破綻による社会の混乱＞であるが，そもそも，資本主義経済が持続不可能であるなら，その後に＜どのような経済が成り立ちうるのか＞という難問が，脱－高度近代化と持続可能な世界形成のまえに立ちはだかる。

　現時点（2016年）では，資本主義経済にかわる経済機構については，想像もつかない。それほどに資本主義経済体制は，個人の観念にまで浸透していて，社会制度として盤石である。資本主義経済が変わるなら，社会を構成する個人の観念から社会制度全体まで，社会の形態が変わることになるだろう。

　高度近代社会で，大多数の個人の「生活」における最重要の関心事項は，生計を立てるための「経済」である。第二次大戦後に高度経済成長と高度近代化を急速に遂げた日本社会では，1970年代以降，＜人口1億人の大多数が自らを中流階級と意識する＞ような「一億総中流」という，人々にとって物質主義的に「豊かな生活」を送る経済状況が実現した。その後，他の先進諸国に先駆けて少子高齢化に伴う労働人口の減少や人口減少による消費需要の低下といった，経済成長の阻害要因の拡大が懸念されている。実際にも，1990年初めのバブル景気崩壊いらい長期的な利子率低下に陥り，経済状況は停滞している。

　日本社会のこうした経済状況の進行は，高度近代化をいち早く遂げた他の先進国にも同様に生起する。資本主義経済体制は，先進国から衰退して，いずれ世界全体で破綻するにちがいない（→第2章3）。経済成長の促進策は，一時的な延命策とはなっても，経済破綻の事態を深刻化しかねない。しかし，人間世界を含む自然世界の動向は人知を超えていて，あらゆる状況は＜変わるべくして変わる＞ので，いま＜かくすべし＞という正解は，誰にも提言しえない。たとえある提言が実践されたとしても，「意図せざる結果」がつねにつきまとう。それにしても，生活空間再生論における「経済」にかんする見解の一端として，「持続可能な世界における経済」の様態について少し触れておきたい。

◪ 新たな経済機構の想定

　生活空間再生論は，資本主義経済の持続不可能性を主張しながら，その後の経済機構を十分に考察できていないが，資本主義経済に代わる経済機構として，柄谷（2010）が提起するアソシエーショニズム（協同組合主義）の考え方に依拠したい。柄谷（2010: 430）はいう，「資本の終わりは，人間の生産や交換の終わりを意味しない。資本主義的でない生産や交換は可能であるから」。そして，アソシエーショニズムとは，柄谷（2010　第3部第4章）によれば，資本主義経済にたいして「生産－消費協同組合」（アソシエーション）の連合によって対抗する経済機構である。

　こうしたアソシエーショニズムを踏まえて，生活空間再生論は「持続可能な

世界の経済機構」を暫定的に考えるが，その経済機構は，具現するとすれば，ずっと将来のことになりそうだ。たしかに現時点（2016年）で，アソシエーショニズムの萌芽として，NPO，市民ファンド，地域通貨といった事項が発現しているが，それらの今後の動向は予断を許さない。そこで以下では，資本主義経済が近未来に転換しそうな徴候を示す現実に着目し，その現実を概観する。

　そのさいに，冨山和彦（2014）によるG経済とL経済の区別という現実の捉え方を手がかりとして検討したい。ただし，冨山（2014）は，増田（2014）とともに，経済拡大路線において地方創生を推進する立場にあり，実践論では生活空間再生論と考え方を異にする。したがって，以下では，日本の経済にかんする現実が，冨山（2014）の考え方を踏まえつつも，冨山（2014）が主張する脈絡から外れて考察する。

◢ G経済圏とL経済圏

　現在の世界経済の状況を踏まえ，冨山（2014）は，日本経済が回復する経済戦略に関して，G（グローバル）経済圏とL（ローカル）経済圏を区別するように提案した。その区別によれば，グローバル化した経済状況において，異なる経済特性を有するG経済とL経済とは，相互の連関を次第に弱めて，それぞれに独立して作動しはじめた（冨山 2014: 44-51）。一方のG経済とは，グローバル市場をターゲットとするG企業が，国際規準による熾烈な完全競争を展開する状況であり，もう一方のL経済とは，地域に生産・活動拠点を定めるL企業が，地域の需要に当地で供給する条件下で不完全競争の状態になりがちなため，ローカル市場において独占的ないしは寡占的に活動する状況である。

　こうしたG経済とL経済の相違が，経済状況の認識・分析において，現在のところ看過されがちである（冨山 2014: 39-40）。一般的に，そして経済学においても，経済状況の認識対象は，G経済の動向に偏重して，L経済の実態を軽視しがちとなる。ところが，現在（2014年），日本のGDPと雇用の約7割程度を占めるのは，おおよそサービス産業のL企業による業績である（冨山 2014: 12: 内閣府 2014『サービス産業の生産性』）。そして，今後の日本経済において，

Ｇ企業が新規に成長する見込みは小さい（冨山 2014）。

◢ 生活空間再生論における地域経済の重視

このように，Ｇ経済圏とＬ経済圏を分離し，Ｌ経済の意味を再考しようする視点は，冨山（2014）が主張する本来の意図——経済成長の重視——には反するが，「持続可能な世界の経済」を考えるうえで示唆的である。というのも，資本主義経済の主たる担い手であり，それにおける成功者とみなされるＧ企業にたいして，「持続可能な世界」では，Ｌ企業が中心的な担い手となる可能性があるからだ。ただしそのさい，持続可能な世界におけるＬ企業の経営の理念や業態などは現時点（2016年）とはまったく異なるであろう。そして，「持続可能な世界」で個人の価値観が変容し物資的欲望が抑制されると，将来においてＧ経済は世界的に縮小するはずだ。

資本主義経済が衰退した「持続可能な世界」では，Ｇ経済圏が縮減して，Ｌ経済が重要な位置を占めるであろう。高度近代社会において欲望を肥大化するように膨張したＧ経済は，個人の生活から飛び出して，社会全体を支配するようになった。このような「経済」を，ポランニー（1977）は，もう一度，個人の社会生活の範域に埋め戻そうとする。地域主義を提唱したシューマッハー（Schumacher 1973＝1986）や玉野井芳郎（1975）も，ポランニーと同様に，実生活に適合する「実体経済」を取り戻そうとした（→第2章2）。こうした主張は，実体的に，生活空間再生論が，「持続可能な世界」における構成要因の「経済」を，その他の構成要因である「社会関係」「文化」「人間生態系」と均衡のとれた連関関係に位置づけることを意味する（→第6章4－2図6－5）。

かくして，Ｌ経済の様態は，「社会に埋め込まれた実体経済」として，持続可能な世界における「自給／循環型経済」となりうる。持続可能な世界におけるＬ経済は，Ｌ企業が生活基本物資の需要を供給する活動である。冨山（2014）は主に生産者＝供給者側からＧ経済とＬ経済を考察するが，消費者＝需要者側からみれば，Ｌ経済の需要は個人の食・住・衣にかかわる生活基本物資となる。そして，Ｌ経済は，生活基本物資の地域自給を重視し，地域内に循環する経済

状況に進展しやすい。こうして，「持続可能な世界における経済」は，資本主義経済に代わり，経済成長を志向しない「自給／循環型経済」に向かうと想定される（ジェイコブズ 1984; 玉野井 1975; 槌田 2007; 室田他 1995; Daly 1996; Dietz and O'Neill 2013）。その手本は，江戸時代における日本経済の力学にもありそうだ（玉野井他 1984; 速水他 1989; 室田他 1995）。

◢ 3　持続可能な世界へ

　高度近代化が，第二次大戦後から今日までに世界を席巻した。それによって，高度近代化社会が各国に形成され，そこに高度近代文明が広まった。そして，高度近代社会は，経済成長によって物質的繁栄を生みだす「資本主義経済体制」と，経済成長を第一義の目標として競い合う「主権国家体制」とから成り立つ。

　高度近代化は，経済的豊かさをもたらしたが，その豊かさが飽和状態になると，高度近代社会では，多くの＜個人が生活満足度をえられない状態＞となった。また，高度近代文明は，都市化を通して地域文化を淘汰し，個人の生活スタイルを画一化した結果として，やはり＜個人が生活満足度を感じられない状態＞をもたらした。このように，高度近代化は最終的に人間の生活満足度を縮減した。そのうえに，高度近代化は，経済成長に伴う廃物と廃熱の激増によって，人間社会の基盤である自然・生態系を破壊さえした（→第3章2）。

　こうした高度近代化の弊害にたいして，脱‐高度近代化についての議論は，1970年代頃からたびたび繰り返されたが，議論の末に公約された対策の実効性は今もなおあがっていない。高度近代化を支える資本主義経済体制と主権国家主義体制の威光は，依然として揺るぎない。それでも，高度近代化の弊害は，多様な次元と範囲で噴出するので，脱‐高度近代化の構想は，相変わらず，引きも切らず主張されている。

　そのなかで，生活空間再生論は，脱‐高度近代化によって，いずれ＜変わるべくして変わるはずの持続可能な世界の統整的理念像＞を考察した。それは，

個人の持続可能な生活空間を起点とし，小規模分散型社会の形成を通して，世界秩序を構築する構想である。こうした脱－高度近代化の過程には，資本主義経済体制と主権国家体制が揚棄されねばならないが，本書はまず，「持続可能な生活空間」のイメージと萌芽の実際を描き出そうとした。高度近代化における「資本」と「国家」という2つの体制を直接に変革するよりも，脱－高度近代化は，生活空間の変化から発生し，その変化が漸次的に＜資本と国家の体制を内破する＞と仮設した。

　そして，生活空間再生論が「持続可能な生活空間の統整的理念像」を構成する手本としたのは，社会システムの周辺に位置する「限界集落の山村」であった。その事例であるムラ社会には，近代化や高度近代化が遅れたがゆえに，それに汚染されなかった結果として，「自然・生態系」と「対面的社会関係」の基盤が遺っていて，さらには，＜住民が生活満足度の高い生活空間を主体的に構築しようとする＞（→第6章）。こうした社会構成の力学を，生活空間再生論は，「持続可能な世界の統整の理念像」を構成する手本と考えた。

　この手本は，たとえば柄谷（2000: 15）が教示する，「資本と国家への対抗を考える者が陥りやすい罠は，閉鎖的な共同体への回帰を思考することである」といった警告からまぬがれられるのか。その警告にたいする反論は，むずかしいが，＜生活空間再生論が論定した持続可能な生活空間の統整的理念像＞は，少なくとも，高度近代化にかわる＜新たな時代と世界のイメージを描くための必要条件＞を指摘しえた，と思う。

　いずれにせよ，持続可能な世界の形成には，個人の高度近代化した価値観，人生観，生活観などが大転換を遂げねばならない。そうした萌芽も出現しはじめた。脱－高度近代化の徴候は，社会の様々な次元の様々な局面にみられ，個人の生活スタイルの転換については，都市から限界集落に移り住み，地付住民とともに地域再生を実践する比較的若い世代のＩターン者において看取される。それらの事例は，生活空間再生論の限界集落調査においても目撃された。

　とはいえ，持続可能な世界が形成される道程は果てしなくながい。しかも，おそらく，構築された持続可能な世界が静態的・安定的だとはかぎらない。生

活空間再生論は，確かに，持続可能な世界システムにおける要素間の均衡を仮
設したが，その均衡の維持は，動態的な社会状況において統制される。

　その過渡期において，持続可能な世界は，小規模分散型の地域社会として編
成され，システム維持の制度を統制するのは，住民自治のガヴァナンスとなる。
小規模分散型社会が集合する世界秩序（Bull 1977）の形成過程は，未知であるが，
その世界秩序の基盤は脆弱そうだ。たとえ持続可能な世界が形成されたとして
も，その維持はむずかしいにちがいない。

　このように，持続可能な世界にいたる過程は，達成困難な不確定要素が多す
ぎるので不明瞭だが，脱－高度近代化の徴候は散見されはじめた。高度近代世
界は，その崩壊が回避されるのであれば，いつか未来に＜持続可能な世界に
変わるべくして変わる＞。

―――――――――――――――――――邦文　文献―――――――――――――――――――

秋津元輝 2000「20世紀日本社会における〈山村〉の発明」日本村落研究学会編『年報
　村落社会研究』36 農山漁村文化協会，pp. 151-82.
アトキンス，P. W. 1984『エントロピーと秩序　熱力学第二法則への招待』（米沢冨美
　子・森弘之訳 1992）日経サイエンス社.
アミン，S. 1971『不平等発展　周辺資本主義の社会構成に関する試論』（西川潤訳
　1983）東洋経済新報社.
―――1973『不等価交換と価値法則』（花崎皋平訳 1979）亜紀書房.
有賀喜左衛門 1966『日本小作制度と家族制度　有賀喜左衛門著作集Ⅰ』未来社.
―――1969『民俗学・社会学方法論　有賀喜左衛門著作集Ⅷ』未來社.
アレン，F. L. 1931『オンリー・イエスタデイ　1920年代・アメリカ』（藤久ミネ
　1993）筑摩書房.
池本廣希 2008『地産地消の経済学　生命系の世界からみた環境と経済』新泉社.
市井三郎 1963『哲学的分析　社会・歴史・論理についての基礎論的試論』岩波書店.
―――1971『歴史の進歩とはなにか』岩波新書.
―――1978『歴史を創るもの』第三文明社.
市川健夫・斎藤功 1979「日本におけるブナ帯農耕文化試論」『地理』24(12)：84-102.
伊藤修一郎 2007「自治会・町内会と住民自治」『論叢現代文化・公共政策』5: 85-116.
猪木武徳 2009『戦後世界経済史　自由と平等の視点から』中公新書.
今川朱美・渡部洋樹・村上大輔 2010「里山と都市公園をつなぐために　市民農園の
　可能性」『広島工業大学紀要 研究編』44: 47-52.
今西錦司 1952『村と人間』新評論社.
―――1986［1984］『自然学の提唱』講談社学術文庫.
岩田憲二 1984「山村の生業　その変遷と地域比較」『石川県白山自然保護センター研
　究報告』11: 87-91.
ヴェーバー，M. 1904a「社会科学および社会政策の認識の〈客観性〉」『ウェーバー　社
　会科学論集』（出口勇蔵訳 1982）河出書房新社，pp. 3-93.
―――1904b『社会科学と社会政策にかかわる認識の「客観性」』（富永祐治・立野保男訳
　1998）岩波文庫.
―――1904c『プロテスタンティズムの倫理と資本主義の精神』（大塚久雄訳 1989）岩波
　文庫.
―――1924『一般社会経済史要論』（黒正巌・青山秀夫訳 1995）岩波書店.
上山春平編 1969『照葉樹林文化　日本文化の深層』中公新書.
上山春平・佐々木高明・中尾佐助 1976『続・照葉樹林文化　東アジア文化の源流』中
　公新書.
ウォーラーステイン，I. 1979『資本主義世界経済』（Ⅰ　藤瀬浩司ほか訳 1987・Ⅱ　日南

292

　田静眞監訳 1987）名古屋大学出版会.

内山節 2005『「里山」という思想』新潮社.

───2010『共同体の基礎理論　自然と人間の基層から』農山漁村文化協会.

エマニュエル, A., C. ベトレーム, S. アミン, & C. パロウ 1971『新国際価値論争　不等価交換論と周辺』（原田金一郎訳 1981）柘植書房.

エントロピー学会編 2001『循環型社会を問う　生命・技術・経済』藤原書店.

───2003『循環型社会を創る　技術・経済・政策の展望』藤原書店.

大江正章 2008a「〈限界集落〉の挑戦　中山間地に息づく〈地域の力〉」『世界』781: 247-57.

───2008『地域の力　食・農・まちづくり』岩波新書.

太田猛彦 2012『森林飽和　国土の変貌を考える』NHKブックス.

大塚久雄 1955（2000）『共同体の基礎理論』岩波現代文庫.

大野晃 2005『山村環境社会学序説　現代山村の限界集落化と流域共同管理』農山漁村文化協会.

───2008『限界集落と地域再生』信濃毎日新聞社.

岡橋秀典 1988「新過疎時代の山村問題」『地理科学』46(3): 169-76.

───2007「グローバル化時代における中山間地域農業の特性と振興への課題」『経済地理学年報』53: 26-40.

───2011「山村の経済問題と政策課題」藤田佳久編『山村政策の展開と山村の変容』原書房, pp. 351-72.

小田切徳美 2008「農山村再生の課題　いわゆる〈限界集落〉問題を超えて」『世界』781: 234-46.

───2009『農山村再生　〈限界集落〉問題を超えて』岩波ブックレット768.

───編 2013『農山村再生に挑む　理論から実践まで』岩波書店.

───2014『農山村は消滅しない』岩波新書.

オノレイ, C. 2004『スローライフ入門』（鈴木彩織訳 2005）ソニーマガジンズ.

カーソン, R. 1962『沈黙の春』（青樹簗一訳 1974）新潮文庫.

カーター, V. G. & T. デール1974『土と文明』（山路健訳 1975）家の光協会.

笠松浩樹 2005「中山間地域における限界集落の実態」『季刊中国総研』32: 21-26.

柄谷行人 2000『NAM原理』太田出版.

───2006『世界共和国へ　資本＝ネーション＝国家を超えて』岩波新書.

───2010『世界史の構造』岩波書店.

───2013『柳田国男論』インスクリプト.

───2014a『遊動論　柳田国男と山人』文春新書.

───編 2014b『柳田国男〈小さきもの〉の思想』文藝春秋.

河合雅雄 1990『子どもと自然』岩波新書.

カント, I. 1781『純粋理性批判』上・中・下（篠田英雄訳 1961）岩波文庫.

倉重加代 2012「山村概念の変遷と山村研究の課題　社会学的考察」『鹿児島短期大学紀要』47：97-106.

クラッチフィールド, L. R. & H. M. グラント 2012『世界を変える偉大なNPOの条件　圧倒的な影響力を発揮している組織が実践する6つの原則』(服部優子 2012) ダイヤモンド社.

倉都康行 2005『金融史がわかれば世界がわかる「金融力」とは何か』ちくま新書.

――2014『12大事件でよむ　現代金融入門』ダイヤモンド社.

蔵持重裕 2002『中世 村の歴史語り　湖国「共和国」の形成史』吉川弘文館.

黒田弘子 1985『中世惣村史の構造』吉川弘文館.

コール, L. 1977『居酒屋の経済学　スモール・イズ・ビューティフルの実現をめざして』(藤原新一郎訳 1980) ダイヤモンド社.

コモナー, B. 1971『なにが環境の危機を招いたか　エコロジーによる分析と解答』(安部喜也・半谷高久訳 1972) 講談社.

榊原英資・水野和夫 2015『資本主義の終焉, その先の世界　「長い21世紀」が資本主義を終わらせる』詩想社新書.

作野広和 2006「中山間地域における地域問題と集落の対応」『経済地理学年報』53：264-282.

佐々木信夫 2002『市町村合併』ちくま新書.

――2009『地方分権と地方自治』勁草書房.

――2010『道州制』ちくま新書.

佐藤常雄・大石慎三郎 1995『貧農史観を見直す』講談社現代新書.

ザックス, W. 編 2010『脱「開発」の時代　現代社会を解読するキーワード辞典』(三浦清隆訳 1996) 晶文社.

ジェイコブズ, J. 1984『発展する地域 衰退する地域　地域が自立するための経済学』(中村達也訳 2012) ちくま学芸文庫.

塩見直紀　2008『半農半Xという生き方』ソニー・マガジンズ新書.

ジョージェスク＝レーゲン, N. 1971『エントロピー法則と経済過程』(高橋正立・神里公訳 1993) みすず書房.

神野直彦 2002『地域再生の経済学　豊かさを問い直す』中公新書.

水津一朗 1969『社会集団の生活空間　その社会地理学的研究』大明堂.

――1980『新訂 社会地理学の基本問題　地域科学への試論〈増補版〉』大明堂.

末廣昭 2014『新興アジア経済論　キャッチアップを超えて』岩波書店.

鈴木榮太郎 1968a『日本農村社会学原理 (上) 鈴木榮太郎著作集Ⅰ』未來社.

――1968b『日本農村社会学原理 (下) 鈴木榮太郎著作集Ⅱ』未來社.

スティグリッツ, J. E. 2002『世界を不幸にしたグローバリズムの正体』(鈴木主税訳 2002) 徳間書店.

須藤廣 2006「〈観光化〉に対する湯布院住民の解釈フレーム分析」『北九州産業社会研

究所紀要』47: 63-72.

ストレンジ, S. 1986『カジノ資本主義　国際金融恐慌の政治経済学』(小林襄治訳 1988)岩波書店.

関戸明子 1997「近代日本における山村研究の視角と山村概念について」『群馬大学教育学部紀要』46: 281-308.

村落社会研究会編 1979『村落社会研究　第15集(共通課題＝農村自治)』御茶の水書房.

高木正朗 1979「明治末・大正初期町村〈自治〉政策の展開と町村行政担当者　優良村七谷村と小野周平の地方改良事業」『村落社会研究　第15集』御茶の水書房.

谷口陽子 2010「コンタクトゾーンとしての文化人類学的フィールド　占領下の日本で実施された米国人文化人類学者の研究を中心に」『コンタクトゾーン』(京都大学人文科学研究所人文学国際研究センター) 3: 84-105.

玉野井芳郎 1975『転換する経済学　科学の統合化を求めて』東京大学出版会.

——1977『地域分権の思想』東洋経済新報社.

——1978『エコノミーとエコロジー　広義の経済学への道』みすず書房.

——1979a『市場志向からの脱出　広義の経済学を求めて』ミネルヴァ書房.

——1979b『地域主義の思想』農山漁村文化協会.

——1980『経済学の主要遺産』講談社学術文庫.

——1982a『地域からの思索』沖縄タイムス社.

——1982b『生命系のエコノミー　経済学・物理学・哲学への問いかけ』新評論.

——1985『科学文明の負荷　等身大の生活世界の発見』論創社.

——1990a『玉野井芳郎著作集　①経済学の遺産』(吉富勝・竹内靖雄)学陽書房.

——1990b『玉野井芳郎著作集　②生命系の経済に向けて』(槌田敦・岸本重陳編)学陽書房.

——1990c『玉野井芳郎著作集　③地域主義からの出発』(鶴見和子・新崎盛暉編)学陽書房.

——1990d『玉野井芳郎著作集　④等身大の生活世界』(中村尚司・樺山紘一編)学陽書房.

玉野井芳郎・坂本慶一・中村尚司編 1984『いのちと"農"の論理　都市化と産業化を超えて』学陽書房.

玉野井芳郎・清成忠男・中村尚司 1978『地域主義　新しい思潮への理論と実践の試み』学陽書房

玉野井芳郎・槌田敦・室田武 1984「永続する豊かさの条件　エントロピーとエコロジー」クマール, S. 編『シューマッハーの学校』pp. 239-257(耕人舎グループ訳 1985)ダイヤモンド社.

ダンバー, R. 2010『友達の数は何人?　ダンバー数とつながりの進化心理学』(藤井留美訳 2011)インターシフト.

千葉徳爾 1950「原始山村の変遷過程」『地理学評論』23(11): 7-14.

――1982「山村の概念について」『山村研究年報』（五箇山山村研究センター）3: 1-9.

チャン, H-J. 2002『はしごを外せ　蹴落とされる発展途上国』（横川信治・張馨元・横川太郎訳 2009）日本評論社.

――2010『世界経済を破綻させる23の嘘』（田村源二訳 2010）徳間書店.

――2014「新自由主義の失敗と資本主義の未来」トッド, E. 他 2014『グローバリズムが世界を滅ぼす』文春新書, pp. 70-99.

辻井喬・上野千鶴子 2008『ポスト消費社会のゆくえ』文春新書.

槌田敦 1982『資源物理学入門』日本放送出版協会.

――1986『エントロピーとエコロジー　［生命］と［生き方］を問う科学』ダイヤモンド社.

――1992『熱学外論　生命・環境を含む開放系の熱理論』朝倉書店.

――2007『弱者のための〈エントロピー経済学〉入門』ほたる出版.

坪井伸広・大内雅利・小田切徳美編 2009『現代のむら　むら論と日本社会の展望』農山漁村文化協会.

鶴見和子 1990「解説」『地域主義からの出発　玉野井著作集③』学陽書房.

――1996『内発的発展論の展開』筑摩書房.

デイリー, H. E. 2014『〈定常経済〉は可能だ！』（聞き手 枝廣淳子）岩波ブックレット No. 914.

デュルケーム, É. 1895『社会学的方法の規準』（宮島喬訳 1978）岩波文庫.

寺岡伸悟 2003『地域表象過程と人間　地域社会の現在と新しい視座』行路社.

デランティ, G. 2003『コミュニティ　グローバル化と社会理論の変容』（山之内靖・伊藤茂訳 2006）NTT出版.

徳野貞雄 2007『農村の幸せ, 都会の幸せ　家族・食・暮らし』NHK出版.

冨山和彦 2014『なぜローカル経済から日本は甦るのか　GとLの経済成長戦略』PHP新書.

鳥越皓之 1993『家と村の社会学』世界思想社.

――編著 2007『むらの社会を研究する　フィールドからの発想』農山漁村文化協会.

中條曉仁 2008「高齢社会に関する地理学的研究の再検討〈ポジティブな高齢者〉像の構築に向けて」『静岡大学教育学部研究報告』58(3): 1-14.

――2011「静岡市中間地域における集落の存続と〈限界化〉」『静岡大学教育学部研究報告』61(3): 65-78.

永富聡 2014「平成26年度 国土政策関係支援事業 研究成果報告書　地域まちづくりにおける市民ファンドとその促進策の検討」国土交通省.

中村修 1995『なぜ経済学は自然を無限ととらえたか』日本経済評論社.

新沼星織 2009「〈限界集落〉における集落機能の維持と住民生活の持続可能性に関する考察　東京都西多摩郡檜原村M集落の事例から」E-journal GEO 4(1): 21-36.

西野寿章 2011「平成の大合併と山村の再編成　中央日本を事例として」藤田佳久編

『山村政策の展開と山村の変容』原書房, pp. 325-50.

――2012「21世紀初頭における日本の山村の現状とその類型」『高崎経済学論集』34 (4)：41-57.

西山志保 2007『ボランティア活動の論理　ボランタリズムとサブシステンス』東信堂.

日本村落研究学会編 1998『有機農業運動の展開と地域形成（年報 村落社会研究）』農山漁村文化協会.

パーソンズ, T. 1951『社会体系論』（佐藤勉訳 1971）青木書店.

ハーバーマス, J. 1969『理論と実践』（細谷貞雄訳 1975）未来社.

ハイエク, F. A. & 今西綿司 1979『自然・人類・文明』NHKブックス.

バウマン, Z. 2001『コミュニティ　安全と自由の戦場』（奥井智之訳 2008）筑摩書房.

浜矩子 2013『誰が「地球経済」を殺すのか』実業之日本社.

浜口恵俊 1982『間人主義の社会 日本』東洋経済新報社.

――1988『「日本らしさ」の再発見』講談社学術文庫.

速水融・杉山伸也・斎藤修編 1989『徳川社会からの展望　発展・構造・国際関係』同文舘出版.

平松守彦 1990『地方からの発想』岩波新書.

吹野卓・片岡佳美 2006「語られた〈生き甲斐〉の構造　中山間地域調査における自由回答の数量分析」『社会文化論集』（島根大学文学部）3：15-27.

福岡伸一 2006『ロハスの思考』木楽舎.

福武直 1949『日本農村の社会的性格』東京大学出版会.

――1959『日本村落の社会構造』東京大学出版会.

藤木久志 2010『中世民衆の世界　村の生活と掟』岩波新書.

藤田佳久 1981「わが国における山村研究の系譜と山村概念」『山村研究年報』（五箇山山村研究センター）2：1-11.

――2011「山村政策の展開と山村の存立基盤」藤田佳久編『山村政策の展開と山村の変容』原書房, pp. 1-34.

舩橋晴俊 1996「社会構想と社会制御」『社会構想の社会学』岩波書店.

フランク, A. G. 1969『世界資本主義と低開発　収奪の《中枢－衛星》構造』（大崎正治・前田幸一・中尾久訳 1976）柘植書房.

――1978『従属論的蓄積と低開発』（吾郷健二訳 1980）岩波書店.

ブローデル, F. 1966『地中海①』（浜名優美訳 1999）藤原書店.

――1979『物質文明・経済・資本主義 15-18世紀　Ⅱ-2 交換のはたらき』（山本淳一訳 1988）みすず書房.

ベック, U. 1986『危機社会　新しい近代への道』（東廉・伊藤美登里訳 1998）法政大学出版局.

――1997『グローバル化の社会学　グローバリズムの誤謬　グローバル化への応答』（木前利秋・中村健吾監訳 2005）国文社.

ベニュス，J. M. 1997『自然と生体に学ぶバイオミミクリー』（山本良一監訳 2006）オーム社.

ペリー，C. A. 1975『近隣住区論　新しいコミュニティ計画のために』（倉田和四生訳 1929）鹿島出版会.

ペリファン A. & 南谷桂子 2008『隣人祭り「つながり」を取り戻す大切な一歩』木楽舎.

ボーゲル，D. 2006『企業の社会的責任（CSR）の徹底研究　利益の追求と美徳のバランス その事例による検証』（小松・村上・田村訳 2007）一灯舎.

ボードリヤール，J. 1970『消費社会の神話と構造』（今村仁司・塚原史訳 1970）紀伊國屋書店.

細谷昂 1998『現代と日本農村社会学』東北大学出版会.

ポラニー，K. 1944『大転換　市場社会の形成と崩壊』（吉沢英成訳 1975）東洋経済新報社.

ポランニー，K. 1977『人間の経済 I　市場社会の虚構性』（玉野井芳郎・栗本慎一郎訳 2005）岩波現代選書.

増田寛也 2014『地方消滅　東京一極集中が招く人口急減』中公新書.

増田寛也・冨山和彦 2015『地方消滅　創生戦略篇』中公新書.

松井孝典 2007a『地球システムの崩壊』新潮社.

――2007b『われわれはどこへ行くのか？』ちくまプリマー新書.

――2012『我関わる，ゆえに我あり　地球システム論と文明』集英社文庫.

松井透 1991『世界市場の形成』岩波書店.

松永桂子 2012『創造的地域社会　中国山地に学ぶ超高齢化社会の自立』新評論.

松山利夫 1986『山村の文化地理学的研究』古今書院.

マルクス，K. 1867『資本論』第一巻（今村・三島・鈴木訳 2005）筑摩書房.

丸山真人 1990d「解説」『等身大の生活世界　玉野井著作集④』学洋書房.

見田宗介 1996「公共圏とルール圏　社会構想の重層理論」井上俊，他編，岩波講座現代社会学26『社会構想の社会学』岩波書店

水野和夫 2014『資本主義の終焉と歴史の危機』集英社新書.

三隅二不二 1978『リーダーシップ行動の科学』有斐閣.

宮口侗迪 1988「山村生活の価値と発展の可能性について」『地理科学』43(3)：159-63.

――2000『地域づくり　創造への歩み』古今書院.

宮地忠幸 2011「中山間地域等直接支払制度の意義と制度的課題」藤田佳久編『山村政策の展開と山村の変容』原書房，pp. 35-60.

宮本常一 1964『山に生きる人びと』（2001）河出文庫.

室田武 1979『エネルギーとエントロピーの経済学　石油文明からの飛躍』東洋経済新報社.

――1987『マイナス成長の経済学』農山漁村文化協会.

室田武・多辺田政弘・槌田敦編著 1995『循環の経済学　持続可能な社会の条件』学陽

書房.

メドウズ, D. H. 編著 1972『成長の限界　ローマ・クラブ「人類の危機」レポート』(大来佐武郎監訳 1972) ダイヤモンド社.

守田志郎 1975『村の生活誌』中公新書.

――2003『日本の村　小さい部落』農山漁村文化協会.

安村克己 2001『観光　新時代をつくる社会現象』学文社.

――2006『観光まちづくりの力学　観光と地域の社会学的研究』学文社.

――2008「ブランド消費の意味を解く社会理論の系譜」奈良県立大学研究季報19(2): 43-54.

――2009「地域創造研究の基礎に関する一考察　観光まちづくりの研究を手がかりとして」『地域創造学研究』(奈良県立大学) 創刊号: 59-78.

――2010a「観光社会学における実践の可能性　持続可能な観光と観光まちづくりの研究を事例として」『地域創造学研究』(奈良県立大学) V: 103-125.

――2010b「20世紀後半の資本主義を問う」『地域創造学研究』(奈良県立大学) VI: 7-36.

――2011「生活空間再生論研究における科学認識論と〈生活空間〉の存在論的意味」『地域創造学研究』(奈良県立大学) XI: 1-20.

――2012a「生活空間再生論の〈実践〉論に関する一考察」『地域創造学研究』(奈良県立大学) XV: 1-24.

――2012b「生活空間再生論における人間社会の成立の根本的要件　フッサール「生活世界」と今西「生物全体社会」の概念を手がかりとして」『地域創造学研究』(奈良県立大学) XVI: 1-27.

柳田國男 1931『日本農民史』刀江書院.

――1989a『柳田國男全4』[遠野物語 (1910), 山人考 (1917), 山の人生 (1926), 資料としての伝説 (1957), ほか] ちくま文庫.

――1989b『柳田國男全5』[後狩詞記 (1909), 山島民譚集 (1914), 山民の生活 (1909) ほか] ちくま文庫.

――1990『柳田國男全28』[郷土生活の研究法 (1935), 民間伝承論 (1934), ほか] ちくま文庫.

山下祐介 2012『限界集落の真実　過疎の村は消えるか？』ちくま新書.

山下祐介・金井利之 2015『地方創生の正体　なぜ地域政策は失敗するか』ちくま新書.

山本七平 1979a『日本資本主義の精神　なぜ, 一生懸命働くのか』光文社カッパブックス.

――1979b『勤勉の哲学　日本人を動かす原理』PHP研究所.

山本義隆 2008『熱学思想の史的展開　熱とエントロピー』(1～3) ちくま学芸文庫.

吉見俊哉 2009『ポスト戦後社会』岩波新書.

米山俊直 1969『過疎社会』NHKブックス.

ラトゥーシュ, S. 2004/2007『経済成長なき社会発展は可能か？〈脱成長〉と〈ポスト開発〉の経済学』（中野佳裕訳 2010）作品社.

ルーマン, N. 1984『社会システム理論』佐藤勉監訳（上1993-下1995）恒星社厚生閣.

ロストウ, W. W. 1960『経済成長の諸段階　一つの非共産主義宣言』（木村健康・久保まち子・村上泰亮訳 1961）ダイヤモンド社.

渡辺京二 2005『逝きし世の面影』平凡社.

――――――――――――――――欧文 文献――――――――――――――――

Barraket, J. 2005 "Enabling Structures for Coordinated Action: Community Organizations, Social Capital, and Rural Community Sustainability," in Dole, A. J. and J. Onyx eds. 2005 *A Dynamic Balance: Social Capital & Sustainable Community Development*, UBC Press.

Beardsley, R. K., J. W. Hall and R. E. Ward 1959 *Village Japan*, University of Chicago Press.

Beckerman, W. 1974 *Two Cheers for the Affluent Society*, St. Martin's Press. = 1976 『経済成長擁護論　終末論を告発する』(堺屋太一訳) 日本経済新聞社.

――1976 *In Defense of Economic Growth*, Jonathan Cape.

――1995 *Small is Stupid: Blowing the Whistle on the Greens*, Duckworth.

――2002 *A Poverty of Reason: Sustainable Development and Economic Growth*, Independent Inst.

Birnbaum, J. and L. Fox 2014 *Sustainable [R]Evolution: Permaculture in Ecovillages, Urban Farms, and Communities Worldwide*, North Atlantic Books.

Boulding, E. K. 1968 *Beyond Economics: Essays on Society, Religion, and Ethics*, University of Michigan Press. = 1975『経済学を超えて　社会システムの一般理論』(公文俊平訳) 学習研究社.

Bourdieu, P. 1986 "The Forms of Capital," J. Richardson ed. *Handbook of Theory and Research for the Sociology of Education*, Greenwood, pp. 241-258.

Braudel, F. 1977 *Afterthoughts on Material Civilization and Capitalism* (trans. P. M. Ranum), Johns Hopkins University Press. = 2005『歴史入門』(金塚貞文訳) 中公文庫.

――1980 *On History, trans.* Matthews, S., University of Chicago Press.

Bull, H. 1977 *The Anarchical Society: A Study of Order In World Politics*, Palgrave Macmillan. = 2000『国際社会論　アナーキカル・ソサイエティ』(臼杵英一訳) 岩波書店.

Coleman, J. S. 1990 *Foundations of Social Theory*, Belknap Press of Harvard University Press. = 2000『社会理論の基礎』(久慈利武訳) 青木書店.

Cornell, J. B. and R. J. Smith 1956 *Two Japanese Villages: Matsunagi, a Japanese Mountain Community, and Kurusu, a Japanese Agricultural Community*, University of Michigan Press.

Costanza, R. ed. 1991 *Ecological Economics: The Science and Management of Sustainability*, Columbia University Press.

Daly, H. E. 1977 *Steady-State Economics*, Island Press.

――1989 *For the Common Good: Redirecting the Economy toward Community, the*

Environment, and a Sustainable Future, Beacon Press.

――1996 *Beyond Growth*, Beacon Press Books.

Daly, H. E. and J Farley 2004 *Ecological Economics: Principles and Applications*, Island Press. = 2014『エコロジー経済学　原理と応用』(佐藤正弘訳) NTT出版.

Dawson, J. 2006 *Ecovillages: New Frontiers for Sustainability*, Green Books.

Despommier, D. 2010 *The Vertical Farm: Feeding the World in the 21st Century*, St. Martin's Press. = 2011『垂直農場　明日の都市・環境・食料』(依田卓巳訳) NTT出版.

Diamond, J. 1997 *Guns, Germs and Steel: A Short History of Everybody for the Last 13,000 Years*, Vintage Books. = 2012『銃・病原菌・鉄　一万三〇〇〇年にわたる人類史の謎　上・下』(倉骨彰訳) 草思社文庫.

――2005 *Collapse*: *How Societies Choose to Fail or Succeed*, Pengin Books. = 2012『文明崩壊　滅亡と存続の命運を分けるもの　上・下』(楡井浩一訳) 草思社文庫.

Dietz, R. and D. O'Neill 2013 *Enough is Enough: Building a Sustainable Economy in a World of Finite Resources*, BK.

Dole, A. J. and J. Onyx eds. 2005 *A Dynamic Balance: Social Capital & Sustainable Community Development*, UBC Press.

Dore, R. 1978 *Shinohata: A Portrait of a Japanese Village*, Penguin Books.

Einstein, A. 1950 *Out of My Later Years*, Greenwood Press.

Embree, J. F. 1939 [1995] *Suye Mura: A Japanese Village*, University of Michigan.

Etzioni, A. 1996 *The New Golden Rule: Community and Morality in a Democratic Society*, Basic Books.

Frank R. 2007 *Richistan: A Journey through the 21st Century Wealth Boom and the Lives of the New Rich*, Piatkua. = 2007『ザ・ニューリッチ　アメリカ新富裕層の知られざる実態』(飯岡美紀訳) ダイヤモンド社.

Galbraith, J. K. 1958 *The Affluent Society*, Mariner Books.

Galtung, J. 1969 "Peace, Violence and Peace Research," *Journal of Peace Research*, 6(3)：167-191.

Hopkins, R. 2008 *The Transition Handbook: From Oil Development to Local Resilience*, Green Books.

――2011 *The Transition Companion: Making Your Community More Resilience in Uncertain Times*, Green Books.

――2013 *The Power of Just Doing Stuff*, Green Books.

Latouche, S. 2009 *Farewell to Growth* (trans. David Macey), Polity Press. = 2010『経済成長なき社会発展は可能か?　〈脱成長〉と〈ポスト開発〉の経済学』(中野佳裕訳) 作品社.

Lewin, K. 1936 *Principles of Topological Psychology*, McGraw-Hill.

302

——1951 *Field Theory of Social Sciences: Selected Theoretical Papers,* Cartwright, D. ed. Harper & Row. = 1956『社会科学における場の理論』(猪股佐登留訳) 誠信書房.

Madrick, J. 2014 *Seven Bad Ideas: How Mainstream Economists Have Damaged America and the World,* Vintage. = 2015『世界を破綻させた経済学者たち　許されざる七つの大罪』(池村千秋訳) 早川書房.

Marrazzi, C. 2011 *The Violence of Financial Capitalism,* Semiotext(e).

Mishan, E. J. 1969 *Growth: The Price We Pay,* Staples Press. = 1971『経済成長の代価』(都留重人監訳) 岩波書店.

Parsons, T., R. F. Bales, and E. Shils 1953 *Working Papers in the Theory of Action,* Free Press.

Piketty, T. 2014 *Capital in the Twenty-First Century,* Belknap Press. = 2014『21世紀の資本』(山形浩生・守岡桜・森本正史訳) みすず書房.

Putnam, R. D. 2000 *Bowling Alone: The Collapse and Revival of American Community,* Simon & Schuster Paperbacks. = 2006『孤独なボウリング　米国コミュニティの崩壊と再生』(柴内康文訳) 柏書房.

Randers, J. 2012 *2052: A Global Forecast for the Next Forty Years,* Chelsea Green. = 2013『2052　今後40年のグローバル予測』(野中香方子訳) 日経BP社.

Redfield, R. 1953 [1989] *The Little Community and Peasant Society and Culture,* University of Chicago Press.

Reich, R. B. 2016 *Saving Capitalism: For the Many, Not the Few,* Icon Book. = 2016『SAVING CAPITALISM 最後の資本主義』(雨宮寛・今井章子訳) 東洋経済新報社.

Ridley, M. 2010 *The Rational Optimist: How Posperity Evolves,* Fourth Estate. = 2010 上・下『繁栄　明日を切り拓くための人類10万年史』(大田直子・鍛原多惠子・柴田裕之訳) 早川書房.

Sachs, W. ed. 2010 *The Development Dictionary* 2nd. Ed., Zed Books.

Sandel, M. J. 1998 *Liberalism and the Limits of Justice,* Cambridge University Press = 2009『リベラリズムと正義の限界』(菊地理夫訳) 勁草書房.

Schumacher, E. F. 1973 *Small is Beautiful: A Study of Economics as if People Mattered,* Vintage [2014] = 1986『スモール・イズ・ビューティフル　人間中心の経済学』(小島慶三・酒井懋訳) 講談社学術文庫.

Schumpeter, J. A. 1951 *Capitalism, Socialism and Democracy,* Routledge. = 1962『資本主義・社会主義・民主主義』(中山伊知郎・東畑精一訳) 東洋経済新報社.

Skocpol, T. 2003 *Diminished Democracy: From Membership to Management in American Civic Life,* University of Oklahoma Press. = 2007『失われた民主主義　メンバーシップからマネージメントへ』(河田潤一訳) 慶應義塾大学出版会.

Strange, S. 1986 *Casino Capitalism,* Manchester University Press. = 1989『カジノ資

本主義　国際金融恐慌の政治経済学』（小林襄治訳）岩波書店.

――1998 *Mad Money: From the Author of Casino Capitalism*, Manchester University Press. ＝ 2009『マッド・マネー　カジノ資本主義の現段階』（櫻井公人・櫻井純理・高嶋正晴訳）岩波現代文庫.

The Economist 2012 *Megachange: The World in 2050*, The Economist Newspaper. ＝ 2012『2050年の世界　英エコノミスト誌は予測する』（東江一紀・峯村利哉訳）文藝春秋.

Transition Town Totnes, J. Hodgson and, R. Hopkins 2010 *Transition in Action: Totnes and District* 2030, *an Energy Descent Action Plan*, Green Books.

Victor, P. A. 2008 *Managing without Growth: Slower by Design, Not Disaster*, Edward Elgar Publishing.

WCED（World Commission on Environment and Development）1987 *Our Common Future*, Oxford University Press ＝ 1987『地球の未来を守るために』（大来佐武郎監修）福武書店.

Yasumura, K. 2015 "Rethinking the Meanings of Sustainability in Tourism," *Bulletin of the Faculty of Regional Development Studies*, Otemon Gakuin University.

あとがき

　本書は，未来の世界が生活の場から変わる，という社会構想の可能性を問いかけ，その社会構想を「生活空間再生論」と名づけた。その社会構想において，世界は歴史法則にしたがって変動するのではなく，変革者に導かれて改革されるのでもない。生活空間再生論は，世界が変わるべくして変わる，と考えた。そして，それが予見する未来の社会構想は，世界に生じる持続不可能な現実を乗り越える，持続可能な世界像として描きだされた。

　こうした遠い未来の世界像についての議論には，緊迫した事態が世界中の国内外で頻発する最中で，なにか間の抜けた感がある。しかし，世界中が喫緊の様々な難題の対応にかかりきりで，その対応は近視眼的な対症療法となりがちだ。そうした今，しばし立ち止まり，高度近代世界の根本問題を一考して，未来の持続可能な世界を見通すことは，それなりに価値があると思われる。しかも，持続不可能な現実の源泉が高度近代世界の揺らぎであり，また脱－高度近代世界の徴候が世界中に現れている，と認識されはじめた。そこで，生活空間再生論は，遠い未来の持続可能な世界を探究する重要性を問いかけたい。

　むろん，その大仰な主題が一人の手に負えるはずもない。筆者の能力に限界もある。本書は，生活空間再生論の問題提起を訴えかけるにとどめる。

　本書の主題に取り組んで10年近くの歳月が流れた。けれども，ながい時間をかけて研究が充実したかといえば，残念なことに吾ながら心許ない。とくにこの5年間，私は失意の底にあり，研究が思うように手につかなかった。というのも，私の落ち度があらぬ方向に紛糾し，自らの失態とはいえ，どうにも憤懣やるかたない事態がつづいたからである。そして，つい最近には不整脈による入院というオマケまでついてきた。

　しかし，そのような状況のなかで，所属する大学の内外から多くの方々の親身かつ多大な激励と支援を頂戴し，お蔭をもって本書の刊行にようやく辿りつ

306

けた。いちいちお名前をあげることは控えるが，激励と支援をいただいた皆様に，この場で心より感謝申し上げたい。

　本書の調査研究地であるＺムラの皆様や関係諸氏とは，調査を越えて10年近くにわたる親交がつづいている。本書では，プライヴァシーの侵害を防ぐために，残念ながら諸氏のお名前をあげられないが，各位のご厚情にたいして切に御礼を申し上げる。

　本書の作成につながる研究についても，広く多くの協力を頂戴した。とりわけ所属大学の同僚や研究仲間の諸氏には，なにかと迷惑をかけながらも大変お世話になった。奈良県立大学地域創造学部に在職中は，2009年から12年にかけて，15回の地域創造学研究会が開催され，本書の構想が議論できた。2014年に就任した追手門学院大学地域創造学部では，同僚が草稿に目を通してくれた。また，奈良女子大学教授・寺岡伸悟氏には，原稿について貴重な助言をいただいた。研究において切磋琢磨した諸氏には，厚く謝意を表する次第である。

　そして，立教大学名誉教授・前田勇先生と神戸大学名誉教授・神木哲男先生には，本書執筆の以前から今日まで，それぞれ勇朋会（観光研究会）やブローデル研究会（歴史学研究会）などを通してご指導を仰ぎ，さらには日頃から公私ともども多大な叱咤激励を賜わった。両先生には衷心より拝謝申し上げる。

　なお，本書のとくに第5章と第6章は，科研費（課題番号 23614016基礎研究(C) 2011-2013年）の助成を受けた研究成果の一部である。

　最後に，毎度の不躾な出版の要望にもかかわらず，出版事情の厳しいなかで本書の刊行を受諾くださった学文社代表・田中千津子氏に心より御礼申し上げる。田中氏は，普段から折にふれ暖かい言葉を私にかけてくださった。出版の許諾を頂戴したのは，私の不整脈による入院中であり，回復に向けてどれほど励まされたか知れない。そして，本書を丁寧に校閲していただいた学文社編集部の皆様にも深く感謝の意を表する。

　2017年10月1日

安村克己

事項索引

人名索引

著者紹介

安村　克己（やすむら　かつみ）

博士（観光学）

現職：追手門学院大学地域創造学部教授.

専攻：観光社会学・理論社会学.

略歴：E. M. 1954年神奈川県生まれ. 1978年立教大学社会学部卒業. 1987年立教大学大学院社会学研究科博士後期課程修了. 2001年立教大学博士号（観光学）取得. 1983年より立教大学社会学部助手, 産能短期大学, 北海学園北見大学, 鈴鹿国際大学, 奈良県立大学をへて, 2014年より現職.

著書：『観光　新時代をつくる社会現象』学文社. 『観光まちづくりの力学』学文社. 『現代観光総論』（分担執筆）学文社. 『現代観光学の展開』（分担執筆）学文社. その他.

訳書：E. M. ブルーナー『観光と文化　旅の民族誌』（共訳）学文社. D. マキァーネル『ザ・ツーリスト　高度近代社会の構造分析』（共訳）学文社. その他.

論文："Weber's Sociology and the Exact Sciences," *The Annals of the Japan Association for Philosophy of Science*, 第7巻3号, 1988年. 「社会学的認識の科学基礎論に関する検討」『社会学評論』第38巻4号, 1988年. 「観光社会学の現状と課題」『社会学評論』第47巻3号, 1996年. その他.

持続可能な世界へ—生活空間再生論序説—

2017年12月10日　第一版第一刷発行

著　者──安　村　克　己

発行者──田　中　千津子

発行所──株式会社　学　文　社

〒153-0064　東京都目黒区下目黒 3－6－1
電話(03)3715-1501　振替　00130-9-98842
http://www.gakubunsha.com

落丁, 乱丁本は, 本社にてお取替え致します.
定価は売上カード, カバーに表示してあります.

印刷／東光整版印刷㈱
（検印省略）

ISBN　978-4-7620-2751-2